Aktuelle Probleme
des geltenden deutschen
Insolvenzrechts

Schriften zum deutschen,
europäischen und internationalen
Insolvenzrecht

S-INSO Band 16

Schriften zum deutschen, europäischen und internationalen Insolvenzrecht

Herausgegeben von

Professor Dr. Stefan Smid, Kiel
Rechtsanwalt Dr. Mark Zeuner, Hamburg
Rechtsanwalt Michael Schmidt, Berlin

S-INSO Band 16

De Gruyter Recht · Berlin

Aktuelle Probleme des geltenden deutschen Insolvenzrechts

Insolvenzrechtliches Symposium
der Hanns-Martin Schleyer-Stiftung
in Kiel 6./7. Juni 2008

De Gruyter Recht · Berlin

Wissenschaftliche Leitung: Professor Dr. *Stefan Smid*, Kiel
Tagungsleitung: Dr. *Silke Wehdeking*, Strande

Für die Unterstützung bei der Finanzierung der Tagung und der Herausgabe des Tagungsbandes danken Herausgeber und Verlag der D.A.S. Prozessfinanzierung AG, der GFI Gesellschaft für Insolvenzabwicklung GmbH, der GoIndustry DoveBid Asset Sales and Valuations Worldwide, der STP AG Karlsruhe und dem Wustrauer Arbeitskreis Insolvenzrecht für die großzügige Unterstützung.

♾ Gedruckt auf säurefreiem Papier,
das die US-ANSI-Norm über Haltbarkeit erfüllt.

ISBN 978-3-89949-695-6

Bibliografische Information der Deutschen Nationalbibliothek

Die Deutsche Nationalbibliothek verzeichnet diese Publikation in der Deutschen Nationalbibliografie; detaillierte bibliografische Daten sind im Internet über http://dnb.d-nb.de abrufbar.

Printed in Germany
Umschlaggestaltung: Christopher Schneider, Laufen
Datenkonvertierung/Satz: jürgen ullrich typosatz, Nördlingen
Druck und Bindung: Hubert & Co., Göttingen

Vorwort

Der vorliegende Band versammelt Beiträge zum 4. Kieler Insolvenzrechtssymposium. Herausgeber und Veranstalter danken an dieser Stelle den Referenten, die diesen Band möglich gemacht haben und nicht zuletzt Herrn Dr. Michael Schremmer und seinen Mitarbeiterinnen und Mitarbeitern, deren Hilfe die Veröffentlichung auch dieses Tagungsbandes zu verdanken ist.

Michael Schmidt
Stefan Smid
Mark Zeuner

Einleitende Bemerkungen

Prof. Dr. Stefan Smid, Christian-Albrechts-Universität Kiel

Meine Damen und Herren,

mir ist die Aufgabe zu Teil geworden, „einleitende Bemerkungen" zu machen – also das Kieler Insolvenz-Symposium und sein diesjähriges Programm und wenigstens einige seiner Referenten vorzustellen und zum ersten Vortrag überzuleiten.

Das Kieler Insolvenz-Symposium geht in sein fünftes Jahr; die Abnahme des Interesses an insolvenzrechtlichen Themen, die von Seminarveranstaltern ebenso wie von Referenten, die bisweilen versuchen, Teilnehmer zu rekrutieren, angemerkt wird, hat die Zahl der Anwesenden gegenüber den Vorjahren nicht zurückgehen lassen. Das mag auch damit zu tun haben, dass dieses Symposium die einzige Veranstaltung dieser Art in Schleswig-Holstein ist, kann aber gleichwohl seine Attraktivität nicht für sich genommen hinreichend erklären – auch wenn die Aufgeschlossenheit des Justizministeriums den Anliegen dieser Veranstaltung gegenüber und die durch das Ministerium ermöglichte Teilnahme von Insolvenzrichterinnen und -richtern, Insolvenzrechtspflegerinnen und -rechtspflegern erheblich zur Anziehungskraft der Beratungen beitragen mag.

Das ermutigt mich, die gute Resonanz des Kieler Insolvenz-Symposiums auf seine Konzeption zurückzuführen. Wir haben im Sinn, Praxis und Wissenschaft zusammenzuführen und namentlich den Dialog von Studierenden und Doktoranden mit Insolvenzpraktikern zu fördern. Aber lässt sich wirklich behaupten, vielbeschäftigte Insolvenzpraktiker würden den Weg nach Kiel finden, weil sie hier auf Studenten und Doktoranden der Christian-Albrechts-Universität treffen – auch wenn insbesondere die jungen Leute, die den Schwerpunkt Zivilverfahren und Insolvenzrecht in ihrem zweiten Studienabschnitt wählen, oftmals die wissenschaftliche Vertiefung ihres Studiums gerade mit Blick auf ihre künftige Praxis wählen und damit interessante Ansprechpartner für diejenigen sind, die im Beruf stehen.

Mit dem Dialog von jungen Rechtswissenschaftlerinnen und -Rechtswissenschaftlern als Ziel des Kieler Insolvenz-Symposiums ist aber die Richtung angegeben, in die ich fragen will, um die Anziehungskraft dieser Veranstaltung zu ergründen. Der Meinungsaustausch von Insolvenzpraktikern und jungen Rechtswissenschaftlern findet aber über die Zusammensetzung der Teilnehmerschaft hinaus in der besonderen thematischen Ausrichtung des Kieler Insolvenz-Symposiums auch in seiner vierten Tagung seinen Ausdruck:

Es gehört zu den Anliegen, die wir mit dieser Veranstaltung verfolgen, Themen Raum zu geben, die in den insolvenzrechtlichen Seminaren im übrigen kaum Gehör finden. Sie werden sich an unsere Erörterungen zur Frage der Insolvenz von juristischen Personen des öffentlichen Rechts, namentlich Kommunen, vor zwei Jahren erinnern. Aus dem Kieler Vortrag Dr. Cranshaws ist bekanntlich ein veritables Buch geworden, dass in der gegenwärtigen rechtspolitischen Diskussion auf erhebliches Interesse stößt.

In diesem Jahr widmen wir uns selbstverständlich im Mittelpunkt der Verhandlungen des Symposiums aktuellen Problemen des geltenden deutschen Insolvenzrechts. Die insolvenzgerichtliche Aufsicht über den Insolvenzverwalter ist ein Thema, dass die Praxis täglich beschäftigt, die Öffentlichkeit nach spektakulären Fällen untreuer Insolvenzverwalter berührt und den Gesetzgeber mit dem in der Diskussion befindlichen GAVI zum Tätigwerden veranlasst. Rechtswissenschaftlich ist die Aufsicht des Insolvenzgerichts über den Insolvenzverwalter in den 150 Jahren seit Inkrafttreten der preußischen Konkursordnung weitgehend ausgeblendet geblieben. Herr Rechtsanwalt *Hans-Peter Rechel* wird uns Gedanken de lege lata et de lege ferenda zu diesem Thema vortragen, dass aus einer terra incognita er durch rechtsdogmatische Vermessungsarbeiten zu einem handhabbaren Bereich zu erklären versucht. Der frühere Vorsitzende des IX. Zivilsenats, Dr. *Gero Fischer* wird in die aktuelle insolvenzrechtliche Judikatur des BGH einführen. Prof. Dr. *Walter Buchegger,* Johannes-Kepler-Universität Linz und Herr Rechtsanwalt Dr. *Klaus Pannen* werden Rechtsfragen des internationalen Insolvenzrechts beleuchten.

Die InsO ist aus einem Reformprojekt in einem Maße zur Dauerbaustelle geworden, dass auch der aufmerksame Beobachter Probleme bekommt, mit dem Tempo der Gesetzgebung Schritt zu halten. Und aus den Reihen „des Gesetzgebers" ist zu hören, dass eine Insolvenzrechtsmüdigkeit eingetreten sei – was der Praxis Ruhe vor weiteren Veränderungen verheißen mag. Wir freuen uns, dass auch in diesem Jahr Herr Dr. *Klaus Wimmer,* Bundesministerium der Justiz, zur Gesetzgebungslage sprechen wird. Nun sind all dies für Insolvenzpraktiker brennend interessante Themen.

Gerade im Bereich der Verbraucherinsolvenz ist in den vergangenen Jahren bekanntlich viel diskutiert worden. Die Abschaffung des vereinfachten Verbraucherinsolvenzverfahrens mit der als unter Haushaltsgesichtspunkten zu kostspielig angesehenen Verfahrenskostenstundung stand zur Diskussion, die Verlagerung von Aufgaben des Treuhänders auf Gerichtsvollzieher, die Schaffung des neuen Instituts eines vorläufigen Treuhänders und die unterschiedlichsten Vergütungsmodelle wurden konkurrierend auf dem Markt gehandelt. Aus der Sicht der Praxis – also aus der Sicht der Konsumenten des zu schaffenden oder zu reformierenden oder zu reparierenden Gesetzes – stellt sich gewiss zunächst die Frage nach Wünschbarkeiten: Welche Form soll das Gesetz annehmen, um der „Praxis" gerecht werden zu können? In der rechtspolitischen Diskussion wird selbst dieses bescheidene Anliegen freilich oftmals verflacht. Gespräche mit Vertretern der verschiedenen Insolvenzverwalterverbände haben nicht selten die Befürchtung durchklingen lassen, man könne ohnedies nichts machen. So gab es lange Zeit Sorge, das „Gerichtsvollziehermodell“ werde sich sang- und klanglos durchsetzen. Um ein anderes Beispiel zu nennen: Seit der reichsgerichtlichen Judikatur wird die durch Zwangsvollstreckung erlangte Befriedigung – mit gutem Grund – als inkongruent angesehen. Bekanntlich ist aus rechtspolitischen Erwägungen hiergegen aus dem Bundesministerium der Justiz in der Vergangenheit argumentiert worden, ohne dabei die konstruktive Schlüssigkeit eines solchen Ansatzes zu berücksichtigen.

Die Vermutung drängt sich auf, dass sowohl in der Arbeit von insolvenzrechtlichen Lobbyisten als auch der des Gesetzgebers zwar wirklichen oder vermeintlichen Bedürfnissen des Tagesgeschehens Rechnung zu tragen versucht wird, dabei aber Maßstäbe fehlen, mittels derer die Stimmigkeit der Gesetzgebungstätigkeit bestimmt werden kann. Es muss dabei nicht *Klaus Adomeit* bemüht werden, der bereits 1997 nach der „Gesetzesauslegung in Zeiten abnehmender Gesetzesqualität“ gefragt hat, um die Probleme einer an allein Tagesbedürfnissen orientierten Gesetzgebungsarbeit zu benennen. Woraus aber kann man für die Abfassung ebenso wie die Auslegung von Gesetzes Kriterien gewinnen? Es ist nicht zu erwarten, dass das „Tagesgeschäft“ selbst diese Maßstäbe zu vermitteln geeignet ist.

Das Verständnis eines Rechtsgebietes, das wie das deutsche Insolvenzrecht seit zwanzig Jahren ständigen und nachhaltigen Änderungen unterworfen ist, setzt Einsicht in den Entwicklungsgang voraus, den die Diskussionen durchlaufen haben, auf die sich das heute geltende Recht gründet. Recht – auch das Insolvenzrecht – entwickelt sich nicht dadurch, dass es „gesetzt“ wird, auch wenn dies der Geltungsgrund unseres positiven Gesetzesrechts ist. Beschleunigt sich die Änderung des positiven Rechts nimmt die Bedeutung des Verständnisses seiner Entwicklungsgeschichte zu. Denn der Gesetzgeber greift auf die Funktionen rechtlicher Institutionen zu, wie in der Reformdiskussion in Deutschland namentlich in den neunziger Jahren des vergangenen Jahrhunderts im Rahmen der legislatorischen „Zielbestimmungen“ des neuen Insolvenzverfahrens durch § 1 InsO angemerkt worden ist.[1] Wenn aber der Gesetzgeber vermeintlich die Funktionen von Institutionen des Rechts seiner Disposition unterwerfen kann, werden die Aufgaben (Funktionen) dieser Institutionen der wissenschaftlichen Analyse entzogen und auf eine eher beobachtend-nachvollziehende Ebene verlagert. Gewiss *überzeichnet* und *überpointiert* bedeutet dies für das Insolvenzrecht, dass an die Stelle des kritischen Studiums seiner Institutionen das Erlernen des Gesetzesvollzuges tritt[2] – und zwar einfach schon deshalb, weil es an der Zeit fehlt, die neuen Vorschriften stets hinreichend systematisch einzuordnen. Rechtspolitisch wird aus den Rechtsinstitutionen als Instrumenten der Freiheitsgewähr solche eines Gehorsams dem Gesetzgeber gegenüber, der umso weniger reflektiert wird, wie der Gesetzgeber das positive Recht ändert. Aus Insolvenzrechts*wissenschaft* droht dann Insolvenzrechts*kunde* zu werden. Deren brave Verdienste sind nicht zu leugnen; sie versor-

---

1 Statt vieler *Smid*, InsO, Kommentar, 1. Aufl. 1999, § 1 Rn. 1–13.

2 Man denke an die Diskussion im deutschen Insolvenzrecht zur Frage der Auslegung des § 26 Abs. 1 InsO.

gen den knappen Argumentationshaushalt des unter Zeitdruck arbeitenden Rechtsanwenders mit wichtigen Hilfestellungen. Diese Hilfestellungen sind nicht selten auf die „aktuellen" Entwicklungen bezogen – und beschränkt.[3] Der stete Wandel seines positiv-gesetzlichen Bestandes droht das Insolvenzrecht, mit *T. S. Elliot*[4] gesprochen, in eine Provinzialität der Zeit zu verbannen, für die Geschichte nur eine Abfolge von Entwürfen ist, die nach und nach erledigt, bedeutungslos geworden sind. Das kritische Potential, das dem Recht *gegen* die Planungen eines Gesetzgebers innewohnt und das seine große Leistung für die Entwicklung Europas ausmacht[5], droht dann verlorenzugehen. Diesseits des Missverständnisses von Geschichte als bloß abgetaner Chronologie erklärt die Geschichte die Entfaltung von Grundstrukturen („Begriffen") von Rechtsinstitutionen. Deren Wandel im Lauf der Zeiten kann – historisch – als Ringen um widerstreitende Verständnisse, Aufgaben, Funktionen eingeordnet, begriffen und gegenüber dem zeitgenössischen Hin- und Her der Gesetzgebung[6] als Ausdruck bestimmter Vorstellungen zugeordnet werden.

Ich freue mich daher ganz besonders, dass die Verhandlungen des 4. Kieler Insolvenz-Symposiums durch einen historischen eröffnet werden. Das wir Herrn Professor Dr. *Wolfgang Forster*, Universität Gießen, hierfür gewinnen konnten, freut mich. Herr *Forster* hat das Verständnis der Entwicklung des Insolvenzrechts mit seiner eindrucksvollen Arbeit „Novum iudicium super nova" über das Werk Salgado de Somozas – des Juristen des 17. Jahrhunderts nachdrücklich voran gebracht.

---

3 *Rainer Bähr* und der Verf. (Die Rechtsprechung des BGH zur neuen Insolvenzordnung 1999 bis 2006, 2006, bes. 3 ff.) haben darauf hingewiesen, dass die Judikatur des IX. Zivilsenats mit ihren Hinweisen auf Grundstrukturen des Insolvenzrechts die Begrenztheit von Diskussionsansätzen dieser Art deutlich gemacht hat.

4 *T. S. Elliot,* Was ist ein Klassiker, in: T. S. Elliot und andere, Was ist ein Klassiker, 1963, 350 f.

5 Eindrucksvoll: *Harold J. Berman,* Recht und Revolution. Die Bildung der westlichen Rechtstradition, 1991, 85 ff., 439 ff.; hierzu: *Smid,* Die gregorianische Revolution, FAZ 1991, Heft 233, L 35.

6 Es sei allein an die „Verbraucherinsolvenz" erinnert, die in Deutschland sozialutopistischen Vorstellungen anheimgegeben worden ist, z. B. in Österreich vernünftigen Konzepten folgt.

Vom Schandstein zum Konkursverfahren. Rechtsdogmatische Beobachtungen zur Geschichte des Insolvenzrechts

Wolfgang Forster

I. Einleitung

Das Rechtsinstitut der Insolvenz wird gemeinhin in einen Gegensatz zur Einzelvollstreckung gesetzt mit der Überlegung, dass mit dem wirtschaftlichen Zusammenbruch des Schuldners eine Durchführung von Einzelvollstreckungen sinnlos wird und zu zufälligen Ergebnissen führen würde. In dieser Perspektive steht der Schuldner auf der einen Seite, die Gläubiger auf der anderen Seite und das zu verteilende Vermögen, eben durch den Eintritt der Insolvenz losgelöst von seiner Zuordnung zum Schuldner, in der Mitte. Die abstrakte und scheinbar überzeitliche Geltung dieser Vorstellung führt leicht dazu, eine natürlicherweise unter den Gläubigern entstehende Verbindung anzunehmen. Im 19. Jahrhundert wurde darin eine im Wesen der Insolvenz wurzelnde Gemeinschaft gesehen, eine Vorstellung, die insbesondere von *Josef Kohler* (1849–1919) verbreitet wurde. Er begründete dies mit der Behauptung, dass die gleichmäßige Aufteilung des Verlustes auf alle Gläubiger den begrifflichen Kern des Konkurses darstellt.[1] Aus der prinzipiellen Gleichheit der Gläubiger im Verlust ergibt sich Kohler zufolge weiter die Notwendigkeit, ein geregeltes Verfahren zu bestimmen, das sie bei jedem Verfahrensschritt sicherstellt. Dafür sah *Kohler* zwei Möglichkeiten: entweder übernimmt der Staat die Lenkungsfunktion oder die Gläubigergemeinschaft organisiert das Konkursverfahren selbst.[2]

Mit dieser Weichenstellung war zum einen schon von vornherein ausgeschlossen, dass der Schuldner in irgendeiner Weise etwas zum Konkurs beitragen könnte. Zum anderen gibt es in *Kohlers* Perspektive nur zwei Möglichkeiten, wie das Konkursverfahren strukturiert sein kann, nämlich die Steuerung durch das Gericht oder eine Leitung durch die Gläubiger, ein Ideal, das Kohler in den Statuten der

---

1 *Kohler, Josef,* Lehrbuch des Konkursrechts. Stuttgart 1891, 1: „Dem Zufall soll die Herrschaft entrissen werden: die Berechtigten sollen sich gleichmäßig in die Trümmer teilen, und es soll nicht dem schnellen Zugriff des einen alles anheimfallen, während die übrigen das Nachsehen haben. Der Konkurs beruht daher auf dem Prinzipe der Verlustgemeinschaft oder der Kontribution."

2 *Kohler,* Lehrbuch (wie Fn. 1), 2: „Eine solche Berücksichtigung der gemeinsamen Interessen kann stattfinden entweder dadurch, daß die Prozedur von staatshalber vor sich geht, oder dadurch, daß die Gläubigergemeinschaft die Leitung der Sache führt und durch gemeinsames Vorgehen die gemeinsamen Ziele zu erreichen sucht. Das Konkursverfahren ist bald auf das Prinzip der Gerichtsleitung, bald auf das Prinzip der Selbsthilfe der Gläubiger gebaut."; 8–11.

oberitalienischen Städte des Mittelalters verwirklicht sah[3]. Die Geschichte des Konkursrechts wird von ihm von Anfang an konzipiert als Beweis dafür, dass letztere Möglichkeit die eindeutig überlegene ist.[4]

Wenn man dagegen nicht von angeblich prinzipiellen und überzeitlichen Ideen vom Wesen des Konkursverfahrens ausgeht, sondern konkret untersucht, was mit „concursus“ in der auf den römischen Rechtstexten beruhenden Rechtswissenschaft des Mittelalters und der Frühen Neuzeit, dem so genannten Gemeinen Recht,[5] bezeichnet wird, so ergibt sich ein deutlich anderes Bild.[6]

II. Die Arten des concursus im mittelalterlichen römischen Recht

Zum einen bezeichnet der erst in der Frühen Neuzeit nachweisbare Ausdruck „concursus“ zunächst nicht ein Verfahren als solches, sondern einen tatsächlichen Vorgang, nämlich dass die Gläubiger zusammen laufen („concurrunt“) im Sinn von sich versammeln. Dieser Vorgang konnte in verschiedenen verfahrensmäßigen Kontexten geschehen, die jeweils schon im römischen Recht angelegt waren. Insofern gab es zunächst nicht *den* Konkurs, sondern *ein* concursus, ein Zusammenlaufen der Gläubiger, und zwar innerhalb von vier verschiedenen Verfahrensarten. Diese waren

1. der *Zahlungsaufschub* kraft obrigkeitlichen Privilegs oder durch die Gläubiger,
2. der allerdings nur innerhalb enger Grenzen mögliche *Vergleich* zwischen Schuldner und Gläubigern,
3. der *Rangstreit* der Gläubiger untereinander und schließlich
4. die *Vermögensaufgabe* durch den Schuldner, also die Übergabe seines Gesamtvermögens an die Gläubiger, lateinisch „cessio bonorum“.[7]

Wenn der Schuldner keine dieser Möglichkeiten ergreifen konnte, z.B. weil die Gläubiger nicht mit einer Stundung oder einem Nachlass einverstanden waren oder

---

3 *Kohler,* Lehrbuch (wie Fn. 1), 11–5, 30 f.

4 *Kohler,* Lehrbuch (wie Fn. 1), 3: „Welches Verfahren zu besseren Resultaten führt, zeigt die Geschichte des Konkursrechts“; 44 f.

5 Vgl. dazu etwa *Reinkenhof, Michaela,* Ius commune. in: Schmoeckel, Matthias; Stolte, Stefan (Hrsg.): Examinatorium Rechtsgeschichte. Köln/München 2008, 351–353; demnächst *Luig, Klaus,* Gemeines Recht. in: Handwörterbuch zur deutschen Rechtsgeschichte, 2. Aufl., Bd. 2, 9. Lieferung; zum 18. Jh. *Daniel, Andreas,* Gemeines Recht. Eine systematische Einordnung der Rechtsfigur und ihrer Funktion sowie die Bestimmung der inhaltlichen Probleme aus der Sicht des 18. Jahrhunderts. Berlin 2003 (Schriften zur Rechtsgeschichte, 101). Die grundlegende Studie bildet *Bellomo, Manlio,* Europäische Rechtseinheit. Grundlagen und System des Ius Commune. München 2005.

6 Die folgenden Ausführungen beruhen auf meiner Monographie: Konkurs als Verfahren. Francisco Salgado de Somoza in der Geschichte des Insolvenzrechts. Köln 2009 (Norm und Struktur, 32).

7 *Brunnemann, Johann,* De processu concursus creditorum praelectiones publicae notis et additionibus necesariis illustratae a Samuele Strykio … Frankfurt/Oder 1732, 2 (§ 1): „quadruplicem dari concursum creditorum“ mit etwas abweichender Einteilung.

der Gläubiger keine der Möglichkeiten ergreifen wollte, blieb – für die Juristen in Mittelalter und Früher Neuzeit völlig selbstverständlich – seine Inhaftierung.[8]

1. Zahlungsaufschub

Die Gewährung eines Zahlungsaufschubs für die Zeit von fünf Jahren („quinquennale spatium") durch den Landesherrn ließ sich mit einer Vorschrift im römischen Recht der Kaiserzeit begründen.[9] In Deutschland wurden solche Aufschübe – „Quinquenell", aber auch Stundungsbrief oder „eiserner Brief" genannt – insbesondere in der Zeit des Dreißigjährigen Krieges benutzt. Dabei ist natürlich das Privileg für den in wirtschaftlichen Nöten steckenden Schuldner eine Belastung von dessen Gläubigern, was im Sprichwort „Quinquenellen kommen aus der Höllen" Ausdruck fand.[10] Wegen der negativen volkswirtschaftlichen Folgen wurde die Möglichkeit eines obrigkeitlich verordneten Zahlungsaufschubes nach und nach beseitigt.[11]

Für eine Stundung durch die Gläubiger war nötig, dass in einer Versammlung, also einem „concursus", die Mehrheit der Gläubiger nach der Höhe des Geschuldeten, also nicht nach der Anzahl der Personen, ihre Zustimmung erklärte.[12] Ein Zahlungsaufschub setzte aber weiter voraus, dass der Schuldner seinerseits erklärte, er werde anderenfalls zu der schon erwähnten Vermögensaufgabe greifen. Denn eine Stundung durch die Mehrheit, die erfolgt wäre, ohne dass diese Vermögensaufgabe drohte, wurde als unzulässiger Eingriff in die Rechte der Minderheit der Gläubiger, die nicht zustimmte, angesehen.

2. Vergleich

Eine Einigung zwischen dem Schuldnern und seinen Gläubigern über einen Verzicht auf einen Teil ihrer Forderungen war im römischen Recht nicht vorgesehen. Vergleichen konnte man sich nur mit dem Erben eines verstorbenen Schuldners. Denn, so die Überlegung, der Erbe würde andernfalls das Erbe ausschlagen und

---

8 Z.B. *Covarrubias y Leyva, Diego,* Variarum resolutionum libri IIII. in: ders.: Omnia opera. Bd. 1. Turin 1594 (S. 145–464), II, 1, 4 a.E.: „Regulariter in carcerem ducitur". Zum mittelalterlichen und frühneuzeitlichen deutschen Recht vgl. *Breßler, Steffen,* Schuldknechtschaft und Schuldturm. Zur Personalexekution im sächsischen Recht des 13.–16. Jahrhunderts. Berlin 2004.

9 C[odex Iustinianus] 1, 19, 4 (*Gratian/Valentinian/Theodosius,* 382 n. Chr.): „Universa rescripta, quae in debitorum causis super praestandis dilationibus promulgantur, non aliter valeant, nisi fideiussio idonea super solutione debiti praebeatur." Die Zeitbestimmung wurde übernommen aus C 7, 71, 8 pr. (*Justinian,* 531/32 n. Chr.): „quinquennale spatium eis indulgere".

10 *Volkmar, Leopold,* Paroemia et regulae juris Romanorum, Germanorum, Franco-Gallorum, Britannorum. Berlin 1854, 357.

11 *Fuchs, Carl,* Das Concursverfahren. Marburg 1863, 80.

12 C 7, 71, 8, 2–3: „omnibus in unum coadunatis et debitis eorum computatis ex quantitate debiti causa trutinatur."

man hätte gar keinen Schuldner.[13] Außerhalb von lokaler Gesetzgebung entwickelte erst Ende des 14. Jh. der italienische Jurist *Raffael Fulgosius*[14] die Überlegung, die Möglichkeit des Vergleichs auf den lebenden Schuldner auszudehnen, allerdings nur auf den vor seinen Gläubigern geflohenen Schuldner. Denn dort bestand die gleiche Interessenlage bei den Gläubigern, nämlich entweder auf einen Teil der Forderungen zu verzichten oder überhaupt keinen Schuldner zur Verfügung zu haben. Die entscheidende rechtliche Problematik wurde auch hier darin gesehen, wie ein Teil der Gläubiger die anderen mit bindender Wirkung überstimmen kann, wie also die Mehrheit auch zu Lasten der Minderheit die an alle zu zahlenden Verbindlichkeiten verringern kann. Das kommt auch in dem lange Zeit dafür üblichen Begriff „Zwangsnachlassvergleich" zum Ausdruck.

Beide Verfahrensarten, Aufschub und Vergleich, sind im weiterem Sinn mit heutigen Instituten vergleichbar; beide wurden in ihrer Zeit aber überschattet von einem Grundkonflikt, der im dritten Verfahren sichtbar wird, im Rangstreit.

3. Rangstreit

Wenn man die gemeinrechtliche Literatur zur Frage konsultiert, worum es bei einem „concursus" geht und worum gestritten wird, dann wird dort allerdings fast als selbstverständlich vorausgesetzt, dass es nicht um die beiden bislang genannten Verfahren geht, sondern dass der jeweilige Vorrang der einzelnen Gläubiger vor anderen Gläubigern bei der Verteilung des vorhandenen Vermögens in Frage steht.

Auslöser für den Rangstreit ist der Drittwiderspruch eines oder mehrerer Gläubiger gegen die Vollstreckungsmaßnahme, die ein anderer Gläubiger gegen den Schuldner ergreift. Dem vollstreckenden Gläubiger stellen sich einer oder mehrere andere Gläubiger vor Gericht mit der Behauptung entgegen, sie seien bei der Befriedigung vorrangig zu behandeln. So entwickelt sich ein Rangstreit der Gläubiger untereinander. Dies beruht auf der im römischen Recht angelegten komplizierten Pfandrechtsordnung, die durch verschiedene Vollstreckungsprivilegien für den Insolvenzfall weiter kompliziert wurde.

Das römischen Recht enthält hierzu zahlreiche Regelungen. Ganz vorrangig waren zum Beispiel die Kosten für das Begräbnis des verstorbenen Schuldners.[15] Von besonderer Wichtigkeit war der Vorrang der Ehefrau bezüglich der Rückerstattung ihrer Aussteuer.[16] Daneben hatte etwa ein Darlehensgeber ein Privileg,

---

13 D[igesta] 2, 14, 7, 17: „Si ante aditam hereditatem paciscatur quis cum creditoribus ut minus solvatur, pactum valiturum est."

14 Zu Fulgosius vgl. *Lange, Hermann/Kriechbaum, Maximiliane,* Römisches Recht im Mittelalter. Bd. 2. Die Kommentatoren. München 2007, 802–807.

15 D 11, 7, 45: „Impensa funeris semper ex hereditate deducitur, quae etiam omne creditum solet praecedere, cum bona solvendo non sint."

16 Begründet auf C 5, 12, 30 pr. und 1 (*Justinian,* 529 n. Chr.). Sie geht allen mit Pfandrecht gesicherten Gläubigern des Mannes vor, auch wenn die Pfandrechte älter sind; C 8, 17, 12, 4 (*Justinian,* wenn die Darlehenssumme zur Erhaltung oder Verbesserung einer verpfändeten Sache verwendet worden war, das ihn eben vor die Pfandgläubiger an dieser Sache stellte.[17] Dem geht wiederum eine Forderung des Fiskus vor.[18] Die Privilegierungen des römischen Rechts wurden im Mittelalter durch Ergänzung und Analogiebildung nochmals deutlich ausgeweitet. In Deutschland wurde aus einer Norm des Sachsenspiegels abgeleitet, dass der Anspruch der Dienstboten auf ihren Lohn einen bestimmten Vorrang genießt.[19] Da in D 20, 4, 5 von der Ausrüstung eines Schiffes die Rede war, sah man so auch den Kredit für die Verproviantierung von Matrosen als privilegiert an.[20] In dieser Weise wurden auch ein Kredit für Saatgut[21] und der Lohn des Viehhirten[22] sowie die Gehaltsforderung u.a. der Universitätslehrer, der Doktoren und Anwälte als privilegiert angesehen. Selbst der Verleih von Büchern an Studenten wurde mit dieser Analogie behandelt: „Also auch und vielmehr soll der den vorzug haben, der ad conservationem studiosorum, zu erhaltung der hochlöblichen studien ... seine büecher, ohne welche niemandts nichts fruchtbarlichs studiren und außrichten kan, dargeben und ausgeborget hatt."[23] In einem Werk von 1625 untersuchte ein deutscher Jurist in 308 durchnummerierten Absätzen knapp 300 verschiedene einzelne Vorrangverhältnisse, z.B. Ehefrau gegenüber Begräbniskosten, Arzt gegenüber Ehefrau, Ehefrau gegenüber Gesindelohn, Arzt gegenüber Saatgutkredit u.s.w.[24]

In einem längeren historischen Prozess wurde diese komplizierte und unsystematische Ansammlung verschiedener Vorrangrechte vereinfacht, indem Klassen von Gläubigern gebildet wurden. Durchgesetzt hat sich eine Einteilung in fünf Klassen, wie sie z.B. auch in der sächsischen Gerichtsordnung von 1622 vorgenommen wird:

„Es seynd aber ingemein fünff unterschiedene *Classes* oder Hauffen der Gläubiger, dann [1.] erstlichen haben etliche eine sonderliche *Praerogativ* und Vorzug, dass sie vor allen andern, ungeachtet dero Rechtens, welches sie sonst haben mögen bezahlt werden müssen.

531 n. Chr.): „potiora iura contra omnes habere mariti creditores, licet anterioris sint temporis privilegio vallati."

17 D 20, 4, 5 und 6 (Ausrüstung oder Reparatur eines Schiffes).

18 D 42, 5, 34: „habet privilegium post fiscum."

19 Sachsenspiegel, I 22 § 2. Vgl. *Wacke, Andreas,* Lidlohn geht vor allen Schulden. in: Zeitschrift für Wirtschaftsrecht (ZIP) 1991, 1472–1474.

20 *Gaito, Giovanni Domenico,* Tractatus de credito ex libris, epistolis, cambiis, apochis, instrumentis publicis, obligationibus pene acta, omnique alia publica inter vivos scriptura, pignore, & hypothecis: In qatuor principaliora capita distinctus. Venedig 1669, IV, 11, 1556.

21 *Gaito,* Tractatus de credito (wie Fn. 20), IV, 11, 1557, 2008.

22 *Gaito,* Tractatus de credito (wie Fn. 20), IV, 11, 1558. Vgl. zu dieser Thematik auch *Hofer, Sibylle,* So haben Wir zur Beförderung des Credits vor nöthig befunden (...) – Kreditsteuerung durch Konkursrecht in der frühen Neuzeit. in: Zeitschrift für neuere Rechtsgeschichte 26 (2004), 177–188.

23 *Beuther, Johann Michael,* Außführliche Fundamenta und Erklärunge Von dem Praelation oder Vorzug Rechten Speyer 1598, I, 22 (S. 47).

24 *Chemnitz, Joachim,* Disputationem hanc inaug. de iure praelationis creditorum praeside ... Matthaeo Coldebacio ... publice examinandam proponit Joachimus Chemnitius. Frankfurt/Oder 1625 u. ö.

[2.] Zum andern haben etliche, neben dem dinglichen Recht oder Verpfändung, ein *Jus Prioritatis* oder *Privilegium,* dass sie, mit gewisser Maß, den andern Gläubigern, der Bezahlung halben, vorgehen.
[3.] Zum dritten folgen die, welch ein dinglich Recht erlanget.
[4.] Zum Vierdten seynd etliche, welche, ob sie wol kein dinglich haben iedoch dermassen im Rechten *personaliter privilegiert* seynd, dass sie vor denen Gläubigern, so kein dinglich Recht haben, bezahlt werden.
[5.] Letzlichen seynd *Chirographarii,* welche weder dinglich Recht noch einig *Privilegium* sondern allein Brieff und Siegel, oder andere Nachrichtung, ihrer Schulden halben vorlegen können."[25]

Die fünfteilige Klassenbildung – 1. absolutes Vorzugsrecht, 2. privilegierte Pfandgläubiger, 3. einfache Pfandgläubiger, 4. persönliches Privileg, 5. ohne Privileg – hatte sich im 19. Jahrhundert durchgesetzt und wurde als unproblematisch angesehen.[26] In concreto bedeutete dieses System, dass ein vorrangiger Gläubiger volle Befriedigung verlangen konnte und nachrangige eben erst zum Zug kamen, nachdem alle ihnen vorrangigen zu 100 Prozent ihre Forderung geltend gemacht hatten. Eine gleichmäßige Aufteilung eines Verlusts war also denknotwendig nur innerhalb einer Klasse möglich und realistischerweise nur in der untersten Klasse. Wer einfacher Gläubiger ohne Privileg, ein so genannter chirographarischer Gläubiger, war, hatte praktisch keinerlei Aussicht auf irgendeinen noch so kleinen Erlös aus dem schuldnerischen Vermögen.[27] Ungleichheit, nicht Gleichheit, war damit das Strukturprinzip bei der Verteilung des schuldnerischen Vermögens.

Erst mit der Preußischen Konkursordnung von 1855 setzte ein Prozess der Reduzierung der Konkursprivilegien ein, wobei dort eine Privilegienordnung weiter vorgesehen war. Auch die Konkursordnung von 1877, deren Begründung eine schneidende Kritik an der Gewährung von Konkursprivilegien enthält und ihre Beseitigung als gesetzgeberisches Programm aufstellt,[28] sah einige Vorrechte als

25 Process und Gerichts-Ordnung, des durchlauchtigsten hochgebohrnen Fürsten und Herrn, Herrn Johann Georgen, Hertzogen zu Sachsen ... Actum Dreßden, den 28. Julii, Anno 1622. Tit. 41, in: Corpus Juris Saxonici, Worinnen Alle und iede Landes Ordnungen, *Constitutiones, Edicta, Decisiones* und *Mandata,* ... Dresden 1672, 826.

26 Vgl. *Gmelin, Christian Gottlieb,* Die Ordnung der Gläubiger bei dem Gantprocesse nach dem römischen, teutschen und besonders königlich württembergischen Recht. 5. Aufl. Stuttgart 1813, 30, dort auch Gmelins Einteilung in fünf Klassen; *Savigny, Friedrich Carl von,* System des heutigen römischen Rechts. Bd. VIII. Berlin 1849 (Nachdruck Aalen 1981), 285: „Sämmtliche Gläubiger werden nach fünf Klassen geordnet"; *Endemann, Wilhelm,* Das deutsche Zivilprozessrecht. Heidelberg 1868 (Nachdruck Aalen 1969), 1157: „In dem modernen Recht besteht allgemein anerkannt eine Rangordnung von fünf Klassen."

27 Vgl. Corpus Juris Saxonici (wie Fn. 25), 836: „Wenn nach Bezahlung aller deren Creditorn, so bißhero erzehlet worden, von des Schuldeners Gütern etwas übrig, so werden dann erst die Chirographarii und gemeinen Gläubiger ... ohne Unterschied der Zeit, pro rata & quantitate eines iedern Schuld zugleich bezahlt, also, wann es nicht zureicht, ein ieder, nach dem seiner Schuld viel oder wenig ist, darvon schwinden lassen muß."

28 *Hahn, Carl* (Hrsg.), Die gesammten Materialien zur Konkursordnung ... vom 1. Februar 1877, ... Berlin 1881 (Die gesammtem Materialien zu den Reichs-Justizgesetzen. Bd. 4), 238: „Jede, noch so gute Vorrechtsordnung ist ein Uebel, je feiner ersonnen, je mehr abgestuft und ausgebildet, ein desto schlimmeres Übel. Zunächst für das Konkursverfahren. ... Hauptsächlich aber für den Kredit. ... Und noch weniger darf man sich auf die Gerechtigkeit berufen. ... Jede Bevorzugung des einen Gläubigers enthält eine Rechtskränkung der anderen, die volle Befriedigung des Einen geschieht auf Kosten des Anderen. Die *Beseitigung aller Vorrechte* muß das Ziel sein, welches die Gesetzgebung unumgänglich an. Auch heute bestehen noch gewisse Formen der Privilegierung, die aber keine Vorrechte als solche mehr darstellen, sondern als spezialgesetzliche angeordnete Bildung von Sondervermögen angesehen werden (z.B. § 30 PfandbriefG).[29]

Wenn oben festgestellt wurde, dass der concursus kein Verfahren war, sondern im Rahmen von Verfahren vorkommt, mussten wir hier zur Feststellung gelangen, dass concursus primär den Streit der Gläubiger untereinander bezeichnet. Die Gläubiger streiten beim concursus unter- und gegeneinander, entweder um die Gewährung einer Stundung, vielleicht um einen Nachlass und regelmäßig um ihre Rangstellung bei der Verteilung. Die Gläubiger sind es, die sich gegenüberstehen und gegeneinander vorgehen.

Von den eingangs genannten vier Verfahren, innerhalb derer ein concursus stattfinden konnte, wurde bislang allerdings noch eines ausgespart, die schon genannte Vermögensaufgabe durch den Schuldner, die cessio bonorum.

III. Die mittelalterliche cessio bonorum und ihre Umgestaltung durch Salgado de Somoza

1. Die cessio bonorum als insolvenzrechtliches Institut

Nach einer Reglung des römischen Rechts konnte sich ein Schuldner vor den Vollstreckungsmaßnahmen der Gläubiger, insbesondere der Inhaftierung, schützen, in dem er durch eine Willenserklärung sein Vermögen als Ganzes und vollständig – nämlich tatsächlich bis auf die Kleidung, die er gerade trug – aufgab. Mit der Erklärung „cedo bonis", wörtlich übersetzt „ich weiche aus den Gütern", überantwortete er es an seine Schuldner.[30] Die Schuldner wählten einen von ihnen zum „magister bonorum", der die Verwertung durch öffentliche Versteigerung vorbereitete.[31] Seit dem Mittelalter bis ins 18. Jahrhundert geschah die Versteigerung bei „brennender Kerze". Es wurde also im Versteigerungstermin eine Kerze angezündet, während deren Brenndauer Gebote abgegeben werden konnten; das bei Erlöschen der Kerze höchste Gebot erhielt dann den Zuschlag.[32]

---

nicht aus den Augen verlieren darf". Auch in *Gassert-Schumacher, Heike,* Privilegien in der Insolvenz. Frankfurt/M. 2002 (Europäische Hochschulschriften, Reihe 2, 3208), 116.

29 Vgl. *Häsemeyer, Ludwig,* Insolvenzrecht. 4. Aufl. 2007, 844 f. Zu Einzelheiten der Entwicklung der Privilegierungen vgl. *Forster,* Konkurs als Verfahren (wie Fn. 6), Kap. D.

30 D 42, 3; C 7, 71. Vgl. etwa *Wlassak, Moritz,* Cessio bonorum. in: Paulys Real-Encyclopädie der classischen Altertumswissenschaft. Dritter Band. Stuttgart: Metzler 1899, Sp. 1995–2000; *Kaser, Max/Hackl, Karl,* Das römische Zivilprozessrecht. 2. Aufl. München 1996, 405–407; *Pakter, Walter,* Roman bankruptcy. in: Stolleis, Michael (Hrsg.): Die Bedeutung der Wörter. Studien zur europäischen Rechtsgeschichte. Festschrift für Sten Gagnér zum 70. Geburtstag. München 1991, 327–339.

31 Vgl. *Kaser/Hackl,* Römisches Zivilprozessrecht (wie Fn. 30), 395.

32 Vgl. *Wohlhaupter, Eugen,* Die Kerze im Recht. Weimar: Böhlau 1940 (Forschungen zum deutschen Recht, IV/1), 144–160.

Eine Schuldbefreiung war mit dem Verfahren der Vermögensabtretung nicht als solches verbunden. Falls der Versteigerungserlös zur Befriedigung der Gläubiger, die wie gesagt in der Reihenfolge ihrer Rangstellung geschah, nicht ausreichte, konnte der Schuldner im Fall einer Vermögensverbesserung also wieder in Anspruch genommen werden. Allerdings war der Zugriff nun beschränkt auf das, was seinen Lebensbedarf übersteigt.[33]

Scheinbar ist die cessio bonorum also äußerst gläubigerfreundlich. In ihrem ursprünglichen Kontext, nämlich der römischen Gesellschaft der Kaiserzeit, muss man diese Regelung auch in die komplexen sozialen Zusammenhänge eingebettet sehen, welche in der gegenseitigen Verschuldung untereinander herrschten. Versetzt in den Kontext mittelalterlichen Wirtschaftens, das einerseits riskanten Fernhandel entwickelte und andererseits auf persönlichem Ansehen beruhte, musste diese Möglichkeit, sich dem Gläubigerzugriff zumindest teilweise entziehen zu können, missbrauchsanfällig erscheinen. Die Praxis reagierte darauf in der Form, dass in den oberitalienischen Städten des Mittelalters die cessio bonorum erheblich erschwert wurde, nämlich dadurch, dass die Form der Erklärung in ein entwürdigendes Ritual gefasst wurde: Der Schuldner musste sich mit nacktem Gesäß auf einen Stein[34] setzen oder damit eine Säule berühren[35] und dann dreimal „cedo bonis" ausrufen. Aus Mailand wird berichtet, dass er anschließend, während er davonläuft, von den Straßenjungen und dem Pöbel mit Schmutz und Eiern beworfen wird.[36] In Florenz sah ein Statut vor, dass von denjenigen, welche die cessio bonorum erklärten, Schandbilder mit gut lesbarer Nennung von Namen, Vornamen und Beruf an deren Haus anzubringen seien.[37] In

---

33 Vgl. z.B. *Brunus, Matthaeus,* De ceßione bonorum. in: Tractatus universi iuris. Tomus 3, Pars II: De iudiciis. Venedig 1584, fol. 179 r.-204 r., III princ., 5: „id quod facere potest"; *Covarrubias, Diego,* Variarum resolutionum libri IIII. in: ders.: Omnia opera. Bd. 1. Turin 1594, 145–464, II, 1, 6: „ut ei deducantur alimenta".

34 *Hostiensis = Henricus de Segusio,* Summa. Lyon 1537 (Nachdruck Aalen 1962), De cessione bonorum (fol. 160 v.): „Fit autem laudis cessio mirabilis non sine infamia et vituperio hoc modo. s. quod is qui cedit cum ano nudo lapidem nudum percutit ter dicendo cedo bonis." Belege aus Literatur und Statuten bei *Wach, Adolph,* Der Manifestationseid in Italien, in: Zeitschrift für Rechtsgeschichte 7 (1868), 439–474, hier 452 Fn. 31, aus Statuten bei *Pertile, Antonio,* Storia del diritto italiano dalla caduta dell impero romano all codificazione. Bd. 6, Teilbd. 2: Storia della procedura (continuazione). 2. Aufl. Bologna 1966, 386 Fn. 12 sowie bei *Schulte, Petra,* Scripturae publicae creditur. Das Vertrauen in Notariatsurkunden im kommunalen Italien des 12. und 13. Jahrhunderts. Tübingen 2003 (Bibliothek des deutschen Historischen Instituts in Rom, 101), 232–234.

35 *Baldus,* Baldus super toto codice. Venedig 1519. Bd. 4. Lectura super VII. VIII. et VIIII. Codicis, [C 7, 71, 8] Cum solito (fol. 109 v.), Rn. 1: „in aliquibus locis est statutum quod nemo possit cedere bonis nisi percutiat anum ad columnam".

36 *Odofredus,* In primam Codicis partem ... Praelectiones (quae Lecturae appellantur). Lyon 1552 (Nachdruck mit dem Titel: Lectura super codice. Bologna 1968/1969, Bd. 1), [C 2, 11, 11] (fol. 84 v.): „Preterae Mediolani ceditur tali modo ... quod in praesentia totius populi ex parte posteriori percutit in quodam lapide posito in platea et dicit ter. cedo bonis. cedo bonis. cedo bonis. pueri et leves persone incipiunt clamare contra ipsum, et proiicere sibi lutum et ova: et ipse fugit."

37 *Edgerton, Samuel Y.,* Pictures and punishment. Art and criminal prosecution during the Florentine Renaissance. Ithaca/London 1985, 75, 103, 228: „Cessantes depingi debeant in locis publicis", 229: „quis fuerit ... declaratus cessans et fugitivus, possit et debeat ad perpetuam eius infamiam depingi in palatio potestatis ..., qui ipsum sic cessantem proniuntiasset et declarasset in palatio suo

Padua, wo während der Prozedur die Glocken geläutet wurden, hat sich der Schandstein bis heute erhalten. Er steht im „Palazzo de Ragione", also dem überdachten mittelalterlichen Handels- und Gerichtsplatz, und trägt die eindeutige Aufschrift „lapis vituperii et cessionis bonorum": Stein der Schande und der Vermögensaufgabe.[38]

Dass eine solche Prozedur für den Status des Schuldners nicht ohne Folgen war, ist klar. Er zog die sog. „infamia facti" auf sich, die zwar nicht wie die „infamia iuris" mit einschneidenden Rechtsfolgen für den persönlichen Status im rechtstechnischen Sinn verbunden war, aber den guten Namen und damit den Kredit zerstörte. Teilweise wurde schon im Mittelalter geäußert, dass die infamia facti schlimmer sei, da man sich nicht von ihr befreien könne, im Gegensatz zur infamia iuris, die man mit juristische Verfahren beseitigen konnte.[39] In der Rechtswirklichkeit musste so das rechtsförmliche Verfahren der cessio bonorum fast völlig hinter den Prozeduren, die zur Abschreckung von deren Inanspruchnahme eingeführt wurden, zurücktreten. In dieser Ausprägung hatte sich die cessio bonorum von einem schuldnerfreundlichen Verfahren der sofortigen Gesamtbereinigung zu einer wirtschaftlich und sozial existenzzerstörenden Verzweiflungstat gewandelt. Wenn, ausgehend von *Kohlers* Darstellung, von einer „Tradition des italienischen Liberalismus und der Gläubigerautonomie"[40] die Rede ist, zeigt dies mehr *Kohlers* eigenen rechtpolitischen Standpunkt im ausgehenden 19. Jahrhundert, als dass es ein realistisches Bild der Rechtslage in den oberitalienischen Städten des Mittelalters vermittelt.

Ähnliche Gebräuche herrschten in Südfrankreich. In Spanien sind solche Prozeduren nie zur Anwendung gekommen. Aber dort wurde das Institut der cessio bonorum mit einer durch ein mittelalterliches Gesetz vorgesehenen Inhaftierung verbunden, so dass ein Schuldner, der die cessio bonorum erklären wollte, sich erst in Haft bei einem seiner Schuldner begeben musste.[41] Die spanische Gesetzgebung der Frühen Neuzeit produzierte so eine eigentlich paradoxe Kombination: die Inhaftierung, deren Vermeidung die wichtigste Rechtsfolge der cessio bonorum sein sollte, war zu ihrer tatbestandlichen Voraussetzung gemacht worden.

Damit stellt die cessio bonorum bislang keinen Ansatz zu einer Entwicklungslinie, sondern eher eine Sackgasse dar. Dennoch wurde gerade sie zum Ausgangspunkt

---

... ita quod videri possit palam et publice et de littera grossa et patenti describi facere nomen et pronomen talis cessantis et vocabulum artis de qua ipse talis cessans fuerit".

38 Vgl. *Gloria, Andrea,* La pietra del vituperio nel Salone di Padova. Padua 1851; *Edgerton,* Pictures and punishment (wie Fn. 37), 65 Fn. 21.

39 *Edgerton,* Pictures and punishment (wie Fn. 37), 64.

40 *Meier, Anke,* Die Geschichte des deutschen Konkursrechts, insbesondere die Entstehung der Reichskonkursordnung von 1877. Frankfurt/M. 2003 (Rechtshistorische Reihe, 268), 62.

41 Auf Einzelheiten muss hier verzichtet werden, vgl. *Forster,* Konkurs als Verfahren (wie Fn. 6), Kap. F I. Verwiesen sei nur auf Fuero real III, 8, 2 sowie auf die zentrale Norm, die Heinrich IV. v. Kastilien 1458 erließ: „Declarando la ley del fuero el Rey ... Ordenò, y mandò, que aquel que hiziesse cession de sus bienes, segun forma de la dicha ley, que despues que por el deudor fuere hecha la dicha cession, el deudor estè en la carcel por nueve dias". (Nueva Recopilación = Recopilación de las leyes desto reynos, ... Madrid 1640 (Nachdruck Valladolid 1982), V, 16, 5) der neuzeitlichen Entwicklung des Konkursverfahrens. *David Mevius,* Richter am Obertribunal in Wismar, wird 1658 formulieren: „Concursus creditorum suspendit actiones singulares ... Ejus autem initium est ex cessione bonorum“.[42] Also: Mit dem Konkurs werden die Einzelvollstreckungsmaßnahmen („actiones singulares“) aufgehoben, so wie heute in § 89 Abs. 1 Insolvenzordnung vorgesehen. *Mevius* behauptet im zweiten Satz aber weiter: Der Beginn des Konkurses liegt in der cessio bonorum. Die cessio bonorum ist also hier nicht identisch mit dem Konkurs, ein Konkurs wird aber nur mit der cessio bonorum eröffnet.

2. Iudicium novum concursus: Salgado de Somoza

Dass die cessio bonorum von einem abschreckendem Spektakel zum Ausgangspunkt des Konkursverfahrens schlechthin wurde, beruht auf der gerade angedeuteten Rechtsentwicklung in Kastilien. *Francisco Salgado de Somoza,* in der ersten Hälfte des 17. Jahrhundert Richter am königlichen Gerichtshof („Audiencia y Chancillería“) in Valladolid, verwandte 1651 einen stattlichen Folioband auf die Beschreibung eines Verfahrens, dass eben an seinem Gerichtshof entwickelt worden war. Dabei hatte man die in Spanien durch die frühneuzeitlichen Gesetzgebung veränderte cessio bonorum, die, wie gerade ausgeführt, eine Inhaftierung des Schuldners voraussetzte, nochmals verändert und weiterentwickelt. Unter dem Titel „Labyrinthus creditorum concurrentium“[43] beschrieb *Salgado* ein neues Verfahren, das unabhängig von einer einleitenden Inhaftierung war.

Salgados entscheidende rechtsdogmatische Neuerung besteht darin, das Verfahren des concursus allein auf der Erklärung der Vermögensaufgabe durch den Schuldner zu begründen. Damit hat es einen neuen und anderen Anknüpfungspunkt als der Streit zwischen Gläubigern und Schuldner oder unter den Gläubigern. Es ist ein neues und anderes im Verhältnis zu den einzelnen Prozessen und Vollstreckungsmaßnahmen seiner Gläubiger. In seinem Ursprung hängt es nur vom Schuldner ab.[44] Der concursus creditorum wird nicht durch die Gläubiger ausgelöst, sondern durch den Schuldner selbst.[45] Das so ausgelöste Verfahren erfasst, als cessio bonorum, das gesamte Vermögen des Schuldners. Damit erfasst es aber auch alle gegen den Schuldner gerichteten Forderungen und so alle Gläubiger. Es ist daher eine universales Verfahren. Damit kann *Salgado* aber auch begründen, dass ein besonderer Gerichtsstand bestand, der privilegierte Gerichtsstände aus-

---

42 *Mevius, David,* Decisiones super causis praecipuis ad praedictum Tribunal Regium delatis. Frankfurt 1740, VI, 104.

43 *Salgado de Somoza, Francisco,* Labyrinthus creditorum concurrentium ad litem per debitorem communem inter illos causatam. Lyon 1651. Vgl. dazu *Forster,* Konkurs als Verfahren (wie Fn. 6) Kap. G.

44 *Salgado,* Labyrinthus (wie Fn. 43), I, 4, 12: „hoc concursu per debitorem formato, quia iuri, & exceptioni praeventivae, noviter, & principaliter per eum introductae“, I, 1, 11: „illum format debitor inter suos creditores“.

45 *Salgado,* Labyrinthus (wie Fn. 43), I, 4, 8 ff.: „concursus causatus a debitore communi ... hoc concursu per debitorem formato“; I, 16, 44: „formatur per ipsum debitorem“.

schließt.[46] Denn untrennbar zusammenhängende Sachen waren nach dem Grundsatz des Sachzusammenhangs, der sog. „causae continentia", vor dem gleichen Richter zu behandeln.[47] Umgekehrt kann es für untrennbar zusammenhängende Sachen nur ein Verfahren geben, da sonst dieser Grundsatz verletzt würde.[48] Das Verfahren ist also universell und weil es universell ist, ist es individuell im Wortsinn, nämlich unteilbar.

Diese Konstruktion hatte einen ganz entscheidenden Vorteil, der ihren Erfolg europaweit garantierte: Sie löste die überall gegebene, aber gerade im Spanien besonders ausgeprägte Zuständigkeitsproblematik, die aus der Existenz zahlreicher Gerichtsbarkeiten resultierte. Für zivilrechtliche Forderungen konnten je nach Status des Schuldners staatliche Gerichte zuständig sein, aber auch die Gerichtsbarkeit der Kirche, der Universitäten, des Militärs oder auch, für deren Mitarbeiter, die der Inquisitionsbehörde. Teilweise bestanden sogar innerhalb der Gerichtsbarkeiten noch besondere Privilegien. So waren die Angehörigen der spanischen Artillerie nur ihrer eigenen Gerichtsbarkeit unterworfen. Das galt sogar für die Kanoniere auf Kriegsschiffen, so dass in jedem Hafen ein Richter nicht nur für die Matrosen, sondern auch für die Artillerie vorhanden sein musste. Damit konnte im Grundsatz jeder Gläubiger erklären, die Erklärung des Schuldners über die cessio bonorum gehe ihn nichts an, da sie vor einem für ihn, den Gläubiger, unzuständigen Richter erfolgt sei; er brauche sich nicht an einem dort eröffneten Verfahren zu beteiligen, sondern könne weiterhin allein eben vor einem anderen Richter gegen den Schuldner vorgehen.

Mit dem neuen, unteilbaren und universellen Verfahren vor dem einen zuständigen Richter waren nun alle sonst gegebenen Zuständigkeiten verdrängt. Nur die cessio bonorum konnte den Anker für eine in dieser Weise dogmatisch geschlossene Konstruktion bieten, nämlich die Willenserklärung des Schuldners – *eine* Person gibt gegenüber *einem* Richter *eine* Willenserklärung ab, die *ein* Verfahren eröffnet. Allein bei ihr war dieser Schritt zur dogmatisch unangreifbar fundierten einheitlichen Zuständigkeit möglich, da ansonsten immer die Beteiligung der Vielzahl der Schuldner berücksichtigt werden musste, die untereinander und gegen den Schuldner vor verschiedenen Gerichten streiten oder streiten würden, und deren Richter dann sofort in unendliche Zuständigkeitsstreite geraten.

Die so aufgefasste cessio bonorum führte also nicht zu einer bloßen Koordinierung der schon anhängigen Verfahren gegen den Schuldner, sondern sie bildete selbst ein neues Verfahren, ein neues, anderes und selbstständiges Verfahren mit einem

---

46 *Kaser/Hackl,* Römisches Zivilprozessrecht (wie Fn. 30), 589 mit Fn. 33.

47 C 3, 1, 10 (*Konstantin,* 325 n. Chr.): „Nulli prorsus audientia praebatur, qui causae continentiam dividit et ex beneficii praerogativa id, quod in uno eodemque iudicio poterat terminari, apud diversos iudices voluerit ventilare".

48 *Salgado,* Labyrinthus (wie Fn. 43), I, 3, 13: „Et in nostris terminis, quod hoc iudicium concursus creditorum sit individuum, & unum continens inter omnes creditores, & propterea omnes in unum iudicium, iudicemque concurrere debere inseperabiliter, ne causae continentia dividatur".

neuem, eigenen Streitgegenstand, mit neuen Fristen und neuen Schriftsätzen: ein „novum iudicium super nova“[49].

Den anderen Verfahren gegen den Schuldner ist das „novum iudicium“ kraft seiner Unteilbarkeit übergeordnet. Der Konkursrichter kann und muss sie an sich ziehen. Das Konkursverfahren ist also ‚attraktiv‘ in dem Sinn, dass es anziehende Kraft, „vis attractiva“, hat. Damit ist das Verfahren attraktiv, weil es unteilbar, individuell ist und individuell, weil es universell ist. Anders gesagt: zur Verteilung des schuldnerischen Vermögens müssen alle Gläubiger zum neuen Verfahren laufen, concurrere, weil das neue Verfahren unteilbar ist: „hoc iudicium creditorum etiam individuum dicatur, quia ad ... divisionem, & distributionem inter se huius patrimonii, omnes simul creditores concurrrere debent“.[50] Universalität, Individualität und Attraktivität machen das Verfahren der Vermögensaufgabe zum selbständigen Konkursverfahren.

IV. Beibehaltung des Verfahrens bei Erweiterung der Eröffnungsmöglichkeiten

Von einem Konkursverfahren heutigen Verständnisses ist die cessio bonorum, wie auch immer im Einzelnen umgestaltet, allerdings durch eine tiefe dogmatische Kluft getrennt. Denn die cessio bonorum wird nur durch den Schuldner herbeigeführt. Ohne seine Erklärung und damit ohne seinen Willen kommt es nicht zum concursus. Wie der schon zitierte *Mevius* sagt, ist der Beginn des concursus die cessio bonorum. Einen concursus einzuleiten ist also jeweils Sache der Schuldner, nicht der Gläubiger: „Concursum Creditorum excitare est debitorum proprium“.[51] Im 18. Jahrhundert formuliert den gleichen Befund *Jacob Friedrich Ludovici:* „Gleichwie niemand wider seinen Willen gezwungen werden kann, dass er seine Güter denen Gläubigern *cedire*: also können auch die Gläubiger ohne des Schuldners Einwilligung keinen *Concurs*-Prozceß erregen“.[52] Einen verfahrenseröffnenden Konkursantrag eines Gläubigers kann es nicht geben, da das Verfahren in seiner ganzen Konstruktion von der Erklärung des Schuldners abhängt.

Aber schon in dem ersten Werk, das in Deutschland *Salgados* Werk heranzieht, einer 44seitigen Dissertation von 1677, wird er zwar als unbestrittene Autorität in der Sache anerkannt, diese Kluft aber einfach übersprungen. Der Autor, ein Doktorand des Tübinger Professors *Burckhard Bardili,* geht zwar von der Aussage *Mevius* aus, dass gegen den Willen des Schuldners kein concursus begründet werden kann, bildet aber Ausnahmefälle zu dieser Regel. Unter diesen nennt er, ohne das wirklich zu begründen, unter Verweis auf eine unklare Stelle bei *Mevius,* dass auf Antrag von mehreren Gläubigern der Richter den concursus eröffnen kann. Für die-

49 *Salgado,* Labyrinthus (wie Fn. 43), I, 4, 8; I, 4, 14.
50 *Salgado,* Labyrinthus (wie Fn. 43), I, 3, 5.
51 *Mevius,* Decisiones (wie Fn. 42), I, 112 (S. 44).
52 *Ludovici, Jacob Friedrich,* Einleitung zum Concurs-Prozeß, ... 8. Aufl. Halle 1733, 14.

sen Fall wird eine aus der deutschsprachigen Gerichtspraxis stammende Formulierung zitiert: „Hoc igitur in casu Judex dercernit: ***Das auff ansuchen der* Creditoren, Titii *als debitoris Einwendens und erbietens ohnerachtet, dessen Hab und Güter offentlich vergantet werden sollen.***“[53] Der Ausdruck „verganten“ steht dabei für die Verwertung durch öffentliche Versteigerung.[54] Daneben sieht *Stauber* in bestimmten Fällen auch eine Eröffnung durch den Richter von Amts wegen vor, und umgekehrt auch die Möglichkeit, dass der Richter trotz eines Antrags der Gläubiger von einer Verfahrenseröffnung absieht. Bei ihm ist der Richter Garant und Anknüpfungspunkt des ganzen Verfahrens, nicht mehr die Erklärung des Schuldners. Dabei deutet die oben zitierte Formulierung darauf hin, dass auch hier, wie schon bei der Entwicklung der neuen Art der cessio bonorum in Kastilien, die richterliche Spruchpraxis den entscheidenden Schritt getan hat, der nun rechtswissenschaftlich beschrieben wird. Eine solche Auffassung vom Konkursverfahren als einem in der Erklärung eines Richters begründeten Verfahren ist allerdings auch erst möglich, wenn man von einem selbständigen und einheitlichen Konkursverfahren ausgehen kann.

V. Schluss

Der Titel „Vom Schandstein zum Konkursverfahren“ erscheint auf den ersten Blick als eine Beschreibung der Entwicklung des Insolvenzrechts als solchen. In gewissem Sinn trifft das auch zu, aber nur in dem Sinn, dass die Entwicklung des Konkursverfahrens auf der cessio bonorum und ihrer Entwicklung seit dem mittelalterlichen Recht der oberitalienischen Stadtrepubliken beruht.

Genauer besehen bezeichnet er aber gerade eine Entwicklung die nicht stattgefunden hat: Vom Schandstein führt kein Weg zum Konkursverfahren. Vielmehr war es die rechtstechnisch fundierte und prozessual wirksame Entwicklung und Umgestaltung der cessio bonorum, die den Weg zu einem den Schuldner nicht in seiner sozialen und wirtschaftlichen Existenz zerstörenden Konkursverfahren eröffnete. Es war die mehrfach umgestaltende wissenschaftliche und gesetzgeberische Auseinandersetzung mit den Instituten des römischen Rechts, und damit eine der ganz großen Konstanten der europäischen Rechtsgeschichte, die zum Konkursverfahren moderner Prägung führte.

---

53 *Stauber, Johann Georg/Bardili, Burckhard* (Praes.): De judicio concursus universali; vulgo ***Gand-*** Process ... Tübingen 1677, 9.

54 Vgl. *Forster, Wolfgang,* Gant. in: Handwörterbuch zur deutschen Rechtsgeschichte, 2. Aufl., Bd. 1 (2008), Sp. 1932–1934.

Die Aufsicht des Insolvenzgerichts über den Insolvenzverwalter – Grund und Reichweite (Überlegungen zum GAVI)[1]

Dr. Hans-Peter Rechel

Gliederung

---

1 Dieser Vortrag geht auf die von *Prof. Dr. Stefan Smid* betreute Dissertation des Verfassers mit dem Thema „Die Aufsicht des Insolvenzgerichts über den Insolvenzverwalter", die im Frühjahr 2009 im DeGruyter Rechtswissenschaften Verlag erscheinen wird.

I. Einleitung

Der Erfolg des Insolvenzverfahrens für die Insolvenzgläubiger und die Erreichung der Insolvenzzwecke hängt maßgebend vom Geschick und den Fähigkeiten des Insolvenzverwalters ab.[2] Bekannt ist die Feststellung von *Jaeger*, dass die Auswahl des Insolvenzverwalters *„die Schicksalsfrage des Konkurses“* sei.[3] Der Aufsicht des Insolvenzgerichts über den Insolvenzverwalter kommt deshalb eine wesentliche Bedeutung für das Gelingen des Insolvenzverfahrens zu. Angesichts einiger spektakulärer Veruntreuungsfälle der jüngsten Zeit – z.B. der Fall des „Insolvenzverwalters“ Mühl, der im Jahre 2007 wegen der Veruntreuung von Massegeldern in Höhe von insgesamt 45 Mio. € zu 8,5 Jahren Freiheitsstrafe verurteilt wurde – ist die Aufsicht des Insolvenzgerichts verstärkt in das öffentliche Blickfeld geraten. Der Gesetzgeber sah sich veranlasst einen „Gesetzentwurf zur Verbesserung und Verein-

2 MK-*Graeber*, § 56 InsO, Rdnr. 1; ebenso: Allgemeine Verfügung des Preußischen Justizministers vom 25. 6. 1931, JMBl., S. 223, wörtlich: *„Größte Sorgfalt ist daher auf seine Auswahl zu verwenden, wobei der Gesichtspunkt sachlicher Eignung ausschlaggebend sein muss.“*

3 *Jaeger* (6./7. Aufl.) § 78 KO, Anm. 7; ebenso auch: *Schneider*, Konkursrichter und Konkurs, KuT 1931, 98, 99; *Uhlenbruck*, Aus- und Abwahl des Insolvenzverwalters, KTS 1989, 229f.; *ders.*, Hohe Qualitätsanforderungen an Insolvenzverwalter, KSI 2007, 268.

fachung der Aufsicht in Insolvenzverfahren (GAVI)“ auszuarbeiten. Dieser wurde am 21. 11. 2007 in den Bundestag eingebracht und wurde zur weiteren Beratung in den Rechtsausschuss des Bundestages verwiesen.[4]

Der Zweck der insolvenzgerichtlichen Aufsicht gem. § 58 Abs. 1 InsO erschöpft sich nicht in der Verhinderung und Ahndung von Pflichtverletzungen des Insolvenzverwalters, wie z.B. der Veruntreuung von Massegeldern, sondern ist auf die Ordnungsmäßigkeit der Insolvenzverwaltertätigkeit und deren Orientierung an der Erreichung des Insolvenzzweckes (§ 1 InsO) während des gesamten Insolvenzverfahrens gerichtet.

In diesem Beitrag sollen deshalb Anstöße nicht nur für die rechtliche Diskussion über die insolvenzgerichtliche Aufsicht, sondern auch für deren Handhabung im Alltag der Insolvenzgerichte gegeben werden.

II. Regelung der Aufsicht in der InsO

Die Überwachung des Insolvenzverwalters und seiner Tätigkeit durch das Insolvenzgericht wird allgemein in § 58 InsO wie folgt geregelt:

(1) [1] Der Insolvenzverwalter steht unter der Aufsicht des Insolvenzgerichts. [2] Das Gericht kann jederzeit einzelne Auskünfte oder einen Bericht über den Sachstand und die Geschäftsführung von ihm verlangen.

(2) [1] Erfüllt der Verwalter seine Pflichten nicht, so kann das Gericht nach vorheriger Androhung Zwangsgeld gegen ihn festsetzen. [2] Das einzelne Zwangsgeld darf den Betrag von fünfundzwanzigtausend Euro nicht übersteigen. [3] Gegen den Beschluss steht dem Verwalter die sofortige Beschwerde zu.

(3) Absatz 2 gilt entsprechend für die Durchsetzung der Herausgabepflichten eines entlassenen Verwalters.

Diese allgemeine gesetzliche Anordnung der Aufsicht des Insolvenzgerichts wird durch die Vorschriften der §§ 56, 59 InsO konkretisiert. Darüber hinaus normiert die InsO in vielfältiger Weise Pflicht des Insolvenzverwalters zur Beteiligung des Insolvenzgerichts bei Verwaltungs- und Verwertungshandlungen. So hat der Insolvenzverwalter etwa bei Beendigung seines Amtes der Gläubigerversammlung Rechnung über seine Verwaltungstätigkeit zu legen (§ 66 Abs. 1 InsO). Diese Schlussrechnung hat das Insolvenzgericht zu prüfen (§ 66 Abs. 2 S. 1 InsO).

Neben diesen direkt aufsichtsbezogenen Regelungen hat die insolvenzgerichtliche Aufsicht auch die Beachtung der insolvenzrechtlichen Handlungspflichten des Insolvenzverwalters zu überwachen. Zu diesen Handlungspflichten zählen die Be-

4 BT-Drucks. 16/7251 v. 21. 11. 2007. Der Gesetzesentwurf ist auf den Diskussionsentwurf einer Arbeitsgruppe des Justizministeriums des Landes Nordrhein-Westfalen vom 22. 8. 2006 zurückzuführen, der von den Ländern Nordrhein-Westfalen und Niedersachsen am 25. 8. 2007 als Gesetzesantrag in den Bundesrat eingebracht worden ist (BR-Drucks. 566/07).

triebsfortführungspflicht des vorläufigen Insolvenzverwalters (§ 22 Abs. 1 S. 2 Nr. 2 InsO), die Pflicht zur Erstellung der Verzeichnisse gem. §§ 151–153 InsO, die Pflicht zur Einholung der Zustimmung des Gläubigerausschusses bei Stilllegung oder Veräußerung des schuldnerischen Unternehmens vor dem Berichtstermin (§ 158 Abs. 2 InsO) sowie bei Vornahme besonders bedeutsamer Rechtshandlungen (§ 160 InsO), die Berichterstattungspflichten der §§ 66 Abs. 3, 156 InsO oder die Schlussrechnungspflicht nach § 66 Abs. 1 InsO.

III. Adressat der insolvenzgerichtlichen Aufsicht

Der insolvenzgerichtlichen Aufsicht ist neben dem in § 58 Abs. 1 InsO explizit erwähnten Insolvenzverwalter aufgrund gesetzlicher Verweisungen in §§ 21 Abs. 2 Nr. 1, 274 Abs. 1, 292 Abs. 3 S. 2; 313 Abs. 1 S. 3 InsO im gleichen Masse auch der vorläufige Insolvenzverwalter, der Sachwalter, der Treuhänder im vereinfachten Insolvenzverfahren und der Treuhänder der Wohlverhaltensperiode unterworfen.

Darüber hinaus unterliegt auch der nach § 5 Abs. 1 S. 1 InsO insbesondere im Eröffnungsverfahren bestellte Sachverständige der insolvenzgerichtlichen Aufsicht. Angesichts einer allgemeinen Übung, dass der Sachverständige gem. § 5 Abs. 1 S. 1 InsO regelmäßig im eröffneten Insolvenzverfahren zum Insolvenzverwalter bestellt wird, ist es sinnvoll, jenen in selbem Umfang der allgemeinen Aufsicht gem. § 58 Abs. 1 S. 1 InsO zu unterwerfen.

IV. Rechts- oder Fachaufsicht des Insolvenzgerichtes?

Gegenstand der insolvenzgerichtlichen Aufsicht gem. § 58 Abs. 1 InsO ist der Insolvenzverwalter und dessen gesamte Verwaltungs- und Verwertungstätigkeit. Für das Insolvenzgericht als Aufsichtsorgan und für den der Aufsicht unterworfenen Insolvenzverwalter stellt sich in diesem Zusammenhang die Frage, ob nur die Rechtmäßigkeit oder auch die Zweckmäßigkeit der Insolvenzverwaltertätigkeit der insolvenzgerichtlichen Aufsicht unterliegt, diese daher nicht nur als Rechtsaufsicht, sondern auch als Fachaufsicht zu verstehen ist.

1. Versuch einer Auslegung des § 58 Abs. 1 InsO

Eine Antwort auf die Frage nach dem Inhalt der insolvenzgerichtlichen Aufsicht soll zunächst durch eine Bestimmung des normativen Gehalts der Vorschrift des § 58 Abs. 1 InsO versucht werden.

1.1. Wortlaut

Der Gesetzgeber hat in § 58 Abs. 1 S. 1 InsO lediglich normiert, dass der Insolvenzverwalter *„unter der Aufsicht des Insolvenzgerichts“* steht, ohne jedoch den Inhalt der insolvenzgerichtlichen Aufsicht näher zu normieren. Aus dem Wortsinn des § 58 Abs. 1 S. 1 InsO ergibt sich somit für den Inhalt der Aufsicht nur der allgemeine Normbefehl, dass die Insolvenzverwaltertätigkeit der Kontrolle durch das Insolvenzgericht unterworfen ist, diese vom Insolvenzgericht überwacht wird, nichts jedoch für ein Verständnis der Aufsicht als Rechts- und/oder Fachaufsicht.[5]

1.2. Bedeutungszusammenhang

Der Normbefehl des § 58 Abs. 1 S. 1 InsO steht in einem unmittelbaren Normkontext zu den Vorschriften der §§ 58 Abs. 2 und 3, 59, 66 InsO. Eine Konkretisierung des Normbefehls in § 58 Abs. 1 S. 1 InsO erfolgt zunächst durch die Vorschrift des § 58 Abs. 1 S. 2 InsO, die den Insolvenzverwalter zur jederzeitigen Einzelauskunft und Berichterstattung über seine Geschäftsführung gegenüber dem Insolvenzgericht verpflichtet. Ob die Rechenschaftslegung des Insolvenzverwalters einer Rechtmäßigkeits- oder auch einer Zweckmäßigkeitskontrolle durch das Insolvenzgericht dienen soll, lässt diese Norm unbeantwortet. Die Vorschriften der §§ 58 Abs. 2 und 3 InsO betreffen ebenso wie die Vorschrift des § 59 InsO nicht den Inhalt der insolvenzgerichtlichen Aufsicht, sondern nur den Aufsichtsvollzug im Fall der Nichterfüllung oder Verletzung der Insolvenzverwalterpflichten. Mit § 66 Abs. 2 S. 1 InsO hat der Gesetzgeber lediglich eine Pflicht des Insolvenzgerichts zur Prüfung der Schlussrechnung normiert, nicht jedoch Inhalt und Umfang der Schlussrechnungsprüfung definiert.

Festzuhalten bleibt somit, dass auch der unmittelbare Normkontext der Vorschrift des § 58 Abs. 1 S. 1 InsO keine Antwort auf die Frage gibt, ob die insolvenzgerichtliche Aufsicht als Rechts- oder Fachaufsicht ausgestaltet ist.

1.3. Historisch-teleologische Auslegung

Die Begründung des Regierungsentwurfs zu § 58 InsO besagt, dass der Insolvenzverwalter wie nach geltendem Konkurs- und Vergleichsrecht der Aufsicht des Gerichtes unterstehen soll.[6] In der Beratung durch den Rechtsausschuss wurde der Regierungsentwurf lediglich um die Möglichkeit von insolvenzgerichtlichen Zwangsmaßnahmen zur Durchsetzung der Pflichten des Insolvenzverwalters ergänzt (vgl. § 58 Abs. 2 und Abs. 3 InsO). Verweist der Gesetzgeber der InsO auf die Rechtslage nach dem Konkursrecht, so sind die Gesetzesmaterialien zu § 83 KO[7] zu befragen. In der Begründung zu § 75 des Entwurfes der KO, der § 83 KO entsprach, ist zu lesen: *„Da der Verwalter von dem Gericht ernannt wird, ist es folgerichtig, ihn auch der Aufsicht und der Disziplin desselben zu unterwerfen (§§ 75, 76). Die Uebertragung derselben auf den Gläubigerausschuß würde weder dem wesentlich koordinierten Verhältnis zwischen*

5 „Verstehen" wird hiermit in Anlehnung an *Larenz* gebraucht, der die Jurisprudenz als „verstehende" Wissenschaft bezeichnet hat, in der es um das Verstehen sprachlicher Äußerungen und des ihnen zukommenden normativen Sinns ankommt (Methodenlehre, S. 85).

6 Begrd. RegE zu § 58 InsO, zit. n. *Balz/Landfermann*, Die neuen Insolvenzgesetze, S. 137.

7 Diese Vorschrift entspricht § 58 Abs. 1 S. 1 InsO und besagte: *„Der Verwalter steht unter der Aufsicht des Konkursgerichtes."*

diesem und dem Verwalter, noch der offiziellen Stellung des letzteren entsprechen. Keineswegs ist indessen beabsichtigt, das Gericht durch Beilegung von Disziplinarbefugnissen indirekt zu einer oberen Instanz in Verwaltungssachen zu machen. Der bezeichnende Unterschied liegt darin, dass dasselbe niemals die Zweckmäßigkeit, sondern nur die Pflichtwidrigkeit der Handlungen oder Unterlassungen des Verwalters zu prüfen hat. Direkte Verstöße gegen die gesetzlichen Vorschriften, grobe Vernachlässigkeit der Amtspflichten etc. können von dem Gericht ohne Einmischung in die eigentliche Verwaltung sehr wohl geahndet werden.“[8] Nach dem Willen des historischen Gesetzgebers beschränkte sich die allgemeine Aufsicht des Konkursgerichtes somit auf die Rechtmäßigkeit der Geschäftstätigkeit des Konkursverwalters. Eine Fachaufsicht wurde dem Konkursgericht nur ausnahmsweise, in den durch die §§ 99[9], 130 Abs. 2[10], 135 Abs. 2[11] und 160[12] KO geregelten Fällen eingeräumt.

Dieser Verweis in den Gesetzesmaterialien zu § 58 InsO auf das frühere Konkursrecht lässt nur den Schluss zu, dass der Gesetzgeber der InsO die insolvenzgerichtliche Aufsicht als eine Rechtmäßigkeitskontrolle verstanden wissen wollte und es der Entscheidung der Gläubiger überlässt, die Aufsicht über den Insolvenzverwalter durch die Bestellung eines Gläubigerausschusses mit den besonderen Befugnissen des § 69 InsO zu intensivieren.

2. Stand der Diskussion

Die Frage nach Rechtmäßigkeits- oder Fachaufsicht des Insolvenzgerichtes ist nur vereinzelt judiziert, umso mehr aber in der Literatur diskutiert worden.

2.1. Rechtsprechung

Die – soweit ersichtlich – überwiegende Meinung in der Rechtsprechung versteht die Aufsicht des Insolvenzgerichts als Rechtsaufsicht. So hat das RG bereits im Jahre 1892 in einer Entscheidung über einen Fall, in dem es um die Wirksamkeit des Kaufs einer Konkursforderung durch den Konkursverwalter mit den Mitteln der Konkursmasse ging, zu der damals in §§ 75, 76 KO geregelten Aufsicht des Konkursgerichtes grundsätzlich festgestellt und ausgeführt: *„Ebenso hat die Aufsicht des Konkursgerichtes über den Konkursverwalter (§§ 75, 76 KO) nicht die Bedeutung, dass dasselbe die Zweckmäßigkeit und Ersprießlichkeit der Verwaltungsakte des letzteren zu prüfen hätte, sodass solche im Falle des Einspruches des Konkursgerichtes nichtig wären; nur pflichtwidrigen*

---

8 Zit. n. *Hahn*, Die gesamten Materialien zu den Reichs-Justizgesetzen, Bd. 4 Materialien zur Konkursordnung, S. 281 f.

9 Vetorecht des Konkursgerichtes gegenüber der Ausführung von Beschlüssen der Gläubigerversammlung, die dem gemeinsamen Interesse der Konkursgläubiger widersprachen.

10 Das Recht des Konkursgerichtes zur Untersagung der Geschäftsschließung, wenn der Gemeinschuldner einen Zwangsvergleichsvorschlag eingereicht hat.

11 Untersagung einer Rechtshandlung des Konkursverwalters auf Antrag des Gemeinschuldners vor entsprechender Beschlussfassung durch die Gläubigerversammlung.

12 Aussetzung einer Abschlagsverteilung bei Vorschlag eines Zwangsvergleiches durch den Gemeinschuldner.

Handlungen und Unterlassungen des Verwalters kann und soll das Konkursgericht, ohne Einmischung in die Verwaltung ahnden." Zur Begründung verwies das RG auf die Motive des Gesetzgebers, die *„die grundsätzlich unabhängige Stellung des Verwalters in der Disposition über die Konkursmasse, wonach er alles zu thun berechtigt sei, was mit dem Zwecke vereinbar ist, behufs der Befriedigung der Konkursgläubiger die Masse zu verwerten*" betonten. Das Korrektiv zur weitgehenden Handlungsfreiheit des Konkursverwalters sieht das RG in der gesetzlich geregelten Haftung des Konkursverwalters gegenüber den Konkursgläubigern.[13]

Das *OLG Rostock* hat mit Urteil vom 20. 10. 1898 die Klage von Konkursgläubigern gegen den Konkursverwalter auf Inbesitznahme angeblich zur Konkursmasse gehörender Gegenstände mit der Begründung abgewiesen, dass wenn bereits das Konkursgericht die Zweckmäßigkeit der Handlungen des Konkursverwalters nicht prüfen darf und den Konkursverwalter nicht zur Vornahme solcher zwingen kann, auch ein im Prozessweg durchsetzbares Weisungsrecht der Konkursgläubiger auf Vornahme bestimmter Verwaltungshandlungen nicht gegeben ist.[14]

Demgegenüber einschränkend hat das *LG Wuppertal* eine Aufsichtspflicht des Konkursgerichtes zur Nachprüfung der Zweckmäßigkeitsentscheidung eines Konkursverwalters nur auf deren Rechtmäßigkeit angenommen.[15]

In die gleiche Richtung geht auch eine Entscheidung des *AG Hamburg,* in der in Bezug auf die Zweckdienlichkeit des Vorgehens eines vorläufigen Insolvenzverwalters insoweit eine Fachaufsicht des Insolvenzgerichts angenommen wurde, als diese dazu dient, zu prüfen, ob eine Schädigung der Gläubiger vermieden wird.[16]

2.2. Schrifttum

Teilweise wird die insolvenzgerichtliche Aufsicht als auf eine bloße Rechtmäßigkeitskontrolle beschränkt angesehen. Zur Begründung wird darauf verwiesen, dass die fachliche Überprüfung des Verwalterhandelns, insbesondere dessen wirtschaftlichen Entscheidungen, das Insolvenzgericht überfordern würde[17], und dass nach der Konzeption der InsO die Zweckmäßigkeitskontrolle des dem Insolvenzverwalter zugewiesenen weiten Entscheidungsspielraums Aufgabe des Gläubigerausschusses ist, der als ständiges und kleines Organ viel beweglicher als die

---

13 *RG,* Urt. v. 30. 5. 1892 – Rep. VI 336/91 – RGZ 29, 80, 83 f., zugleich die Unwirksamkeit eines (im zu entscheidenden Fall nicht vorgelegenen) reinen Spekulationsgeschäftes des Konkursverwalters wegen Konkurszweckwidrigkeit ausdrücklich dahingestellt lassend.

14 *OLG Rostock,* Urt. v. 20. 10. 1898, Seufferts Archiv 55 Nr. 59, S. 126, zugleich auf die Rechtsstellung des Konkursverwalters als Organ hinweisen, weshalb dieser nicht weisungsgebundener Vertreter der Konkursgläubiger ist.

15 *LG Wuppertal,* Beschl. v. 29. 9. 1957 – 6 T 514 und 578/57 – KTS 1958, 45, 47; im Ergebnis ebenso: *AG Osnabrück,* Beschl. v. 2. 2. 1965 – 9 N 28/52 – KTS 1965, 181, 182, wenn festgestellt wird, dass sich das Konkursgericht im Rahmen seiner Aufsicht von Zeit zu Zeit über das Ergebnis der Betriebsfortführung zu informieren und aufsichtsrechtlich einzuschreiten habe, wenn sich diese als Rechtsmissbrauch darstelle.

16 *AG Hamburg,* Beschl. v. 22. 4. 2004 – 67c IN 46/04 – NZI 2004, 386, 388.

17 MK-*Schmidt-Burgk,* § 69 InsO, Rdnr. 11.

Gläubigerversammlung ist und den Insolvenzverwalter deshalb enger begleiten kann.[18]

Nach Ansicht von *Uhlenbruck* und *Neumann* ist grundsätzlich von einer bloßen Rechtsaufsicht des Insolvenzgerichtes auszugehen. Die Rechtsaufsicht des Insolvenzgerichtes wandele sich jedoch immer dann in eine Fachaufsicht um, wenn der Insolvenzverwalter im Einzelfall seinen Ermessenspielraum überschreitet oder ein Ermessensmissbrauch vorliegt.[19] Nach dieser Auffassung sind die aufsichtsrechtlichen Sanktionen bei Vorliegen einer Ermessensüberschreitung oder eines Ermessensfehlgebrauch im eigenverantwortlichen Entscheidungsbereich des Insolvenzverwalters auf die Amtsentlassung gem. § 59 Abs. 1 InsO beschränkt. Das Insolvenzgericht sei nicht befugt, den Insolvenzverwalter gem. § 58 Abs. 2 InsO durch Androhung und Festsetzung eines Zwangsgeldes zu einem bestimmten Handeln oder Unterlassen anzuhalten.[20]

Ähnlicher Ansicht sind auch *Binz/Hess* und *Haarmeyer,* die ein Einschreiten des Insolvenzgerichts nur zum Zwecke der Gefahrenabwehr, d.h. gegen masseschädigendes Verwalterhandeln,[21] oder bei einem Ermessensmissbrauch für zulässig erachten.[22]

Für *Frind* ist die Sinnhaftigkeit der Verwaltermaßnahme Differenzierungskriterium für eine insolvenzgerichtliche Aufsicht über die bloße Rechtsaufsicht hinaus. Grob sinnlose Verwaltermaßnahmen könnten insolvenzzweckwidrig sein und ein aufsichtsrechtliches Einschreiten des Insolvenzgerichts erforderlich machen.[23] Darüber hinaus sei dem Insolvenzgericht eine Zweckmäßigkeitskontrolle dort eröffnet, wo Mitwirkungs- und Anordnungsrechte des Insolvenzgerichts geregelt sind, wie z.B. bei der Entscheidung gem. § 22 Abs. 1 Nr. 2 InsO (Einstellung des Schuldnerunternehmens) oder bei Einzelermächtigungsbeschlüssen gem. § 21 Abs. 2 InsO.[24]

3. Eigene Auffassung

Bei genauerer Betrachtung weist die Diskussion über Rechts- oder Fachaufsicht des Insolvenzgerichts nur vordergründig auf einen Gegensatz hin. Denn die Prüfung von Zweckmäßigkeitsentscheidungen des Insolvenzverwalters ist von deren Beein-

---

18 Kübler/Prütting-*Kübler,* § 69 InsO, Rdnr. 2; *Pape/Schmidt,* Kreditvergaben und Gläubigerausschuss, ZInsO 2004, 955, 959; MK-*Schmidt-Burgk,* § 69 InsO, Rdnr. 11.

19 Uhlenbruck-*Uhlenbruck,* § 8 InsO, Rdnr. 6; ebenso zu § 83 KO: *Kuhn-Uhlenbruck,* § 83 KO, Rdnr. 6; *Naumann,* Die Aufsichtspflicht des Insolvenzgerichtes über den Insolvenzverwalter, KS-InsO, 2. Aufl., Rdnr. 26, 27.

20 *Naumann,* Die Aufsichtspflicht des Insolvenzgerichtes über den Insolvenzverwalter, KS-InsO, 2. A., Rdnr. 28; Uhlenbruck-*Uhlenbruck,* § 58 InsO, Rdnr. 6.

21 *Binz/Hess,* Der Insolvenzverwalter, Rdnr. 1000.

22 *Haarmeyer,* Hdb.InsO, Kap. 5 Rdnr. 46.

23 *Frind,* Die Öffentlichkeitsarbeit des (vorläufigen) Insolvenzverwalters – Nutzen, Grenzen, Gefahren, NZI 2005, 654, 657, am Beispiel der Pressearbeit des (vorläufigen) Insolvenzverwalters.

24 *Frind,* Die Öffentlichkeitsarbeit des (vorläufigen) Insolvenzverwalters – Nutzen, Grenzen, Gefahren, NZI 2005, 654, 658.

flussung durch das Insolvenzgericht im Rahmen seiner Aufsicht zu unterscheiden. Erstere ist Bestandteil eines aufsichtsrechtlichen Erkenntnisprozesses mit dem Ziel, festzustellen, ob eine Verwaltungs- oder Verwertungsmaßnahme des Insolvenzverwalters so unzweckmäßig ist, dass diese als rechtswidrig angesehen werden muss. In diesem Fall übt das Insolvenzgericht jedoch eine Rechtsaufsicht auf.

Zweckmäßigkeitserwägungen des Insolvenzverwalters müssen sich an ihrer Geeignetheit zur Erreichung der Insolvenzziele des § 1 InsO messen lassen. Hiernach dient das Insolvenzverfahren der gemeinschaftlichen Gläubigerbefriedigung, indem das Schuldnervermögen verwertet und der Verwertungserlös verteilt wird oder in einem Insolvenzplan eine abweichende Regelung getroffen wird. Ungeachtet der durch das Insolvenzplanverfahren nach §§ 217 ff. InsO eröffneten Möglichkeit zur gläubigerautonomen Verfahrensgestaltung liegt dem Insolvenzverfahren nach dem Willen des Gesetzgebers ein einheitliches Hauptziel zugrunde, nämlich „die bestmögliche Befriedigung der Gläubiger."[25] Die Vermögensorientierung des Insolvenzverfahrens gilt auch für die Sanierung des Schuldners oder seines Unternehmens, die vom Gesetzgeber als eine investive Verwertung des Schuldnervermögens angesehen wird.[26] An diesen Zwecken haben sich die Abwicklungstätigkeit des Insolvenzverwalters und die Aufsichts- und Eingriffsbefugnisse des Insolvenzgerichts „in erster Linie" auszurichten.[27] Werden diese Insolvenzzwecke verfehlt, z. B. weil die Insolvenzmasse mit vermeidbaren Abwicklungsausgaben belastet wird oder eine günstigere Verwertungsmöglichkeit ungenutzt bleibt, liegt ein pflichtwidriges Verhalten des Insolvenzverwalters vor, dessen Feststellung und Ahndung der (Rechts-)Aufsicht durch das Insolvenzgericht (§ 58 Abs. 1 S. 1 InsO) unterliegt. Dient aber eine im Rahmen des eigenverantwortlichen Entscheidungsspielraums des Insolvenzverwalters getroffene Abwicklungsmaßnahme der Erreichung der Insolvenzzwecke und ist auch nicht aus anderen Gründen als rechtswidrig anzusehen, dann kann das Insolvenzgericht nicht mit Aufsichtsmaßnahmen seinen eigenen Zweckmäßigkeitsvorstellungen Geltung verschaffen.

V. Aufsichtsermessen des Insolvenzgerichtes

Erlangt das Insolvenzgericht Kenntnis von einer rechtswidrigen oder insolvenzzweckwidrigen Verwaltungsmaßnahme stellt sich die Frage, ob das Gericht im Rahmen der Aufsicht einzuschreiten hat oder ob diesem insoweit ein Ermessen zusteht. Dabei kann sich das Ermessen sowohl auf das „Ob" des aufsichtsrechtlichen Tätigwerdens (Entschließungsermessen) als auch auf das „Wie" des aufsichtsrechtlichen Tätigwerdens (Auswahlermessen) erstrecken. Die Beantwortung dieser Frage ist z. B. für die Festlegung der Eintrittsschwelle der Staatshaftung bei einer Verletzung der Aufsichtspflicht durch die Organe des Insolvenzgerichts oder für das

25 Begrd.RegE zu § 1 InsO, zit. n. *Balz/Landfermann*, Die neuen Insolvenzgesetze, S. 70.
26 Allg. Begrd. d. RegE, Ziff. A. 4. a) bb), zit. n. *Balz/Landfermann*, Die neuen Insolvenzgesetze, S. 19.
27 Begrd.RegE zu § 1 InsO, zit. n. *Balz/Landfermann*, Die neuen Insolvenzgesetze, S. 71.

Bestehen eines Anspruches der Verfahrensbeteiligten auf ein aufsichtsrechtliches Einschreiten des Insolvenzgerichts bedeutsam.

1. Stand der Diskussion

In Rechtsprechung[28] und Literatur[29] besteht grundsätzlich Einigkeit, dass dem Insolvenzgericht ein Aufsichtsermessen zusteht. Der *BGH* hat noch zu § 8 Abs. 3 GesO entschieden, dass Auswahl und Einsatz der gebotenen Aufsichtsmaßnahmen grundsätzlich im Ermessen des Gesamtvollstreckungsgerichts liegen, das jedoch nach Sachlage so eingeschränkt sein kann, dass bei pflichtgemäßer Ausübung der Aufsichtspflicht nur noch eine Handlung in Betracht kommt.[30] Für *Naumann* besteht eine Aufsichtspflicht des Insolvenzgerichts, wenn konkreter Anlass zu Misstrauen besteht oder von dritter Seite zu Handlungen oder Unterlassungen des Insolvenzverwalters Beanstandungen vorgetragen werden, die schlüssig ein pflichtwidriges Verhalten darlegen.[31] Demgegenüber ist *Uhlenbruck* der Auffassung, dass Misstrauen oder Verdachtsmomente nur Fälle sind, in denen eine besondere Vorsicht und verstärkte Aufsicht geboten ist, während die Aufsichtspflicht zu einem früheren Zeitpunkt einsetzt.[32]

2. Aufsichtsermessen in gesetzlich geregelten Fällen der Aufsicht

Die allgemein vertretene Auffassung, dass die Aufsicht gem. § 58 Abs. 1 S. 1 InsO grundsätzlich im Ermessen des Insolvenzgerichts steht, soll im Folgenden anhand ausgesuchter, gesetzlich geregelter Fälle der insolvenzgerichtlichen Aufsicht über den Insolvenzverwalter überprüft werden. Denn im Rahmen der Auslegung ist die Annahme zulässig, dass verschiedene Normen derselben Regelung sachlich übereinstimmen.[33]

2.1. Betriebsstilllegung durch den vorläufigen Insolvenzverwalter

Ein gesetzlich geregelter Fall der insolvenzgerichtlichen Aufsicht stellt die Entscheidung über die Stilllegung des Schuldnerunternehmens im vorläufigen Insolvenzverfahren dar.

---

28 *BGH*, Urt. v. 27. 5. 1995 – IX ZR 102/94 – ZIP 1995, 932, 934; *LG Köln*, Beschl. v. 29. 12. 2000 – 19 T 148/00 – NZI 2001, 157, 158, noch zur Aufsicht des Konkursgerichtes.

29 N/R-*Delhaes*, § 58 InsO, Rdnr. 6; HK-*Eickmann*, § 58 InsO, Rdnr. 6; MK-*Graeber*, § 58 InsO, Rdnr. 13; Kübler/Prütting-*Lüke*, § 58 InsO, Rdnr. 13; *Naumann*, Die Aufsichtspflicht des Insolvenzgerichtes über den Insolvenzverwalter KS-InsO, 2. A., S. 431 ff., Rdnr. 32; Uhlenbruck-*Uhlenbruck*, § 58 InsO, Rdnr. 5.

30 *BGH*, Urt. v. 27. 5. 1995 – IX ZR 102/94 – ZIP 1995, 932, 934.

31 *Naumann*, Die Aufsichtspflicht des Insolvenzgerichtes über den Insolvenzverwalter, KS-InsO, 2. A., S. 431 ff., Rdnr. 32.

32 Uhlenbruck-*Uhlenbruck*, § 58 InsO, Rdnr. 1.

33 *Larenz*, Methodenlehre, S. 219.

Gemäß § 22 Abs. 1 S. 2 Nr. 2 InsO bedarf der vorläufige Insolvenzverwalter hierzu der Zustimmung des Insolvenzgerichts. Voraussetzung ist, dass die Betriebsstilllegung zur Vermeidung einer erheblichen Vermögensminderung erforderlich ist (Opfergrenze). Gegen ein Entschließungsermessen des Insolvenzrichters in diesem Fall spricht der Wortlaut der Vorschrift des § 21 Abs. 1 InsO, denn hiernach *„hat"* das Insolvenzgericht alle zur Sicherung des Schuldnervermögens erforderlichen Maßnahmen anzuordnen. Wenn also eine vom Insolvenzgericht aufgrund des vom vorläufigen Insolvenzverwalters vorgelegten Datenmaterials anzustellende Prognose zum Ergebnis kommt, dass die weitere Betriebsfortführung zu die „Opfergrenze" übersteigenden Verlusten führen wird, dann handelt es pflichtwidrig, wenn es die Zustimmung zur Betriebsstilllegung nicht erteilt. Ebenso wenig dürfte es die Zustimmung zu einer Betriebsstilllegung erteilen, die nicht der Vermeidung einer erheblichen Vermögensminderung dient, sondern vom vorläufigen Insolvenzverwalter lediglich für zweckmäßig angesehen wird. Liegen die Voraussetzungen des § 22 Abs. 1 S. 2 Nr. 2 InsO vor, dann ist dem Insolvenzgericht bei der Erteilung der Zustimmung kein Entschließungsermessen eingeräumt.

2.2. Untersagungsentscheidung gem. § 161 S. 2 InsO

Nach § 161 S. 2 InsO kann das Insolvenzgericht auf Antrag des Insolvenzschuldners oder des Gläubigerquorums gem. § 75 Abs. 1 Nr. 3 InsO dem Insolvenzverwalter die Vornahme einer nach § 160 InsO zustimmungspflichtigen Rechtshandlung bis zur Entscheidung der Gläubiger vorläufig untersagen. In der Literatur wird vertreten, dass dem Insolvenzgericht bei der Untersagungsentscheidung nach § 161 S. 2 InsO ein Ermessen zusteht, in dessen Rahmen es auch die wirtschaftliche Plausibilität des Antrages und die Folgen der vorläufigen Untersagung abzuwägen hat.[34] Für diese Auffassung spricht, nicht nur der Gesetzeswortlaut – *„kann"* – sondern auch die Pflicht des Insolvenzgerichts zur vorherigen Anhörung des Insolvenzverwalters. Diese macht jedoch nur Sinn, wenn dem Insolvenzgericht ein eigenes Prüfungsrecht eingeräumt werden sollte. Durch die Anhörung des Insolvenzverwalters soll das Insolvenzgericht in die Lage versetzt werden, die Plausibilität des Antrages und die Konsequenzen einer Untersagung zu prüfen.[35] Auch hat das Insolvenzgericht nach § 161 S. 2 InsO nur eine vorläufige Entscheidung mit dem Zweck zu treffen, dem Insolvenzschuldner und dem Gläubigerquorum die Möglichkeit zu geben, vor der Realisierung von für den weiteren Verfahrensverlauf besonders bedeutsamen Maßnahmen gem. § 160 InsO den Gläubigern Bedenken und eigene Vorschläge zu unterbreiten.[36] Dem Insolvenzgericht wird demnach durch § 161 S. 2 InsO ein Entschließungsermessen eingeräumt.

---

34 N/R-*Balthasar*, § 161 InsO, Rdnr. 16; HambK-*Decker*, § 161 InsO, Rdnr. 5; Braun-*Dithmar*, § 161 InsO, Rdnr. 7; MK-*Görg*, § 161 InsO, Rdnr. 11; Kübler/Prütting-*Onusseit*, § 161 InsO, Rdnr. 5 ff.
35 MK-*Görg*, § 161 InsO, Rdnr. 12.
36 Begrd.RegE zu § 161 InsO, zit. n. *Balz/Landfermann*, Die neuen Insolvenzgesetze, S. 269.

2.3. Entlassung des Insolvenzverwalters gem. § 59 Abs. 1 S. 1 InsO

Nach § 59 Abs. 1 S. 1 InsO kann das Insolvenzgericht den Insolvenzverwalter aus wichtigem Grund aus dem Amt entlassen. Das Vorliegen eines wichtigen Grundes als materiell-rechtliche Voraussetzung für die Entlassung hat das Insolvenzgericht im Rahmen der allgemeinen Aufsicht gem. § 58 Abs. 1 S. 1 InsO und der Amtsermittlungspflicht gem. § 5 Abs. 1 InsO aufzuklären.[37] Ist aber der Tatbestand des § 59 Abs. 1 InsO erfüllt, dann stellt sich auf der Rechtsfolgenseite die Frage, ob das Insolvenzgericht verpflichtet ist, den Insolvenzverwalter aus seinem Amt zu entlassen, oder ob ihm hier ein Entscheidungsermessen eingeräumt ist. Die Antwort hierauf ist im Hinblick auf das Risiko der Amtshaftung bedeutsam, wenn durch die Beibehaltung eines ungeeigneten Insolvenzverwalters die Insolvenzmasse und die Insolvenzgläubiger geschädigt werden.[38]

Ergibt sich aus dem Subsumtionsschluss das Vorliegen eines „wichtigen Grundes" i.S.d. § 59 Abs. 1 S. 1 InsO, so folgt aus dem Gesetzeswortlaut – *„kann"* – nicht zwingend als Rechtsfolge die Amtsentlassung. Vielmehr ist dem Insolvenzgericht ein Ermessen eingeräumt. Dafür sprechen auch die Gesetzesmaterialien, die besagen, dass durch § 59 InsO die *„Befugnis"* zur Amtsentlassung geregelt wird.[39] Mit Befugnis wird aber nicht eine bestimmte Rechtsfolge gesetzlich zwingend angeordnet.

Das Insolvenzgericht hat bei seiner Prüfung auch dem Umstand Rechnung zu tragen, dass die Amtsentlassung einen erheblichen Eingriff in die Berufsausübungsfreiheit des Art. 12 Abs. 1 GG darstellt, weshalb dieser vor dem verfassungsrechtlichen Gebot der Verhältnismäßigkeit Bestand haben muss. Das Gericht hat daher von der Amtsentlassung trotz Vorliegens eines wichtigen Grundes i.S.d. § 59 Abs. 1 S. 1 InsO abzusehen, wenn zu erwarten ist, dass sich der Insolvenzverwalter zukünftig pflichtgemäß verhält, mithin die Amtsentlassung nicht zur Vermeidung einer Schädigung der Insolvenzmasse erforderlich ist (Entschließungsermessen), oder andere Sanktionen, wie z.B. das Zwangsgeld gem. § 58 Abs. 2 InsO, ebenso geeignet sind (Auswahlermessen). Andererseits kann eine verhältnismäßig geringe Masseveruntreuung angesichts des damit verbundenen Vertrauensverlustes es für die Insolvenzgläubiger unzumutbar erscheinen lassen, den Insolvenzverwalter weiter im Amt zu belassen. In diesem Fall läge eine Ermessensreduktion vor.

2.4. Schlussfolgerung

Die untersuchten, gesetzlich geregelten Fälle der insolvenzgerichtlichen Aufsicht zeigen, dass der Gesetzgeber im Einzelfall Ausnahmen von dem Grundsatz eines Aufsichtsermessens des Insolvenzgerichtes normiert hat. So *„hat"* das Insolvenzgericht nach § 22 Abs. 1 Nr. 2 InsO der Stilllegung des Schuldnerunternehmens zu-

37 Andres/Leithaus-*Andres*, § 59 InsO, Rdnr. 8; HK-*Eickmann*, § 59 InsO, Rdnr. 10.
38 Vgl. *OLG München*, Urt. v. 18. 7. 1991 – 1 U 2199/89 –, NJW-RR 1992, 1508.
39 Begrd. RegE zu § 59 InsO, zit. n. *Balz/Landfermann*, Die neuen Insolvenzgesetze, S. 139.

zustimmen, wenn andernfalls eine erhebliche Verminderung des Vermögens droht (sog. Opfergrenze). Demgegenüber steht die Untersagungsentscheidung gem. § 161 InsO im pflichtgemäßen Ermessen des Insolvenzgerichts. Dies gilt grundsätzlich auch für die Amtsentlassung des Insolvenzverwalters gem. § 59 Abs. 1 InsO, jedoch kann das Entschließungsermessen im Einzelfall, in Abhängigkeit von der Art und der Schwere der Pflichtverletzung des Insolvenzverwalters, auf Null reduziert sein.

3. Grenzen des Aufsichtsermessens

Neben den bereits gesetzlich vorgenommenen Einschränkungen bestehen weitere Grenzen und Beschränkungen von dem Grundsatz des Aufsichtsermessens des Insolvenzgerichts, die sich allgemein aus der Grundrechtsbindung (Art. 1 Abs. 3 GG) und dem verfassungsrechtlichen Gleichheitsgrundsatz (Art. 3 Abs. 1 GG), aber auch aus insolvenzrechtlichen Vorschriften ergeben.

3.1. Verfassungsrechtliche Grenze, Art. 12 Abs. 1 GG

Das insolvenzgerichtliche Aufsichtsermessens wird durch das Grundrecht die Berufsfreiheit aus Art. 12 Abs. 1 GG. Die Tätigkeit als Insolvenzverwalter wird heute überwiegend als eigenständiger Beruf angesehen[40], der vom Schutzbereich des Art. 12 Abs. 1 GG erfasst wird.

Dieser Ansicht ist jedenfalls für die Fälle zuzustimmen, in denen die Insolvenzverwaltung nicht nur gelegentlich übernommen wird. Die Arbeit als Insolvenzverwalter (bzw. ehemals als Konkursverwalter) wurde früher vorwiegend als Nebentätigkeit ausgeübt. Inzwischen beschränken sich jedoch viele der regelmäßig

---

40 *BVerfG*, Beschl. v. 30. 3. 1993 – 1 BvR 1045/89, u. a. – NJW 1993, 2861 (obiter dictum); Beschl. v. 3. 8. 2004 – 1 BvR 135/00, 1 BvR 1086/01 – ZInsO 2004, 913, 915; *OLG Koblenz*, Beschl. v. 27. 6. 2005 – 12 VA 1/05 – ZVI 2005, 607, 608; *Deckenbrock/Fleckner*, Berufsgerichtliche Verfahren gegen mehrfach qualifizierte Berufsträger – Insolvenzverwaltung durch Wirtschaftsprüfer, NJW 2005, 1165, 1167; *Gaier*, Verfassungsrechtliche Aspekte der Auswahl und der Abwahl des Insolvenzverwalters, ZInsO 2006, 1177; *Haarmeyer/Wutzke/Förster*, Handbuch zur Insolvenzordnung, InsO/EG-InsO, Kap. 5, Rdnr. 14f.; *Henssler*, Das Berufsbild des Insolvenzverwalters im Wandel der Zeit, ZIP 2002, 1053, 1054f., 1065; *Kesseler*, Rechtsschutz des übergangenen Verwalters, ZIP 2000, 1565, 1570; *Kesseler*, Das Grundrecht auf Bestellung zum Insolvenzverwalter, ZInsO 2002, 201, 204; *Levy*, Umschau, 1929, 176, spricht von „Berufsverwalterstand"; *Mönning*, Die Auswahl des Insolvenzverwalters als Problem der Qualitätssicherung, in: KS-InsO, 2. A., S. 375, 395f.; *Smid*, Praxishandbuch Insolvenzrecht, § 9 Rdnr. 2; *Smid*, Auswahl und Bestellung des Insolvenzverwalters durch das Insolvenzgericht als Rechtsfrage betrachtet, DZWIR 2007, 485, 487;. Ein eigenständiges Berufsbild verneinen: *Beutler/u. a.*, Gutachterliche Gegenstellungnahme von dreizehn Mitgliedern des Gravenbrucher Kreises zur Frage der Bestellung des Insolvenzverwalters, ZInsO 2001, 730, 733f.; *Frind*, Brauchen wir die automatisierte Verwalterauswahl ?, ZInsO 2001, 481; Kübler/Prütting-*Lüke*, § 56 InsO, Rdnr. 7; *Schick*, Der Konkursverwalter – berufsrechtliche und steuerrechtliche Aspekte, NJW 1991, 1328, 1329. Zur Rechtstatsächlichkeit im Jahre 1928: *Häberlin*, Zulassungsscheine für Konkursverwalter und Vertrauenspersonen ?, KuT 1928, 116, 117f.; *Uhlenbruck/Mönning*, Listing, Delisting und Bestellung von Insolvenzverwaltern, ZIP 2008, 157, zur Entwicklung des Insolvenzverwalters vom „Leichenfledderer" zum „Heilpraktiker der deutschen Wirtschaft".

bestellten Verwalter auf die Insolvenzverwaltung.[41] Die Insolvenzverwaltung hat sich auf Grund der technischen Entwicklung, insbesondere durch die Verbreitung des Internets und der Entwicklung leistungsfähiger EDV-Programme zur Tabellenführung und Rechnungslegung innerhalb eines Insolvenzverfahrens,[42] seit Mitte der achtziger Jahre mehr und mehr professionalisiert.[43] Dies hatte zur Folge, dass die Insolvenzverwaltung in diesen Fällen einen erheblichen Teil des jeweiligen Einkommens erwirtschaftet und damit Hauptbestandteil für die Schaffung einer Lebensgrundlage ist. Darüber hinaus hat die gesamtwirtschaftliche Bedeutung der Insolvenzverwaltung in den letzten Jahren erheblich zugenommen und ist zu einem eigenständigen Wirtschaftssektor geworden. Diese Entwicklung hat zur Einführung des Fachanwalts für Insolvenzrecht geführt.

Die Tätigkeit des Insolvenzverwalters unterfällt daher der Grundrechtsgarantie der Berufsfreiheit nach Art. 12 Abs. 1 GG.[44] Diese verfassungsrechtliche Garantie begründet kein subjektives Recht auf Bestellung zum Insolvenzverwalter, verpflichtet jedoch das Insolvenzgericht, vor Anwendung einer Aufsichtsmaßnahme deren Eingriffswirkung in die verfassungsrechtlich geschützte Berufsausübungsfreiheit des Insolvenzverwalters in ein Verhältnis zu Zweck und Ziel der Aufsichtsmaßnahme zu setzen, mithin den aus dem Rechtsstaatsprinzip abgeleiteten Grundsatz der Verhältnismäßigkeit zu beachten.[45]

3.2. Allgemeine Beschränkungen des Ermessens

Weitere Grenzen des Ermessens lassen sich aus den Ermessensvorschriften des Verwaltungsrechts ableiten. Hier ist insbesondere § 40 VwVfG von Relevanz, in dem es heißt: *„Ist die Behörde ermächtigt, nach ihrem Ermessen zu handeln, hat sie ihr Ermessen entsprechend dem Zweck der Ermächtigung auszuüben und die gesetzlichen Grenzen des Ermessens einzuhalten."* Soweit sie diesen Anforderungen nicht Genüge leistet, handelt sie ermessensfehlerhaft und damit rechtswidrig.[46] Dabei kann von einem Ermessensfehler im hier verwandten Sinne nur gesprochen werden, wenn bei der Ermessensentscheidung rechtliche Bindungen nicht beachtet wurden. Dagegen

---

41 *Haarmeyer/Wutzke/Förster,* Hdb.InsO, § 5 Rdnr. 19f.; *Kesseler,* Rechtsschutz des übergangenen Verwalters, ZIP 2000, 1565, 1570.

42 Diese technischen Möglichkeiten wurden vom Gesetzgeber aufgegriffen, wie die Regelungen in § 9 InsO über die amtliche Bekanntmachung durch ein elektronisches Informations- und Kommunikationssystem und in § 5 Abs. 3 InsO über die maschinelle Erstellung von Tabellen und Verzeichnissen zeigen. Gleichzeitig wird dadurch die Ausstattung der Insolvenzverwalterbüros mit einer entsprechenden Spezial-Software zum Muss.

43 Vgl. *Haarmeyer/ Wutzke/Förster,* Hdb.InsO, § 5 Rn. 18; *Henssler,* Das Berufsbild des Insolvenzverwalters im Wandel der Zeit, ZIP 2002, 1053, 1054f.; *Kesseler,* Rechtsschutz des übergangenen Verwalters, ZIP 2000, 1565, 1570.

44 Vgl. *BVerfG,* Beschl. v. 3. 8. 2004 – 1 BvR 135/00 – ZinsO 2004, 913, 915; wohl auch schon im Beschl. v. 30. 3. 1993 – 1 BvR 1045/89, u.a. – NJW 1993, 2861.

45 *BVerfG,* Beschl. v. 23. 5. 2006 – 1 BvR 2530/04 – NZI 2006, 453, 454 (Tz. 29f.); Beschl. v. 12. 7. 2006 – 1 BvR 1469/05 – ZInsO 2006, 1101 (Tz. 10).

46 Erichsen/Ehlers-*Jestaedt,* Allgemeines Verwaltungsrecht, § 10 V 3, Rdnr. 60; *Maurer,* Allgemeines Verwaltungsrecht, § 7, Rdnr. 17.

werden lediglich unzweckmäßige Entscheidungen, bei denen eine andere Entscheidung besser oder sinnvoller gewesen wäre, nicht erfasst.

3.2.1. Ermessensüberschreitung

Ein Ermessensfehler in Form der Ermessensüberschreitung liegt vor, wenn die Behörde die gesetzlichen Grenzen des Ermessens nicht einhält, indem die Entscheidung von der angewandten Ermächtigungsnorm nicht gedeckt ist und die Behörde somit mehr Entscheidungsfreiheit für sich in Anspruch nimmt, als ihr nach den gesetzlichen Bestimmungen überhaupt zusteht.[47]

Eine Ermessensüberschreitung ist beispielsweise gegeben, wenn das Insolvenzgericht ein höheres Zwangsgeld als durch § 58 Abs. 2 S. 2 InsO festgelegt, festsetzt.

3.2.2. Ermessensunterschreitung

Ein weiterer Ermessensfehler ist die sog. Ermessensunterschreitung. Die Einräumung von Ermessen geht grundsätzlich mit der Pflicht einher, das Ermessen auch zu betätigen. Daher ist ein Ermessensfehler gegeben, wenn die Behörde von der Möglichkeit der Ermessensbetätigung überhaupt keinen oder nur unzureichend Gebrauch macht.[48]

Als Beispiele für eine Unterschreitung oder einen Fehlgebrauch des insolvenzgerichtlichen Aufsichtsermessen können dauernde Auskunfts- und Sachstandsanfragen (§ 58 Abs. 1 S. 2 InsO) oder die Einberufung einer Gläubigerversammlung (§ 74 Abs. 1 S. 1 InsO)[49], ohne dass hierzu jeweils die Geschäftstätigkeit des Insolvenzverwalters oder die Umstände des Insolvenzverfahrens Anlass geben, angeführt werden.

3.2.3. Ermessensfehlgebrauch

Anders als bei der Ermessensunterschreitung übt die Behörde beim Ermessensfehlgebrauch ihr Ermessen in ausreichendem Umfang aus, verfehlt jedoch bei ihrer Entscheidung den Zweck der Ermessensermächtigung. In diesem Zusammenhang wird auch von einem „inneren" Ermessensfehler gesprochen.[50] Anders als die Überschreitung der gesetzlichen Grenzen des Ermessens, lässt sich der Verstoß gegen die „inneren" Ermessensgrenzen nicht am Entscheidungsergebnis erkennen, denn die Entscheidung hätte mit anderen Erwägungen oder aus anderen Motiven rechtmäßig ergehen können. Ein Ermessensfehlgebrauch liegt insbesondere dann vor, wenn die Entscheidung auf sachfremden Erwägungen beruht.[51] Hierzu gehören persönliche Motive wie Antipathie, Sympathie, Voreingenommenheit, Eigennutz, Laune, Willkür oder Schikane.

---

47 Obermayer-*Liebetanz,* § 40 VwVfG, Rdnr. 33 f.; Fehling/Kastner/Wahrendorf-*Schwarz,* § 114 VwGO, Rdnr. 50.

48 Erichsen/Ehlers-*Jestaedt,* Allgemeines Verwaltungsrecht, § 10 V 3, S. 325, Rdnr. 61.

49 So z.B. im Fall des *LG Stuttgart,* Beschl. v. 8. 9. 1989 – 2 T 859/89 – ZIP 1989, 1595 f.

50 Vgl. Stelkens/Bonk/Sachs-*Sachs,* § 40 VwVfG, Rdnr. 62, Obermayer-*Liebetanz,* § 40 VwVfG, Rdnr. 27.

51 *Hofmann/Gerke,* Allgemeines Verwaltungsrecht, S. 168, Rdnr. 430.

3.2.4. Ermessensreduzierung auf Null

In bestimmten Situationen kann das Ermessen so stark durch die Ermessensgrenzen eingeengt sein, dass nur noch eine Entscheidung richtig (rechtsfehlerfrei) ist. Hier spricht man von einer Ermessensreduktion auf Null. Eine solche Beschränkung des Ermessens kann nur unter sehr engen Voraussetzungen angenommen werden. Andernfalls würde die Zielsetzung des Gesetzgebers unterlaufen, der mit einer Ermessensermächtigung gerade einen Entscheidungsspielraum eröffnen will.[52] Eine Ermessensreduzierung auf Null kann sich unter anderem durch die Einwirkung von Grundrechten und sonstigen Verfassungssätzen ergeben. Im Einzelfall kann in Anwendung des Verhältnismäßigkeitsgrundsatzes nur eine einzige Entscheidungsmöglichkeit ermessensfehlerfrei sein, da alle übrigen zu unzulässigen, weil unverhältnismäßigen oder unzumutbaren Ergebnissen führen.[53] Weiterhin kann eine Ermessensreduzierung auch aus einer entsprechenden Verwaltungspraxis und der mit dieser einhergehenden Selbstbindung der Verwaltung (Art. 3 Abs. 1 GG) resultieren[54] oder sich aus der vorherigen Abgabe einer behördlichen Zusicherung oder Zusage ergeben.[55]

Bezogen auf das Insolvenzverfahren kann beispielsweise eine Pflichtverletzung des Insolvenzverwalters so schwerwiegend sein, dass nur noch eine aufsichtsrechtliche Sanktion – die sofortige Entlassung des Insolvenzverwalters gem. § 59 Abs. 1 InsO – ermessensfehlerfrei ist. Dieses kann insbesondere bei der Veruntreuung von erheblichen Massegeldern angenommen werden.[56]

3.3. Die „Richtlinien" der Insolvenzgerichte

Verschiedentlich regeln die Insolvenzgerichte ihre Anforderungen an die Insolvenzverwaltertätigkeit in teilweise veröffentlichten, allgemeinen Richtlinien.[57] Dieses entspricht einer langen Tradition, wie die „Neufassung" der *„Richtlinien für Konkursverwalter"* des Amtsgerichts Berlin-Mitte vom 11. 2. 1929[58] belegt. Hier stellt sich die Frage nach der Verbindlichkeit für den Insolvenzverwalter und für das die Richtlinie „erlassende" Insolvenzgericht.

3.3.1. Unmittelbare Bindungswirkung der Richtlinien?

Bereits die Verfasser der „Richtlinien für Konkursverwalter" des Amtsgerichts Berlin-Mitte aus dem Jahre 1929 erklärten ausdrücklich, dass „diese Richtlinien keine rechtsverbindliche Kraft haben. Sie binden nicht die Konkursrichter, weder unter-

---

52 Stelkens/Bonk/Sachs-*Sachs,* § 40 VwVfG, Rdnr. 57; Obermayer-*Liebetanz,* § 40 VwVfG, Rdnr. 50.
53 *Kopp/Ramsauer,* § 40 VwVfG, Rdnr. 31 a.
54 *BVerwG,* Urt. v. 10. 12. 1969 – VIII C 104/69 – NJW 1970, 675.
55 Fehling/Kastner/Wahrendorf-*Schwarz,* § 40 VwVfG, Rdnr. 21; *Maurer,* Allgemeines Verwaltungsrecht, § 7, S. 143, Rdnr. 25.
56 Vgl. hierzu *AG Bonn,* Beschl. v. 5. 9. 2001 – 98 IN 196/99 – ZInsO 2002, 641.
57 Vgl. nur die „Hamburger Leitlinien zum Insolvenzeröffnungsverfahren", in NZI 2004, 133 f. und die „Arbeitshinweise des AG Duisburg für Insolvenzsachverständige im Eröffnungsverfahren", in: NZI 1999, 308 ff.
58 Abgedruckt in: KuT 1929, 69 ff.

einander noch den Verwaltern gegenüber; sie binden auch nicht das Beschwerdegericht."[59] Es handelte sich bei diesen Richtlinien um „den Niederschlag einer jahrzehntealten Tradition" die „das größte deutsche Konkursgericht (...) besetzt mit einer Mehrheit erfahrener Richter und ausgestattet mit einem Stamm bewährter Berufskonkursverwalter" verfasst hat.[60] Hingegen betrachten Frind und Schmidt ihre Richtlinien für das Insolvenzeröffnungsverfahren als eine „Art Generalverfügung i.S.d. § 22 II 1 InsO", durch die von vorneherein als nicht adäquat angesehene Abwicklungshandlungen des Insolvenzverwalters ausgeschlossen werden sollen.[61]

Gegen diese rechtliche Einordnung spricht jedoch, dass es an der erforderlichen gesetzlichen Ermächtigung zur Schaffung einer allgemeinverbindlichen Regelung für die Insolvenzabwicklung durch den Insolvenzverwalter mangelt. Die Vorschrift des § 22 Abs. 2 InsO ermächtigt das Insolvenzgericht lediglich dazu, in einem konkreten Insolvenzverfahren die Pflichten des „schwachen" vorläufigen Insolvenzverwalters zu bestimmen. Der Insolvenzverwalter hat eigenverantwortlich für die Erreichung der Insolvenzzwecke Sorge zu tragen und seine insolvenzspezifischen Pflichten zu erfüllen. Die Ausübung der Aufsicht durch das Insolvenzgericht gem. § 58 Abs. 1 InsO ist, auch wenn dieses in der funktionalen Zuständigkeit des Insolvenzrichters erfolgt, als Ausübung öffentlicher Gewalt i.S.v. Art. 19 Abs. 4 GG anzusehen.[62] Nach dem Gewaltenteilungsprinzip des Grundgesetzes fällt im Verhältnis zur Exekutive allein der Legislative die verfassungsrechtliche Aufgabe der Normsetzung zu.[63] Folglich können durch insolvenzgerichtliche „Richtlinien" weder gesetzlich nicht vorgesehene Pflichten des Insolvenzverwalters noch eine Beschränkung der Haftungsregelungen der §§ 60, 61 InsO normiert werden.[64]

Die Richtlinien des Insolvenzgerichts dienen daher lediglich der Verständigung zwischen den Insolvenzrichtern und/oder den Rechtspflegern auf eine einheitliche Behandlung von immer wieder im Insolvenzverfahren auftretenden Sachverhalten und Fragestellungen. Eine unmittelbare Bindungswirkung kommt ihnen nicht zu.

3.3.2. Selbstbindungswirkung

Die Richtlinien des Insolvenzgerichts könnten jedoch die Wirkung haben, dass das Insolvenzgericht sich in seinem Ermessen gebunden hat. Im Bereich des Verwal-

---

59 Abgedruckt in: KuT 1929, 69. Für *Levy,* Die neuen Richtlinien des Amtsgerichts Berlin-Mitte für die Konkursverwalter (Besprechung), KuT 1929, 85, waren die *„Richtlinien für Konkursverwalter"* des AG Berlin-Mitte anderen Konkursgerichten nicht uneingeschränkt zur *„Nachachtung"* zu empfehlen.

60 *Jaeger/Weber,* 6./7. A., § 78 KO, Rdnr. 14a.

61 *Frind/Schmidt,* Insolvenzverwalterbestellung: Auswahlkriterien und Grenzen der Justiziabilität in der Praxis, NZI 2004, 533, 535.

62 *BVerfG,* Beschl. v. 23. 5. 2006 – 1 BvR 2530/04 – NZI 2006, 453, 454 (Tz. 23 f.); Beschl. v. 3. 8. 2004 – 1 BvR 135/00, 1 BvR 1086/01 – ZInsO 2004, 913, 915, für das (Vor-) Auswahlverfahren.

63 Vgl. nur *BVerfG,* Beschl. v. 10. 10. 1972 – 2 BvL 51/69 – NJW 1973, 451.

64 *Jaeger/Weber,* 6./7. A., § 78 KO, Rdnr. 14a, für die *„Richtlinien für Konkursverwalter"* des Amtsgerichts Berlin-Mitte aus dem Jahre 1929.

tungsrechts kann eine solche Selbstbindung beispielsweise durch ermessenslenkende Verwaltungsvorschriften begründet werden.[65] Diese enthalten zwar nur Verhaltensmaximen an die behördlichen Entscheidungsträger und haben keine unmittelbare Rechtswirkung nach außen.[66] Über Art. 3 Abs. 1 GG und die Rechtsfigur der Selbstbindung der Verwaltung binden sie jedoch die Verwaltung in ihren Ermessensentscheidungen und sind insoweit einer gerichtlichen Kontrolle zugänglich (sog. mittelbare Außenwirkung).[67] Richtet die Verwaltung ihre Entscheidungen ständig an einer solchen Verwaltungsvorschrift oder Richtlinie aus, verstößt sie gegen den Gleichheitsgrundsatz, wenn sie davon in einem vergleichbaren Sachverhalt ohne sachlichen Grund abweicht.[68]

In diesem Sinne können auch Richtlinien über die Anforderungen an die Insolvenzverwaltertätigkeit die Insolvenzgerichte in ihren Entscheidungen binden, wenn diese ihre Entscheidungen in ständiger Praxis an diesen Richtlinien ausrichten. Denn die Insolvenzgerichte haben die Aufsicht nicht nur im Einklang mit dem Verhältnismäßigkeitsgrundsatz, sondern auch mit dem in Art. 3 Abs. 1 GG verankerten Gleichbehandlungsgebots auszuüben. Eine Abkehr von den in der Richtlinie festgelegten Grundsätzen im Einzelfall ohne einen sachlichen Grund verstößt somit gegen Art. 3 Abs. 1 GG und stellt eine Ermessensüberschreitung dar.

VI. Erkenntnisquellen des Insolvenzgerichts

Neben dem Umfang und den Grenzen der insolvenzgerichtlichen Aufsicht spielt die Frage der dem Insolvenzgericht zur Verfügung stehenden Erkenntnisquellen eine wesentliche Rolle. Eine wirksame Aufsicht des Insolvenzgerichts setzt die Möglichkeit zur Erlangung der Kenntnis von aufsichtsrelevanten Sachverhalten voraus.

1. Amtsermittlung, § 5 Abs. 1 InsO

Nach § 5 Abs. 1 InsO ist das Insolvenzgericht berechtigt und verpflichtet, alle Umstände zu ermitteln, die für das Insolvenzverfahren von Bedeutung sind. Keiner

---

65 *BVerwG,* Urt. v. 10. 12. 1969 – VIII C 104/69 – NJW 1970, 675, dies gilt jedoch nicht für norminterpretierende Verwaltungsvorschriften, da die Befugnis zur letztverbindlichen Gesetzesauslegung nach Art. 19 Abs. 4 GG ausschließlich den Gerichten vorbehalten ist; Stelkens/Bonk/Sachs-*Sachs,* § 40 VwVfG, Rdnr. 06.

66 *VGH Kassel* Urt. v. 4. 8. 2004 – 5 UE 680/04 – NVwZ-RR 2005, 304; *VGH Mannheim,* Urt. v. 16. 6. 1998 – 2 S 1806-96 – NVwZ-RR 1999, 547; Fehling/Kastner/Wahrendorf-*Unruh,* § 47 VwGO, Rdnr. 40; *Ziekow,* § 40 VwVfG, Rdnr. 31.

67 *BVerwG,* Urt. v. 10. 12. 1969 – VIII C 104/69 – NJW 1970, 675; *VGH Kassel,* Urt. v. 4. 8. 2004 – 5 UE 680/04 – NVwZ-RR 2005, 304; *VGH Mannheim,* Urt. v. 16. 6. 1998 – 2 S 1806-96 – NVwZ-RR 1999, 547; *Ziekow,* § 40 VwVfG, Rdnr. 31; Stelkens/Bonk/Sachs-*Stelkens,* § 35 VwVfG, Rdnr. 111.

68 *BVerwG,* Urt. v. 10. 12. 1969 – VIII C 104/69 – NJW 1970, 675; *VGH Kassel,* Urt. v. 4. 8. 2004 – 5 UE 680/04 – NVwZ-RR 2005, 304; *VGH Mannheim,* Urt. v. 16. 6. 1998 – 2 S 1806-96 – NVwZ-RR 1999, 547.

Ermittlungen bedarf es gem. § 4 InsO i.V.m. § 291 ZPO bei offenkundigen Tatsachen[69] und wenn das Insolvenzgericht nach den insolvenzrechtlichen Vorschriften, wie z.B. §§ 4a, 13, 173 Abs. 2 InsO, nur auf Antrag tätig wird.[70]

Im Rahmen der Amtsermittlungsbefugnis stehen dem Insolvenzgericht, neben der in § 5 Abs. 1 S. 2 InsO beispielhaft genannten Zeugen- und Sachverständigenvernehmung, über die Verweisung in § 4 InsO die Beweismittel der ZPO zur Verfügung.[71] Die Auswahl der konkreten Ermittlungsmaßnahme im Einzelfall liegt im pflichtgemäßen Ermessen des Insolvenzgerichts.[72] Das Insolvenzgericht kann bspw. die Erteilung amtlicher Auskünfte und die Mitteilung von Urkunden verlangen (§ 4 InsO i.V.m. §§ 273 Abs. 2 Nr. 2 ZPO),[73] sowie Informationen von auskunftsbereiten Privatpersonen einholen[74] oder sich Urkunden durch Dritte vorlegen lassen (§ 4 InsO i.V.m. § 142 ZPO).[75] Wichtige Erkenntnisquelle kann ferner die Vernehmung des Insolvenzschuldners nach §§ 20, 97, 98, 101 InsO bzw. die Vernehmung der Angestellten nach §§ 101 Abs. 2, 97 Abs. 1 S. 1, 20 Abs. 1 InsO sein.[76]

Im Rahmen der Aufsicht ist das Gericht nicht auf bestimmte Kontrollhandlungen beschränkt.[77] So kommt neben der Prüfung der Rechnungslegung des Insolvenzverwalters auch die Geltendmachung des in § 58 Abs. 1 S. 2 InsO geregelten Auskunftsanspruchs in Betracht, wonach das Insolvenzgericht jederzeit einzelne Auskünfte oder einen Bericht über den Sachstand und die Geschäftsführung vom Insolvenzverwalter verlangen kann.[78] Das Gericht kann aber auch das persönliche Erscheinen des Insolvenzverwalters nach § 4 InsO i.V.m. §§ 141, 273 Abs. 2 Nr. 3 ZPO anordnen, wenn dieses erforderlich ist.[79]

Im Rahmen der Überwachung des Insolvenzverwalters, bei Bestellung und Entlassung sowie bei der Prüfung der Rechnungslegung und der sonstigen Berichte, Auskünfte und Belege des Insolvenzverwalters kann sich das Gericht gem. § 5

---

69 MK-*Ganter,* § 5 InsO, Rdnr. 18; HambK-*Rüther,* § 5 InsO, Rdnr. 9.
70 HK-*Kirchhof,* § 5 InsO, Rdnr. 6.
71 Andres/Leithaus-*Anders,* § 5 InsO, Rdnr. 13; N/R-*Becker,* § 5 InsO, Rdnr. 7.
72 HK-*Kirchhof,* § 5 InsO, Rdnr. 9; MK-*Ganter,* § 5 InsO, Rdnr. 23; Uhlenbruck-*Uhlenbruck,* § 5 InsO, Rdnr. 8.
73 Das Insolvenzgericht kann von der Staatsanwaltschaft beschlagnahmte Unterlagen des Insolvenzschuldners anfordern, um den (vorläufigen) Insolvenzverwalter Einsicht in diese nehmen zu lassen, so MK-*Ganter,* § 5 InsO, Rdnr. 49 unter Berufung auf §§ 20, 22 Abs. 3, 97 Abs. 1 InsO.
74 HK-*Kirchhof,* § 5 InsO, Rdnr. 10.
75 *LG Köln,* Beschl. v. 5. 7. 2004 – 19 T 81/04 – NZI 2004, 671, 672, für die Vorlage der Unterlagen des Schuldners im Besitz des Steuerberaters während der „schwachen" vorläufigen Insolvenzverwaltung; N/R-*Becker,* § 5 InsO, Rdnr. 7ff.
76 Der Schuldner kann nicht nach den Regeln der §§ 445ff. ZPO als Partei vernommen werden, MK-*Ganter,* § 5 InsO, Rdnr. 40; HK-*Kirchhof,* § 5 InsO, Rdnr. 11; FK-*Schmerbach* § 5 InsO, Rdnr. 9; Smid-*Smid,* § 5 InsO, Rdnr. 19 (bereits die Parteistellung des Schuldners in Bezug auf die (pfändbare) Vermögensmasse ablehnend).
77 Vgl. N/R-*Delhaes,* § 58 InsO, Rdnr. 6.
78 Nach MK-*Ganter,* § 5 InsO, Rdnr. 15e, ist das Insolvenzgericht bei Anhaltspunkten für Unregelmäßigkeiten des Insolvenzverwalters erst zu Amtsermittlungen gem. § 5 Abs. 1 InsO berechtigt, wenn das Instrumentarium des § 58 Abs. 1 InsO nicht die erforderliche Aufklärung bewirkt hat.
79 Vgl. N/R-*Becker,* § 5 InsO, Rdnr. 7.

Abs. 1 S. 2 InsO eines Sachverständigen bedienen, sofern es die relevanten Umstände nicht selber bewerten kann.[80]

2. Informationen durch Verfahrensbeteiligte und Dritte

Neben der aktiven Informationsbeschaffung durch den Insolvenzrichter oder den Insolvenzrechtspfleger erhält das Insolvenzgericht auch aus anderen Quellen, wie z.B. von den Insolvenzgläubiger, dem Insolvenzschuldner oder nicht verfahrensbeteiligten Dritten, Informationen über aufsichtsrelevante Sachverhalte, die wiederum Anlass für Amtsermittlungen nach § 5 Abs. 1, 58 Abs. 1 S. 2 InsO geben können.[81]

2.1. Intra- und intergerichtlicher Informationsaustausch

Zur Sicherstellung einer wirksamen insolvenzgerichtlichen Aufsicht ist ein intragerichtlicher Informationsaustausch zwischen den Richtern und Rechtspflegern eines Insolvenzgerichtes erforderlich. Denn gemäß § 18 RPflG ist der Rechtspfleger grundsätzlich nach der Entscheidung des Richters über die Verfahrenseröffnung und die Auswahl eines Insolvenzverwalters mit der weiteren Abwicklung des Verfahrens betraut. Dies hat zur Folge, dass der Richter die Abwicklung des Verfahrens durch den Insolvenzverwalter nur beurteilen kann, wenn er vom Rechtspfleger mit den entsprechenden Informationen versorgt wird. Ein regelmäßiger und institutionalisierter Erfahrungsaustausch zwischen Richtern und Rechtspflegern, z.B. in Form von „Runden Tischen", findet an den Insolvenzgerichten im Allgemeinen nicht statt, so dass für die Aufsicht gem. § 58 Abs. 1 InsO bedeutsame Informationsverluste eintreten können.[82] Daher ist es empfehlenswert, an den Insolvenzgerichten, regelmäßige Treffen („jour fixe") zwischen den Insolvenzrichtern und Insolvenzrechtspflegern einzuführen, in denen nicht nur über die Erfahrungen mit der Verfahrensabwicklung der an dem Insolvenzgericht tätigen Insolvenzverwalter und etwaige Probleme mit diesen berichtet werden kann, sondern auch neuere Entwicklungen auf dem Gebiet des Insolvenzrechts und Fragen zur Verfahrensleitung diskutiert werden können.

Neben dem Informationsaustausch innerhalb des jeweiligen Insolvenzgerichts, können sich aufsichtsrelevante Informationen auch aus einem Informationsaustausch zwischen den Insolvenzgerichten ergeben. Ein solcher findet bislang in verbindlicher und institutionalisierter Form nicht statt, obwohl dieses von verein-

---

80 MK-*Graeber,* § 58 InsO, Rdnr. 13, 28; Uhlenbruck-*Uhlenbruck,* § 5 InsO, Rdnr. 14; a. A.: *LG Frankfurt/Oder,* Beschl. v. 16. 4. 1999 – 6 (a) T 137/99 – DZWiR 1999, 514f.
81 Uhlenbruck-*Uhlenbruck,* § 58 InsO, Rdnr. 13.
82 Vgl. *Heyrath,* Die Prüfung der Schlussrechnung (Teil 2), ZInsO 2006, 1196, 1198; *Mönning,* Die Auswahl des Insolvenzverwalters als Problem der Qualitätssicherung, KS-InsO, 2. A., S. 375, 388; zum Spannungsverhältnis zwischen Richter und Rechtspfleger auch *Holzer,* Die Entscheidungsträger im Insolvenzverfahren, Rdnr. 19ff.; *Uhlenbruck,* Das Bild des Insolvenzverwalters – Der Versuch einer Orientierung im Widerstreit vielfältiger Interessen, KTS 1998, 1, 22f.

zelten Stimmen gefordert wird.[83] Dem intergerichtlichen Informationsaustausch hat sich der am 5. und 6. März 2007 von Insolvenzrichtern und -rechtspflegern gegründete *„Bundesarbeitskreis Insolvenzrecht (BAKInsO)“* in einem ersten Beschluss gewidmet und gefordert, dass für den Fall eines Delistings eines Insolvenzverwalters das betreffende Insolvenzgericht unverzüglich alle anderen Gerichte, bei denen der betreffende Verwalter bestellt ist, benachrichtigt.[84] Da ein intergerichtlicher Informationsaustausch mit der Weitergabe und Speicherung personenbezogener Daten verbunden ist, greift dieser in das Recht auf informationelle Selbstbestimmung (Art. 2 Abs. 1, Art. 1 Abs. 1 GG) des betroffenen Insolvenzverwalters ein. Er bedarf daher einer gesetzlichen Grundlage, die bislang nicht vorhanden ist.

2.2. Mitteilung von Amts wegen (MiZi u. MiStra), § 58 Abs. 3 GAVI-InsO

Die Schaffung einer solchen gesetzlichen Grundlage ist nunmehr jedoch Gegenstand des Entwurfs eines Gesetzes zur Verbesserung und Vereinfachung der Aufsicht in Insolvenzsachen (GAVI). In § 58 Abs. 3 GAVI-InsO heißt es: *„Gerichte und Behörden übermitteln personenbezogene Informationen, die für die Aufsichtsmaßnahmen des Insolvenzgerichts und eine Entlassung des Insolvenzverwalter aus dem Amt aus Sicht der übermittelnden Stelle erforderlich sind, den für die Kanzleisitze des Verwalters örtlich zuständigen Insolvenzgerichten, soweit hierdurch schutzwürdige Interessen des Betroffenen nicht beeinträchtigt werden oder das öffentliche Geheimhaltungsinteresse des Betroffenen überwiegt. Die Verwendung unterbleibt, wenn besondere gesetzliche Verwendungsregelungen entgegenstehen.“* Mit dieser Vorschrift soll eine datenschutzrechtlich erforderliche, gesetzliche Grundlage für die Erweiterung der Mitteilungspflichten nach MiZi[85] und MiStra[86] geschaffen werden, die der Konkretisierung durch die einschlägigen Verwaltungsvorschriften bedarf. Den Entwurfsverfassern war dabei bewusst, dass eine Information lediglich an das für den Kanzleisitz des Insolvenzverwalters zuständige Insolvenzgericht voraussetzt, dass die übermittelnden Stellen überhaupt die Insolvenzverwaltertätigkeit des Betroffenen erkennen können und dass diese Regelung keine lückenlose Information über überüberregional tätige Insolvenzverwalter gewährleistet. Eine Information des Insolvenzgerichts auf der Grundlage der MiZi und der MiStra über gegen einen (vorläufigen) Insolvenzverwalter, Sachwalter oder Treuhänder anhängige Vollstreckungsmaßnahmen oder anhängige Strafverfahren ist sinnvoll,[87] da ungeordnete wirtschaftliche Verhältnisse oder eine

---

83 Siehe *Heyrath,* Die Prüfung der Schlussrechnung (Teil 2), ZInsO 2006, 1166, 1199; *Vallender,* Gerichtliche Kommunikation und Kooperation bei grenzüberschreitenden Insolvenzverfahren im Anwendungsbereich der EuInsVO – eine neue Herausforderung für Insolvenzgerichte, KTS 2008, 59 ff.

84 Der Beschluss steht auf der Seite des Bund deutscher Rechtspfleger e.V. gem. Zugriff vom 19. 4. 2007 zum download unter http://www.bdr-online.de/base/bin/download.php?ID=471&pro=bereit. Weitere Informationen können in Zukunft unter www.bakinso.de abgerufen werden. So auch *Frind,* GAVI-Gesetzentwurf – Überregulierung gerichtlicher Verwalteraufsicht oder sinnvolle Verfahrenssicherung, ZInsO 2006, 1035, 1038.

85 Anordnung über Mitteilungen in Zivilsachen (MiZI), Neufassung vom 1. 6. 1998.

86 Anordnung über Mitteilungen in Strafsachen (MiStra), Neufassung vom 19. 5. 2008.

87 Ebenso: *Eckert/Berner,* Der ungetreue Verwalter – Möglichkeiten einer gerichtlichen Überprüfung der Insolvenzverwaltertätigkeit, ZInsO 2005, 1130, 1133; *Frind,* GAVI-Gesetzentwurf –

Strafbarkeit bei vermögensverwaltend tätigen Personen, wie dem Insolvenzverwalter und dem Treuhänder, das Risiko von Veruntreuungen erfahrungsgemäß erhöht und das Vertrauen der Verfahrensbeteiligten in die Ordnungsmäßigkeit der Insolvenzverwaltung verringert oder gar enttäuscht. In diesen Fällen wird das Insolvenzgericht seine Aufsichtstätigkeit intensivieren oder sogar den Insolvenzverwalter gem. § 59 Abs. 1 InsO von Amts wegen entlassen müssen.

2.3. Information durch den Insolvenzschuldner

Das Insolvenzgericht kann Auskünfte über das Insolvenzverfahren, wie z. B. die Verhältnisse der Insolvenzmasse bei Verfahrenseröffnung, unmittelbar beim Insolvenzschuldner bzw. dessen gesetzlichem Vertreter einholen, da dieser Personenkreis gem. §§ 20, 97, 98, 101 InsO im Eröffnungsverfahren und im eröffneten Insolvenzverfahren jederzeit zur umfassenden Auskunftserteilung gegenüber dem Insolvenzgericht verpflichtet ist. In der Insolvenzpraxis beschränkt sich der Informationsaustausch zwischen Insolvenzgericht und Insolvenzschuldner regelmäßig auf die für die Aufsicht gem. § 58 Abs. 1 InsO nicht relevanten Anfangsermittlungen des Insolvenzgerichts, z. B. nach Eingang eines Gläubigerantrages, zu dem der Insolvenzschuldner gem. § 14 Abs. 2 InsO zu hören ist, nachdem das Insolvenzgericht die Zulässigkeit des Antrages festgestellt hat, oder bei der nach § 305 Abs. 3 InsO vorzunehmenden Aufforderung an den Insolvenzschuldner, die in § 305 Abs. 1 InsO aufgeführten Erklärungen und Unterlagen vollständig abzugeben.

Häufiger wendet sich der Insolvenzschuldner mit Beschwerden über die Person des Insolvenzverwalters oder dessen Geschäftsführung an das Insolvenzgericht, um Einfluss auf die Abwicklung des Insolvenzverfahrens zu nehmen. Das Insolvenzgericht ist im Rahmen seiner Aufsicht über den Insolvenzverwalter (§ 58 Abs. 1 InsO) verpflichtet, den Beschwerden nachzugehen und zu prüfen, ob der Insolvenzverwalter Pflichtwidrigkeiten begangen hat. Regelmäßig erfolgt dieses, indem dem Insolvenzverwalter Gelegenheit zur Stellungnahme zum Gegenstand der Beschwerde gegeben wird. Das Insolvenzgericht ist gem. § 58 Abs. 1 S. 2 InsO jederzeit berechtigt, eine solche Stellungnahme vom Insolvenzverwalter einzufordern.

2.4. Auskünfte von Dritten

Eine weitere Erkenntnisquelle für das Insolvenzgericht sind Informationen durch nicht verfahrensbeteiligte Dritte, mit denen nicht selten Einfluss auf das Insolvenzgericht genommen werden soll, aufsichtsrechtlich gegen den Insolvenzverwalter tätig zu werden. Auch und gerade auf die Auswahl und Bestellung des Insolvenzverwalters wird immer wieder von interessierter Seite Einfluss genommen. Soweit hier Sachargumente vorgetragen werden, hat das Insolvenzgericht diese im Rahmen seiner Aufsichtspflicht zur Kenntnis zu nehmen und zu würdigen. Entsprechendes gilt für Informationen, die von anderen Insolvenzverwaltern an das Insolvenzgericht

---

Überregulierung gerichtlicher Verwalteraufsicht oder sinnvolle Verfahrenssicherung, ZInsO 2006, 1035, 1037 f.

herangetragen werden. Bei deren Würdigung muss das Gericht berücksichtigen, dass die Informationen von einem (potenziellen) Wettbewerber stammen.

3. Informationspflicht des Insolvenzverwalters (§ 58 Abs. 1 S. 2 InsO)

Eine wichtige Erkenntnisquelle für das Insolvenzgericht sind Auskünfte des Insolvenzverwalters über den Verfahrensablauf und seine Amtsstellung betreffende Umstände, die außerhalb der insolvenzrechtlichen Rechnungslegung – freiwillig oder aufgrund einer rechtlichen Informationspflicht – gegeben werden. So ist der Insolvenzverwalter verpflichtet, dem Insolvenzgericht rechtzeitig eine mögliche oder bestehende Interessenkollision anzuzeigen.[88]

Das Insolvenzgericht kann gem. § 58 Abs. 1 S. 2 InsO vom Insolvenzverwalter jederzeit einzelne Auskünfte oder einen Bericht über Verfahrensstand und -verlauf verlangen. In der Regel kann die Geschäftstätigkeit des Insolvenzverwalters durch die Prüfung der von diesem vorgelegten Gutachten, Zwischenrechnungen, Sachstandsmitteilungen, Berichte und der Schlussrechnung hinreichend überwacht werden. Ergeben sich hier jedoch Unklarheiten kann das Insolvenzgericht nach § 58 Abs. 1 S. 2 InsO ergänzende Auskünfte verlangen. Das Auskunftsverlangen und die Anforderung von Unterlagen nach § 58 Abs. 1 InsO erfolgt formlos und ist nicht rechtsmittelfähig.[89] Allerdings hat das Insolvenzgericht die Zielrichtung des Auskunftsverlangens dem Insolvenzverwalter genau mitzuteilen.[90] Dieser kann sich nicht auf ein Auskunftsverweigerungsrecht berufen.[91] Nach § 58 Abs. 2 InsO kann der Auskunftsanspruch gegen den Insolvenzverwalter im Zwangsgeldverfahren durchgesetzt werden. Auskunftsempfänger des Verlangens nach § 58 Abs. 1 S. 2 InsO ist allein das Insolvenzgericht, so dass die nach § 58 Abs. 1 S. 2 InsO erteilten Auskünfte des Insolvenzverwalters Dritten nicht zugänglich zu machen sind.[92]

Der Auskunftsanspruch aus § 58 Abs. 1 S. 2 InsO gehört somit zu den wichtigsten und effektivsten Aufsichtsinstrumenten des Insolvenzgerichts.[93] Er wird durch den Amtsermittlungsgrundsatz des § 5 Abs. 1 InsO ergänzt.

Zur Stärkung der insolvenzgerichtlichen Aufsicht sieht der Entwurf für ein Gesetz zur Verbesserung und Vereinfachung der Aufsicht in Insolvenzverfahren die Nor-

---

88 *BGH*, Urt. v. 24. 1. 1991 – IX ZR 250/89 – ZIP 1991, 324, 325; einschränkend als haftungsrechtliche Anzeigeobliegenheit: *Lüke*, Der Sonderinsolvenzverwalter, ZIP 2004, 1693, 1695.
89 HmbK-*Frind*, § 58 InsO, Rdnr. 12.
90 MK-*Graeber*, § 58 InsO, Rdnr. 25.
91 *LG Koblenz*, Beschl. v. 6. 12. 1988 – 4 T 501/88 – ZIP 1989, 179 (zum Konkursrecht).
92 MK-*Graeber*, § 58 InsO, Rdnr. 23, 24, der die Verfahrensbeteiligten auf die Gläubigerversammlungen, den Gläubigerausschuss oder die Akteneinsicht nach § 4 InsO i. V. m. § 299 ZPO verweist.
93 *BGH*, Beschl. v. 14. 4. 2005 – IX ZB 76/04 – NZI 2005, 391, 392; MK-*Graeber*, § 58 InsO, Rdnr. 3; *Locher*, InsolNet – Erfüllung der Berichtspflicht mittels Internet; ZInsO 1999, 82, 83 (mit dem Hinweis, dass der Kommunikations- und Informationsaustausch zwischen Insolvenzgericht und Insolvenzverwalter durch die Vorschrift des § 58 Abs. 1 InsO einen *„anderen Stellenwert"* erhalten hat.).

mierung fester Zeitabständen und eines gesetzlichen Mindestinhalts der Zwischenberichterstattung durch den Insolvenzverwalter vor. Nach § 58 Abs. 1a GAVI-InsO ist der Insolvenzverwalter zur regelmäßigen Berichterstattung über den Sachstand und seine Geschäftsführung in 6-Monats Abständen beginnend ab dem Datum der ersten Gläubigerversammlung verpflichtet ist, soweit das Insolvenzgericht keine andere Anordnung trifft. Der notwendige Inhalt dieser Zwischenberichte wird durch § 58a GAVI-InsO normiert. Neben einem Bericht über den Sachstand und die Geschäftsführung, müssen die Zwischenberichte die fortgeschriebenen Verzeichnisse gem. §§ 151, 153 InsO und eine Übersicht über die Einnahmen und Ausgaben im Berichtszeitraum bzw. – bei einer Unternehmensfortführung – das vorläufige Ergebnis der Betriebsfortführung sowie einen Nachweis der Kontenbestände enthalten. Die gesetzliche Regelung des Mindestinhalts der Zwischenberichte normiert zwar Selbstverständlichkeiten aus der Insolvenzpraxis, wird aber im Interesse der Verfahrenstransparenz zukünftig aussagelose Zwischenberichte verhindern.[94]

4. Interne Rechnungslegung des Insolvenzverwalters

Neben der allgemeinen Auskunftspflicht aus § 58 Abs. 1 S. 2 InsO hat der Gesetzgeber für den Insolvenzverwalter umfassende Rechnungslegungs- und Berichterstattungspflichten normiert. Bei der Rechnungslegung durch den Insolvenzverwalter ist zwischen den unabhängig von einander zu erfüllenden[95], internen und den externen Rechnungslegungen zu differenzieren. Diese dienen der Information der Verfahrensbeteiligten über die Verhältnisse der Insolvenzmasse und die Geschäftsabwicklung durch den Insolvenzverwalter und lassen sich auf den allgemeinen Rechtsgedanken zurückführen, dass derjenige, der entgeltlich oder unentgeltlich fremde Geschäfte besorgt, über deren Ausführung Rechenschaft abzulegen hat.[96]

Zu den internen Rechnungslegungs- und Berichtspflichten zählen die Vorlage der Verzeichnisse gem. §§ 151 bis 153 InsO (§ 154 InsO), die Berichterstattung im Berichtstermin gem. § 156 Abs. 1 InsO, die Zwischenrechnungslegung gem. § 66 Abs. 3 InsO, die Schlussrechnungslegung gem. § 66 InsO und die Informationspflicht gem. § 58 Abs. 1 S. 2 InsO.

Da bislang keine gesetzlichen Standards für den Inhalt und den Mindestumfang der internen Rechnungslegung existieren, schlagen die Entwurfsverfasser des Gesetzes zur Verbesserung und Vereinfachung der Aufsicht in Insolvenzverfahren

---

94 *Pape,* Stärkung der Gläubigerrechte und Verschärfung der Aufsicht im Insolvenzverfahren, ZVI 2008, 89, 93.

95 HK-*Irschlinger,* § 155 InsO, Rdnr. 2; *Weisang,* Zur Rechnungslegung nach der neuen Insolvenzordnung, BB 1998, 1149; *Uhlenbruck,* Die Prüfung der Rechnungslegung des Konkursverwalters, ZIP 1982, 125, 130.

96 Vgl. die entsprechenden Regelungen in den §§ 666, 1698 Abs. 1, 1890, 1915 Abs. 1 i.V.m. 1890, 2215 i.V.m. 666 BGB, § 154 ZVG.

(GAVI) in diesem Bereich zusätzliche gesetzliche Regelungen vor. Der Mindestinhalt der Schlussrechnung des Insolvenzverwalters wird durch § 66 Abs. 1 S. 2, 3 GAVI-InsO konkretisiert. Neben dem Schlussbericht, der Schlussrechnung und einer auf den Zeitpunkt der Rechnungslegung zu erstellenden Vermögensübersicht hat der Insolvenzverwalter im Falle einer Betriebsfortführung deren Ergebnis gesondert mitzuteilen. Der Gegenstand und der Umfang der Schlussrechnungsprüfung durch das Insolvenzgericht wird durch § 66 Abs. 2 S. 2–6 GAVI-InsO konkretisiert. Danach hat das Insolvenzgericht insbesondere die Vollständigkeit der eingereichten Unterlagen, die ordnungsgemäße Buchführung und die Verwaltung, Verwertung und Verwendung der Insolvenzmasse zu prüfen. Es kann sich dabei auf angemessene Stichproben beschränken. Die wirtschaftliche Zweckmäßigkeit des Verwalterhandelns soll nicht Gegenstand der Schlussrechnungsprüfung sein.

Die durch das GAVI vorgesehene bundesweite Standardisierung der Rechnungslegung ist zu begrüßen, da sie sowohl der Arbeitsentlastung und Verfahrensvereinfachung als auch der besseren Transparenz für die Gläubiger dient. Eine Verbesserung der Aufsicht wird mit diesen Regelungen aber noch nicht erreicht, denn die Vorlage eines den gesetzlichen Anforderungen entsprechenden Rechenwerks gewährleistet noch nicht, dass die in diesem enthaltenen Informationen aufgenommen und zutreffend ausgewertet werden. Es kann bezweifelt werden, dass der durch die Rechnungslegungsvorschriften des GAVI bewirkte Prüfungsmehraufwand bei der heutigen Personalausstattung der Insolvenzgerichte überhaupt bewältigt werden kann.

5. Externe Rechnungslegung des Insolvenzverwalters

Neben den internen Rechnungslegungspflichten hat der Insolvenzverwalter gem. § 155 InsO[97] die allgemeinen handels- und steuerrechtlichen Rechnungslegungspflichten des Insolvenzschuldners aus §§ 238ff. HGB, §§ 140ff. AO (sogen. externe Rechnungslegung) *„in Bezug auf die Insolvenzmasse“* zu erfüllen.[98] Deren Zweck ist die Information des interessierten Publikums über das Vermögen des Unternehmens und dessen Entwicklung. Zum Kreis der Interessierten zählen insbesondere der Fiskus, der Informationen zu Steuerbemessungsgrundlagen benötigt, Kreditinstitute als potentielle Kreditgeber, Unternehmen, die an einer Übernahme des

97 Eine vergleichbare Vorschrift gab es im Konkursrecht nicht, vgl. MK-*Füchsl/Weishäupl,* § 155 InsO, Rdnr. 1.

98 *Weisang,* Zur Rechnungslegung nach der neuen Insolvenzordnung, BB 1998, 1149; *Heyrath,* Die Prüfung der Schlussrechnung (Teil 1), ZInsO 2005, 1092, 1093, weist zutreffend auf die damit verbundene Doppelarbeit und die Mehrkosten für die Insolvenzmasse hin. *Uhlenbruck,* Aus- und Abwahl des Insolvenzverwalters, KTS 1989, 229, 231, kritisiert zu Recht die *„vielfach hypertrophen und wirtschaftlich teilweise unsinnigen bürokratischen Erschwernisse der heutigen Abwicklung von Insolvenzverfahren“*. Nach *BVerwG,* Urt. v. 13. 4. 2005 – 6 C 4/04 – NZI 2005, 510ff., besteht keine Verpflichtung des Insolvenzverwalters einer börsennotierten AG zu Pflichtmitteilungen nach § 25 Abs. 1 WpHG.

insolventen Unternehmens interessiert sind und schließlich die Arbeitnehmer des Unternehmens.[99] Aber auch der Insolvenzschuldner kommt als Begünstigter der externen Rechnungslegungspflicht des Insolvenzverwalters in Betracht.[100]

Die handelsrechtliche Rechnungslegung hat für die Aufsicht des Insolvenzgerichts nur dann einen Erkenntniswert, wenn diese bis zur Verfahrenseröffnung vorliegt oder zeitnah nach Verfahrenseröffnung vom Insolvenzverwalter nachgeholt worden ist. In vielen Fällen bestanden bei Insolvenzantragstellung bereits erhebliche Rückstände bei der Buchführung und Bilanzierung, die nach Verfahrenseröffnung angesichts nicht ausreichender Masseliquidität vom Insolvenzverwalter nicht aufgeholt werden können,[101] so dass die handelsrechtliche Rechnungslegung nur einen eingeschränkten Erkenntniswert aufweist. Mit diesen Einschränkungen ermöglicht das handelsrechtliche Rechenwerk – insbesondere die auf den Zeitpunkt der Verfahrenseröffnung zu erstellende Abschlussbilanz – dem Insolvenzgericht eine Plausibilitätskontrolle dahingehend, ob die in der handelsrechtlichen Buchhaltung erfassten aktivischen Vermögenswerte in der internen Rechnungslegung des Insolvenzverwalters, insbesondere in dem Verzeichnis der Massegegenstände gem. § 151 InsO, vollständig Aufnahme gefunden haben. Gegenständliche Abweichungen oder Differenzen zwischen den Buchwerten und den prognostischen Wertansätzen können für das Insolvenzgericht Anlass sein, vom Insolvenzverwalter ergänzende Erläuterungen einzuholen (§ 58 Abs. 1 S. 2 InsO).[102]

Der Erkenntniswert der steuerlichen Rechnungslegung für die Aufsicht des Insolvenzgerichts ist auf die Feststellung der Erfüllung der steuerlichen Erklärungspflichten des Insolvenzschuldners durch den Insolvenzverwalter und die Grundlagen der Anmeldung von Steuerforderungen zur Tabelle durch die Finanzbehörden beschränkt.

---

99 Jaeger-*Gerhardt,* § 66 InsO, Rdnr. 3; *Pink,* Rechnungslegungspflichten in der Insolvenz der Kapitalgesellschaft, ZIP 1997, 177, 178.

100 *BGH,* Urt. v. 29. 5. 1979 – VI ZR 104/78 – BGHZ 74, 316ff. = ZIP 1980, 25, 26, zur Haftung des Konkursverwalters gem. § 82 KO gegenüber dem Gemeinschuldner im Fall der Nichterfüllung der steuerlichen Erklärungspflichten. Dagegen: *Kilger,* Anmerkung zu BGH, Urt. v. 29. 5. 1979 – VI ZR 104/78, ZIP 1980, 26, 27.

101 *Dreyer/Dreyer,* Bestandteile der Schlussrechnung des Insolvenzverwalters und ihre Prüfung, KSI 2006, 144, 147; das *AG Hamburg,* Beschl. v. 2. 2. 2000 – 67c IN 157/99 – NZI 2000, 140, 141, hat für die Steuererklärungspflichten des Insolvenzverwalters festgestellt, dass der Insolvenzverwalter wegen § 61 InsO keine Masseverbindlichkeiten begründen darf, die er nicht aus der liquiden Insolvenzmasse bestreiten kann, und dass das Finanzamt mit seiner Forderung nach erstellten Steuererklärungen nicht einmal in den Bereich der drohenden Masseunzulänglichkeit bringen darf.

102 Ein Rückgriff auf Schlussbilanz und das Anlagenverzeichnis könnte offenbaren, dass ein ungetreuer Insolvenzverwalter Massegegenstände außerhalb des Insolvenzverfahrens für sich verwertet und es tunlichst unterlassen hat, diese in das Verzeichnis gem. § 151 InsO aufzunehmen. Gewissheit kann diese Plausibilitätskontrolle jedoch nicht verschaffen, wenn die unterschlagenen bzw. veruntreuten Massegegenstände bereits bei Erstellung der handelsrechtlichen Schlussbilanz „ausgebucht“ wurden.

6. Organe der Gläubigergesamtheit

Eine wichtige Informationsquelle des Insolvenzgerichts im Hinblick auf die Geschäftstätigkeit des Insolvenzverwalters sind die verfahrensbeteiligten Gläubiger, einzeln oder in ihrer insolvenzrechtlichen Verfasstheit. So wenden sich in der Insolvenzpraxis immer wieder einzelne Insolvenzgläubiger mit Eingaben und Beschwerden über den Insolvenzverwalter an das Insolvenzgericht.

6.1. Gläubigerversammlung

Als Erkenntnisquelle dient insbesondere die Gläubigerversammlung. Zwar ist diese vorrangig eine Institution der Interessenwahrung innerhalb der insolvenzrechtlichen Selbstverwaltung (Gläubigerautonomie), innerhalb derer dem Insolvenzgericht nur eine begleitende und regulierende Funktion (formelle Leitungsfunktion) zukommt[103]. Sie bietet jedoch zugleich dem Insolvenzgericht Gelegenheit zur Information über den Stand und den Verlauf des Insolvenzverfahrens. Der Berichtstermin gem. § 156 InsO ist als Erkenntnisquelle für die insolvenzgerichtliche Aufsicht von besonderem Gewicht, da in dieser ersten (regulären) Gläubigerversammlung nach der Verfahrenseröffnung nicht nur der Insolvenzverwalter umfassend über die wirtschaftliche Lage des Insolvenzschuldners und die Verfahrensaussichten zu berichten hat, sondern die Insolvenzgläubiger auch die Verfahrensziele definieren können.

6.2. Gläubigerausschuss

Aufgrund seiner weit reichenden Überwachungsfunktion gegenüber dem Insolvenzverwalter stellt auch der Gläubigerausschuss eine wichtige Erkenntnisquelle des Insolvenzgerichtes dar. Aus der Überwachungsfunktion des Gläubigerausschusses (§ 69 InsO) folgt eine Informationspflicht über Fehlverhalten, insbesondere Veruntreuungen, des Insolvenzverwalters, da die Pflicht zur Überwachung des Insolvenzverwalters ohne entsprechende Handlungspflicht keinen Sinn ergibt.[104] Diese Informationspflicht besteht nicht nur gegenüber den übrigen Ausschussmitgliedern[105] oder der Gläubigerversammlung[106] sondern auch gegenüber dem Insolvenzgericht als Aufsichtsorgan gem. § 58 Abs. 1 InsO[107]. Zudem besteht für das Insolvenzgericht die Möglichkeit als Gast, d.h. ohne Leitungsfunktion, an Sitzungen des

---

103 MK-*Ehricke*, § 74 InsO, Rdnr. 2, die formelle Leitungsfunktion ist von der materiellen, durch § 78 Abs. 1 InsO begründeten Leitungsfunktion zu unterscheiden.
104 N/R-*Delhaes*, § 69 InsO, Rdnr. 28; *Eicke*, Informationspflichten der Mitglieder des Gläubigerausschusses, ZInsO 2006, 798, 799 u. 800.
105 N/R-*Delhaes*, § 69 InsO, Rdnr. 28; *Eicke*, Informationspflichten der Mitglieder des Gläubigerausschusses, ZInsO 2006, 798, 801.
106 N/R-*Delhaes*, § 69 InsO, Rdnr. 28, bei schwerwiegenden Verstößen; *Eicke*, ZIP 2006, 798, 801, mit der Einschränkung, dass hierdurch nicht die Verfahrensabwicklung und das Erreichen des Verfahrensziels gefährdet wird, denn die Gläubigerversammlung unterliegt keiner Verschwiegenheitspflicht.
107 N/R-*Delhaes*, § 69 InsO, Rdnr. 28.

Gläubigerausschusses teilzunehmen.[108] Durch eine solche Teilnahme kann sich das Insolvenzgericht einerseits über den Stand und Verlauf des Insolvenzverfahrens und die Geschäftsführung durch den Insolvenzverwalter informieren, andererseits auch den Gläubigerausschuss für – aus Sicht des Insolvenzgerichts – aufsichtsrelevante Umstände sensibilisieren. Teilweise wird auch das Recht des Insolvenzgerichts anerkannt, die Ausschussprotokolle zur Gerichtsakte einzufordern.[109]

VII. Aufsichtsinstrumente des Insolvenzgerichts

Eine effektive Aufsicht bedarf eines Instrumentariums, das dem Insolvenzgericht eine den Erfordernissen des Einzelfalles und dem verfassungsrechtlichen Verhältnismäßigkeitsgrundsatz gerecht werdende, aufsichtsrechtliche Sanktionierung des Insolvenzverwalters ermöglicht. Es liegt dabei im pflichtgemäßen Ermessen des Insolvenzgerichts, ob und mit welchen Maßnahmen es im Rahmen seiner Aufsicht tätig wird. Dieses Ermessen kann im Einzelfall reduziert sein, wenn sich die Verdachtsmomente für Pflichtverletzungen des Insolvenzverwalters verdichtet haben.

1. Vorauswahl und Bestellung des Insolvenzverwalters

Der Erfolg des Insolvenzverfahrens für die Insolvenzgläubiger und die Erreichung der Insolvenzzwecke hängt maßgebend vom Geschick und den Fähigkeiten des Insolvenzverwalters ab.[110] Zutreffend bezeichnet *Jaeger* die Auswahl des Insolvenzverwalters als *„die Schicksalsfrage des Konkurses"*.[111] Die Auswahl des Insolvenzverwalters kann als Aufsichtsinstrument angesehen werden, weil das Insolvenzgericht mit der Bestellung des Insolvenzverwalters das Maß der im eröffneten Insolvenzverfahren vom Rechtspfleger auszuübenden Aufsicht festlegt. Das *BVerfG* hat in zwei, die Insolvenzgerichte bindenden[112] Grundsatzentscheidungen[113] die Aus-

---

108 MK-*Schmid-Burgk,* § 69 InsO, Rdnr. 12; Kübler/Prütting-*Kübler,* § 69 InsO, Rdnr. 9; Uhlenbruck-*Uhlenbruck,* § 69 InsO, Rdnr. 3. Nach Smid-*Smid,* § 70 InsO, Rdnr. 8, kann der Insolvenzrichter oder Insolvenzrechtspfleger die Teilnahme an der Ausschusssitzung verlangen.

109 Uhlenbruck-*Uhlenbruck,* § 69 InsO, Rdnr. 3.

110 MK-*Graeber,* § 56 InsO, Rdnr. 1; ebenso: Allgemeine Verfügung des Preußischen Justizministers vom 25. 6. 1931, JMBl., S. 223, wörtlich: *„Größte Sorgfalt ist daher auf seine Auswahl zu verwenden, wobei der Gesichtspunkt sachlicher Eignung ausschlaggebend sein muss."*

111 *Jaeger* (6./7. Aufl.) § 78 KO, Anm. 7; ebenso auch: *Schneider,* Konkursrichter und Konkurs, KuT 1931, 98, 99; *Uhlenbruck,* Aus- und Abwahl des Insolvenzverwalters, KTS 1989, 229 f.; *ders.,* Hohe Qualitätsanforderungen an Insolvenzverwalter, KSI 2007, 268.

112 Die Entscheidung des *BVerfG* vom 23. 5. 2006 (Beschl. v. 23. 5. 2006 – 1 BvR 2530/04 – NZI 2006, 453 ff.) bindet als Senatsentscheidung gem. § 31 Abs. 1 BVerfGG die Insolvenzgerichte bei zukünftigen Auswahlentscheidungen und damit die Ausübung der insolvenzgerichtlichen Aufsicht an die aus dem Tenor und den tragenden Gründen der Entscheidung sich ergebenden Grundsätze für die Auslegung der Verfassung (vgl. zur Bindungswirkung: *BVerfG,* Beschl. v. 10. 6. 1975 – 2 BvR 1018/74 – NJW 1975, 1355, 1356).

113 *BVerfG,* Beschl. v. 3. 8. 2004 – 1 BvR 135/00, 1 BvR 1086/01 – NZI 2004, 574 ff.; Beschl. v. 23. 5. 2006 – 1 BvR 2530/04 – NZI 2006, 453 ff.

wahl des Insolvenzverwalters als ein zweistufiges Verfahren, in dem die Vorauswahl und die Auswahlentscheidung gem. § 56 Abs. 1 InsO rechtlich nebeneinander stehen,[114] strukturiert. Diese Judikatur hat in der Literatur eine breite, auch kritische Aufmerksamkeit erfahren;[115] während sich die Fachgerichte ihr angeschlossen haben.[116] Unter Berücksichtigung des Wahlrechts nach § 57 InsO kann man auch von einem dreistufigen Verfahren sprechen.[117]

1.1. Das Vorauswahlverfahren

Im Vorauswahlverfahren verschafft sich der Insolvenzrichter hinreichende Informationen über die Eignung eines Prätendenten und macht diese zugleich für die im Einzelfall gem. § 56 Abs. 1 InsO zu treffende Auswahlentscheidung verfügbar. Mit der Festlegung von die generelle Eignung i.S.d. § 56 Abs. 1 InsO konkretisierender Vorauswahlkriterien wird die Vorauswahl zu einer antizipierenden, vorgreifenden Aufsicht über den Insolvenzverwalter, in dem für das Insolvenzverwalteramt ungeeignete Prätendenten von vornherein ausgeschlossen bleiben. Folglich eröffnet die Aufnahme in die Vorauswahlliste dem Prätendenten die Chance, im Rahmen zukünftiger Insolvenzverfahren als (vorläufiger) Insolvenzverwalter berücksichtigt zu werden. Das Ergebnis des Vorauswahlverfahrens bereitet somit die Auswahlentscheidung gem. § 56 Abs. 1 InsO maßgeblich vor und hat deshalb einen erheblichen Einfluss auf die durch Art. 12 Abs. 1 GG geschützte berufliche Betätigungsmöglichkeit des Bewerbers.[118] Das Vorauswahlverfahren muss deshalb sicherstellen, dass jeder Bewerber eine faire Chance erhält, entsprechend seiner Eignung i.S.d. § 56 Abs. 1 InsO und willkürfrei, bei der konkreten Auswahlent-

---

114 *BVerfG*, Beschl. v. 3. 8. 2004 – 1 BvR 135/00, 1 BvR 1086/01 – NZI 2004, 574, 575.

115 Vgl. *Graeber*, Auswirkungen der Entscheidung des BVerfG zur Vorauswahl des Insolvenzverwalters auf die Insolvenzgerichte, NZI 2004, 546 ff.; *Holzer*, Die Auswahl des Insolvenzverwalters als Justizverwaltungsakt, ZIP 2006, 2208; *Laws*, Ist die „Schicksalsfrage des Insolvenzverfahrens“ tatsächlich justiziabel ?, ZInsO 2006, 847 ff.; *Pape*, Die Qual der Insolvenzverwalterauswahl: Viel Lärm um wenig, NZI 2006, 665 ff.; *ders.*, Stärkung der Gläubigerrechte und Verschärfung der Aufsicht im Insolvenzverfahren, ZVI 2008, 89, 97 f.; *Rechel*, Die Aufsicht des Insolvenzgerichts über den Insolvenzverwalter, Kap.F.1.3.; *Römermann*, Bestellung von Insolvenzverwaltern: Die verpasste Chance des BVerfG, ZIP 2006, 1332 ff.; *Smid*, „Rechtsschutz“ gegen Insolvenzrichter, DZWiR 2004, 359; *Würschinger*, Anm. zu BVerfG, Beschl. v. 23. 5. 2006 – 1 BvR 2530/04 – KTS 2007, 91 ff.

116 *BGH*, Beschl. v. 19. 12. 2007 – IV AR(VZ) 6/07 – BeckRS 2008 01255 (Tz. 17 ff.); *OLG Schleswig*, Beschl. v. 28. 11. 2006 – 12 VA 3/06 – BeckRS 2007 00768; *OLG Köln*, Beschl. v. 27. 9. 2006 – 7 VA 9/05 – NZI 2007, 105 ff.; *OLG Düsseldorf*, Beschl. v. 27. 10. 2006 – I-3 VA 9/06 – NZI 2007, 48 ff. Das *OLG Koblenz*, Beschl. v. 27. 6. 2005 – 12 VA 1/05 – ZVI 2005, 607, 608, hat kein allgemeines Erfordernis zur Anwendung der Rechtsprechung des BVerfG auf die Auswahl des Zwangsverwalters festgestellt; hat jedoch eine Selbstbindung des Amtsgerichtes angenommen, wenn dieses ein Auswahlverfahren entsprechend der Rechtsprechung zur Insolvenzverwalterbestellung praktiziert.

117 *Lüke*, Die Aufnahme des Insolvenzverwalters in die gerichtliche Vorauswahlliste – Irrwege bei Ausübung des freien Auswahlermessens, ZIP 2007, 701, 703.

118 *BVerfG*, Beschl. v. 23. 5. 2006 – 1 BvR 2530/04 – NZI 2006, 453, 455 (Tz. 43); Beschl. v. 3. 8. 2004 – 1 BvR 135/00, 1 BvR 1086/01 – ZInsO 2004, 913, 915, 916, dabei offenlassend, ob die Berufswahl tangiert wird, wenn einem Bewerber durch die Handhabung des Insolvenzgerichtes die Berufstätigkeit gänzlich versperrt wird. Die Freiheit der Berufswahl darf nur eingeschränkt werden, soweit der Schutz besonders wichtiger Gemeinschaftsgüter es zwingend erfordert, *BVerfG*, Urt. v. 11. 6. 1958 – 1 BvR 596/56 – NJW 1958, 1035, 1037.

scheidung berücksichtigt zu werden. Dabei ist die Chancengleichheit gerichtlich überprüfbar, d.h. ein justiziables Vorauswahlverfahren ist verfassungsrechtlich geboten.[119]

Das Vorauswahlverfahren darf sich nicht mit dem Erstellen einer Liste der interessierten Bewerber begnügen, sondern muss auch die Erhebung, Verifizierung und Strukturierung der Daten gewährleistet, die der Insolvenzrichter als maßgeblich für eine sachgerechte Ermessensausübung im Rahmen der Auswahlentscheidung nach § 56 Abs. 1 InsO ansieht.[120] Die Vorauswahlliste ist daher so zu führen, dass in sie jeder Bewerber aufgenommen wird, der die grundsätzlich zu stellenden Anforderungen an eine generelle, von der Typizität des einzelnen Insolvenzverfahrens gelöste Eignung für das Amt des Insolvenzverwalters erfüllt.[121] Eine Bestenauslese hat das *BVerfG* ausdrücklich nur für die Auswahlentscheidung nach § 56 Abs. 1 InsO ausgeschlossen.[122] Dieses muss aber auch für das Vorauswahlverfahren gelten. Denn durch Art. 12 Abs. 1 S. 2 GG sind Eingriffe in die Berufsfreiheit nur auf der Grundlage einer gesetzlichen Regelung, die Umfang und Grenzen des Eingriffs deutlich erkennen lässt, erlaubt. Folglich muss der Gesetzgeber zumindest die grundlegenden Eignungsanforderungen und Auswahlgesichtspunkte selbst regeln. Dieser Gesetzesvorbehalt gilt aber wegen der Eingriffswirkung der Vorauswahlentscheidung in die grundrechtlich verbürgte Berufsfreiheit – durch diese wird unmittelbar Einfluss auf die Konkurrenzsituation und damit auf das Ergebnis der Auswahlentscheidung genommen[123] – auch für das Vorauswahlverfahren. Die Entschließung des BAK*InsO,* wonach im Vorauswahlverfahren eine „vorgezogene Bestenauslese" erfolgen soll,[124] begegnet deshalb erheblichen verfassungsrechtlichen Bedenken.

1.2. Die Bestellung des Insolvenzverwalters als Aufsichtsvollzug

Nach § 27 Abs. 1 S. 1 InsO hat der Insolvenzrichter mit der Eröffnung des Insolvenzverfahrens einen Insolvenzverwalter zu bestellen, der die Voraussetzungen des § 56 Abs. 1 InsO[125] erfüllt. Ist die Tätigkeit des Insolvenzrichters im Vorauswahlverfahren noch als präventive Aufsichtstätigkeit anzusehen, so konkretisiert sich diese mit der Bestellung des Insolvenzverwalters auf eine Person und dessen Abwicklungstätigkeit in einem konkreten Insolvenzverfahren. Der Auswahlentscheidung ist ein Erkenntnisprozess des Insolvenzrichters im Hinblick auf die Eignung des Ausgewählten gem. § 56 Abs. 1 InsO vorausgegangen. Zugleich be-

---

119 *BVerfG*, Beschl. v. 3. 8. 2004 – 1 BvR 135/00, 1 BvR 1086/01 – ZInsO 2004, 913, 916.
120 *BVerfG*, Beschl. v. 23. 5. 2006 – 1 BvR 2530/04 – NZI 2006, 453, 455 (Tz. 44).
121 *BVerfG*, Beschl. v. 23. 5. 2006 – 1 BvR 2530/04 – NZI 2006, 453, 455 (Tz. 45).
122 *BVerfG*, Beschl. v. 23. 5. 2006 – 1 BvR 2530/04 – NZI 2006, 453, 454 (Tz. 41).
123 Vgl. *BVerfG*, Beschl. v. 18. 6. 1986 – 1 BvR 787/80 – NJW 1987, 887, 888.
124 So die Entschließung des BAK*inso e.V.* auf seiner Herbsttagung am 20./21. 11. 2008, vgl. ZInsO 2008, 1260, 1261 (Ziff. 2).
125 Im Rahmen der Insolvenzrechtsreform hat man von einer weitergehenden gesetzlichen Regelung der notwendigen Eigenschaften eines Insolvenzverwalters abgesehen, da derartige Klauseln nur Leerformeln sein würden, vgl. *Uhlenbruck*, Das Bild des Insolvenzverwalters, KTS 1998, 1, 8.

stimmt die Auswahlentscheidung die Intensität und das Maß der auszuübenden Aufsicht und auch das Staatshaftungsrisiko.

Bei der Auswahl des Insolvenzverwalters hat der Insolvenzrichter keine Bestenauslese vorzunehmen, weil eine solche den Zielen des Insolvenzverfahrens und den Interessen der Verfahrensbeteiligten entgegensteht. Insbesondere der Schutz der Gläubigerrechte erfordert keine Bestenauslese, sondern eine zügige Entscheidung über die Bestellung eines geeigneten Insolvenzverwalters.[126] Folglich kann es im Einzelfall mehrere geeignete Prätendenten geben, unter denen der Insolvenzrichter in Ausübung seines weiten Auswahlermessens seine Auswahlentscheidung treffen muss und kann, ohne dabei den Gleichheitssatz gegenüber der übergangenen Prätendenten zu verletzen.[127] Die multipolare Konfliktlage zwischen dem Interesse des Prätendenten auf Rechtsschutz gegen die insolvenzgerichtliche Auswahlentscheidung einerseits und dem auf Art. 14 Abs. 1 GG gestützten Interesse der Gläubiger und des Insolvenzschuldners an einem reibungslosen und zügigen Fortgang des Insolvenzverfahrens löst das BVerfG auf, indem die Konkurrentenschutzklage und ein vorläufiger Rechtsschutz gegen die Insolvenzverwalterbestellung ausgeschlossen ist[128] und der Prätendent auf die Feststellung der Rechtswidrigkeit der Insolvenzverwalterbestellung wegen fehlerhafter Ausübung des Auswahlermessens nach §§ 23ff. EGGVG zur Vorbereitung der Geltendmachung von Amtshaftungsansprüchen (Art. 34 GG, § 839 BGB) verwiesen wird.[129]

2. Gesteigerte Berichtspflicht

Wie bereits dargelegt, kann das Insolvenzgericht gem. § 58 Abs. 1 S. 2 InsO vom Insolvenzverwalter jederzeit neben einzelnen Auskünften oder einem Bericht über Verfahrensstand und -verlauf auch die Vorlage von Belegen, wie z.B. die Auszüge zum Massekonto, verlangen. Es ist dabei nicht an die von der Gläubigerversammlung gem. § 66 Abs. 3 InsO festgelegten Berichtsintervalle gebunden. Das Insolvenzgericht ist daher berechtigt, zu einzelnen Angelegenheiten des Insolvenzverfahrens – einmalig oder regelmäßig – umfassende, ggf. durch Belege gestützte Auskunft zu fordern.

Eine gesteigerte Berichtspflicht ist ein geeignetes Mittel der insolvenzgerichtlichen Aufsicht bei noch unerfahrenen Insolvenzverwaltern, bei einem Anfangsverdacht auf Unregelmäßigkeiten oder Pflichtwidrigkeiten des Insolvenzverwalters oder bei Beschwerden der Verfahrensbeteiligten gegen die Art und Weise der Geschäftstätigkeit des Insolvenzverwalters. Wird z.B. dem Insolvenzverwalter von Insolvenzgläubigern vorgehalten, die Insolvenzmasse insgesamt oder einzelne Massegegenstände entgegen der Verpflichtung aus § 159 InsO nicht unverzüglich

126 *BVerfG*, Beschl. v. 23. 5. 2006 – 1 BvR 2530/04 – NZI 2006, 453, 454 (Tz. 41).
127 *BVerfG*, Beschl. v. 23. 5. 2006 – 1 BvR 2530/04 – NZI 2006, 453, 454 (Tz. 32); Beschl. v. 3. 8. 2004 – 1 BvR 135/00, 1 BvR 1086/01 – ZInsO 2004, 913, 916.
128 *BVerfG*, Beschl. v. 23. 5. 2006 – 1 BvR 2530/04 – NZI 2006, 453, 456 (Tz. 48), 457 (Tz. 56).
129 *BVerfG*, Beschl. v. 23. 5. 2006 – 1 BvR 2530/04 – NZI 2006, 453, 457 (Tz. 57).

zu verwerten, kann das Insolvenzgericht gem. § 58 Abs. 1 S. 2 InsO vom Insolvenzverwalter regelmäßige Berichterstattung über den Verwertungsstand und die Verwertungsbemühungen sowie eine Erläuterung der Verwertungsverzögerung verlangen.

3. Zwangsgeldverfahren

Die Vorschrift des § 58 Abs. 2 InsO ermächtigt das Insolvenzgericht, den Insolvenzverwalter durch die Festsetzung eines Zwangsgeldes zur Erfüllung seiner Aufgaben und Pflichten zu veranlassen. Das Zwangsgeld kann auch gegen einen nach § 59 Abs. 1 InsO entlassenen Insolvenzverwalter verhängt werden.[130] Bereits vom Insolvenzverwalter begangene Pflichtwidrigkeiten können nicht mit einem Zwangsgeld sanktioniert werden, da dieses keinen Strafcharakter hat.[131] Das Zwangsgeld ist dem Insolvenzverwalter nach § 58 Abs. 2 S. 1 InsO vorher anzudrohen und darf nach § 58 Abs. 2 S. 2 InsO im Einzelfall den Betrag von € 25.000 nicht übersteigen. Gegenüber der Zwangsgeldfestsetzung ist dem Insolvenzverwalter gem. § 58 Abs. 2 S. 3 InsO das Rechtsmittel der sofortigen Beschwerde gem. § 6 InsO eröffnet.

4. Durchsetzung von Herausgabeansprüchen (§ 58 Abs. 3 InsO)

Nach § 58 Abs. 3 InsO kann das Insolvenzgericht mit dem Zwangsmittel des § 58 Abs. 2 InsO die Herausgabepflicht des entlassenen Insolvenzverwalters hinsichtlich der in seinem Besitz befindlichen Unterlagen und Massegegenstände, insbesondere des liquiden Massebestandes, durchsetzen. Wie bereits dargelegt, unterliegt der entlassene Insolvenzverwalter auch nach Beendigung seiner Amtsstellung der Zwangsgewalt durch das Insolvenzgericht, soweit jenen noch nachwirkende Verwalterpflichten treffen. Dagegen kann der neu bestellte Insolvenzverwalter den der Insolvenzmasse gegen den Vorverwalter zustehenden Herausgabeanspruch[132] nur klageweise vor dem Zivilgericht geltend machen oder das Insolvenzgericht veranlassen, die Herausgabe im Zwangsverfahren nach § 58 Abs. 3 InsO durchzusetzen.

Da dieses Vorgehen oftmals mühsam ist und zu einer Verzögerung des weiteren Verfahrensablaufs führen kann, schlagen die Entwurfsverfasser des Gesetzes zur

---

130 Begr.RegE zu § 58 InsO, zit. nach *Balz/Landfermann,* Die neuen Insolvenzgesetze, S. 138; *BGH,* Beschl. v. 14. 4. 2005 – IX ZB 76/04 – NZI 2005, 391, 392; HambK-*Frind,* § 58 InsO, Rdnr. 10; Kübler/Prütting-*Lüke,* § 58 InsO, Rdnr. 18.

131 *BGH,* Beschl. v. 14. 4. 2005 – IX ZB 76/04 – NZI 2005, 391, 392; Jaeger-*Gerhardt,* § 58 InsO, Rdnr. 24. Braun-*Kind,* § 58 InsO, Rdnr. 10; Kübler/Prütting-*Lüke,* § 58 InsO, Rdnr. 17; Uhlenbruck-*Uhlenbruck,* § 58 InsO, Rdnr. 25.

132 Uhlenbruck-*Uhlenbruck,* § 58 InsO, Rdnr. 34; Rechtsgrundlage sind die Vorschriften der § 80 Abs. 1, § 35 InsO, §§ 675, 667 BGB, *Zimmer,* Herausgabepflichten eines ausgeschiedenen Verwalters – Stellungnahme zu § 59 InsO (GAVI), ZVI 2008, 277, 279.

Verbesserung und Vereinfachung der Aufsicht in Insolvenzverfahren (GAVI) in diesem Bereich zusätzliche gesetzliche Regelungen vor. In § 59 Abs. 1a GAVI-InsO heißt es nunmehr, dass der entlassene Insolvenzverwalter alle im Rahmen der Verwaltung in Besitz genommenen Gegenstände einschließlich der Geschäftsunterlagen an den neu bestellten Insolvenzverwalter herauszugeben und diesem Einsicht in seine Verfahrensakten zu gewähren hat. Neben einer Durchsetzung dieser Pflicht mit den Zwangsmitteln des § 58 Abs. 2 InsO sieht § 59 Abs. 1b GAVI-InsO vor, dass das Insolvenzgericht die Herausgabevollstreckung nach den Vorschriften der §§ 883 bis 886 ZPO betreiben und gem. § 59 Abs. 1c GAVI-InsO in entsprechender Anwendung der §§ 829, 834 bis 836 ZPO anordnen kann, dass Guthaben auf Massekonten des entlassenen Insolvenzverwalters an den neu bestellten Insolvenzverwalter ausgekehrt werden. Gegen diese Anordnungen kann sich der entlassene Insolvenzverwalter mit der sofortigen Beschwerde wenden (§ 59 Abs. 2 S. 1 GAVI-InsO). Durch die zusätzliche Möglichkeit der Herausgabevollstreckung könnte künftig eine schnellere Herausgabe von beim entlassenen Insolvenzverwalter verbliebener Unterlagen erreicht werden und somit ein reibungsloserer Übergang auf den Amtsnachfolger sichergestellt werden.

5. Bestellung eines Sonderinsolvenzverwalters

Weiteres Aufsichtsinstrument ist die Bestellung eines Sonderinsolvenzverwalters. Als „Sonderverwalter" wird eine Person bezeichnet, die an Stelle des „regulären" Insolvenzverwalters für einen Bereich tätig wird, in dem der „reguläre" Insolvenzverwalter rechtlich oder tatsächlich verhindert ist, ohne dass der Sonderverwalter die Gesamtzuständigkeit für das weitere Insolvenzverfahren hat.[133] Dessen Bestellung ist in der InsO nicht ausdrücklich geregelt. Nach allgemeiner Meinung wird das Insolvenzgericht im Rahmen seiner Aufsicht als ermächtigt angesehen, gem. § 56 InsO einen Sonderinsolvenzverwalter zu bestellen.[134]

Die Bestellung eines Sonderverwalters setzt voraus, dass der bestellte Insolvenzverwalter aus tatsächlichen Gründen (z.B. Krankheit) oder aus rechtlichen Gründen (z.B. Interessenkollision) an der Amtsausübung gehindert ist.[135] Das Insol-

---

133 *Lüke*, Der Sonderinsolvenzverwalter, ZIP 2004, 1693, 1694.
134 *BGH*, Beschl. v. 1. 2. 2007 – IX ZB 45/05 – NZI 2007, 237, 238; Beschl. v. 25. 1. 2007 – IX ZB 240/05 – NZI 2007, 284, 285 (Tz. 22); Beschl. v. 2. 3. 06 – IX ZB 225/04 – NZI 2006, 474, 475 (Tz. 11); *OLG Celle*, Beschl. v. 23. 7. 2001 – 2 W 41/01 – ZInsO 2001, 755, 756; N/R-*Delhaes*, § 56 InsO, Rdnr. 18; HK-*Eickmann*, § 56 InsO, Rdnr. 35; Jaeger-*Gerhardt*, § 56 InsO, Rdnr. 76; MK-*Graeber*, § 56 InsO, Rdnr. 153; *Graf/Wunsch*, Bestellung eines Sonderinsolvenzverwalters bei drohendem Interessenkonflikt des Insolvenzverwalters, DZWiR 2002, 177, 180; Kübler/Prütting-*Lüke*, § 56 InsO, Rdnr. 32; Smid-*Smid*, § 56 InsO, Rdnr. 30; *ders.*, Praxishandbuch Insolvenzrecht, § 9 Rdnr. 64; Uhlenbruck-*Uhlenbruck*, § 56 InsO, Rdnr. 31; ebenso zum Konkursrecht: *BGH*, Urt. v. 27. 11. 2005 – IX ZR 179/04 – ZIP 2006, 36, 37; *OLG München*, Beschl. v. 20. 1. 1987 – 25 W 3137/86 – ZIP 1987, 656, 657.
135 *BGH*, Beschl. v. 2. 3. 2006 – IX ZB 225/04 – NZI 2006, 474, 475 (Tz. 11); MK-*Graeber*, § 56 InsO, Rdnr. 153; *Graeber/Pape*, Der Sonderverwalter im Insolvenzverfahren, ZIP 2007, 991, 992; Kübler/Prütting-*Lüke*, § 56 InsO, Rdnr. 32; Uhlenbruck-*Uhlenbruck*, § 56 InsO, Rdnr. 31.

venzgericht hat im Rahmen des Amtsermittlungsgrundsatzes (§ 5 Abs. 1 InsO) zu ermitteln, ob die Bestellung eines Sonderverwalters erforderlich ist.[136] Wird die Insolvenzmasse durch eine Pflichtverletzung des Insolvenzverwalters beeinträchtigt, handelt es sich hierbei um einen Gesamtschaden i. S. d. § 92 Satz 1 InsO. Dieser Gesamtschadensersatzanspruch kann entgegen des Wortlauts des § 92 Satz 2 InsO – *„nur von einem neu bestellten Insolvenzverwalter"* – nicht nur von dem Nachfolger in der Insolvenzverwaltung, sondern nach allgemeiner Ansicht auch von einem Sonderverwalter geltend gemacht werden.[137] Steht aber eine zum Schadensersatz verpflichtende Pflichtwidrigkeit des Insolvenzverwalters zur Überzeugung des Insolvenzgerichts fest, dann kann die Bestellung eines Sonderverwalters nicht mehr als geeignetes Aufsichtsmittel angesehen werden. Denn weder kann in diesem Fall von einem Fortbestehen des Vertrauens der Verfahrensbeteiligten in eine ordnungsgemäße Insolvenzverwaltung ausgegangen werden, noch kann eine ordnungsgemäße Insolvenzverwaltung gewährleistet werden, wenn der bestellte Insolvenzverwalter gezwungen ist, sich gegen einen vom Sonderverwalter geltend gemachten Schadensersatzanspruch zu verteidigen. Die Feststellung einer zum Schadensersatz verpflichtenden Pflichtwidrigkeit des Insolvenzverwalters ist somit nicht ein Grund zur Bestellung eines Sonderverwalters, sondern zur Amtsentlassung des Insolvenzverwalters gem. § 56 Abs. 1 InsO.

Die Bestellung eines Sonderverwalters hat sich als insolvenzgerichtliches Aufsichtsinstrument grundsätzlich an dem verfassungsrechtlichen Verhältnismäßigkeitsgrundsatz zu orientieren. Sie ist daher grundsätzlich subsidiär gegenüber weniger eingriffsintensiven Aufsichtsmaßnahmen wie etwa dem Auskunftsverlangen nach § 58 Abs. 1 InsO oder der Begutachtung durch einen Sachverständigen (§ 5 Abs. 1 S. 2 InsO)

6. Amtsentlassung des Insolvenzverwalters (§ 59 InsO)

Die Entlassung des Insolvenzverwalters stellt die Sanktion im Rahmen der Aufsicht gem. § 58 InsO mit den weitreichensten Wirkungen für den betroffenen Insolvenzverwalter und die Insolvenzgläubiger dar. Es dient nicht der Disziplinierung oder Durchsetzung eines bestimmten Verhaltens, sondern der ordnungsgemäßen Verfahrensabwicklung, wenn die Zwangsmittel i. S. d. § 58 Abs. 2 und 3 InsO nicht zum Erfolg geführt haben.[138] Anders als z. B. bei der Pflichtverteidigung[139] stellt die Amtsentlassung einen Eingriff in die Berufsausübungsfrei-

---

136 Wegen der eingeschränkten Amtsermittlungsmöglichkeiten empfiehlt *Lüke* (in: Der Sonderinsolvenzverwalter, ZIP 2004, 1693, 1696) dem Antragsteller, sein Begehren so zu begründen und zu belegen, dass sich aus seinem Vortrag die Voraussetzungen für die Bestellung eines Sonderinsolvenzverwalters ergeben.

137 *Graeber/Pape*, Der Sonderverwalter im Insolvenzverfahren, ZIP 2007, 991, 992; Graf-Schlicker-*Hofmann*, § 92 InsO, Rdnr. 14; *Lüke*, Der Sonderinsolvenzverwalter, ZIP 2004, 1693, 1694.

138 MK-*Graeber*, § 59 InsO, Rdnr. 12; Uhlenbruck-*Uhlenbruck*, § 59 InsO, Rdnr. 2.

139 Siehe hierzu *BVerfG*, Urt. v. 8. 4. 1975 – 2 BvR 207/75 – NJW 1975, 1015, 1016, mit dem Argument, dass der Widerruf der Beiordnung zum Pflichtverteidiger mangels subjektiven Rechts auf heit des Art. 12 Abs. 1 GG dar, der aber unter den Voraussetzungen des § 59 Abs. 1 InsO zulässig ist. Die Entlassung des Insolvenzverwalters kann gem. § 59 Abs. 1 S. 2 InsO von Amts wegen oder auf Antrag des Insolvenzverwalters, des Gläubigerausschusses oder der Gläubigerversammlung[140] erfolgen. Kein Antragsrecht besteht für den Insolvenzschuldner[141] oder – mit Ausnahme in der Wohlverhaltensperiode (§ 292 Abs. 3 S. 2 InsO) – für den einzelnen Insolvenzgläubiger.[142] Diese Verfahrensbeteiligten können jedoch dem Insolvenzgericht Anhaltspunkte vortragen, die eine amtswegige Prüfung der Voraussetzungen für eine Entlassung des Insolvenzverwalters – bei aller gebotenen Vorsicht[143] – erforderlich machen.[144] Die Amtsentlassung setzt gem. § 59 Abs. 1 S. 1 InsO einen wichtigen Grund voraus.[145]

Angesichts der weitreichenden Folgen für das Insolvenzverfahren und den Insolvenzverwalter kommen als wichtiger Grund nur Sachverhalte in Betracht, die die Entlassung des Insolvenzverwalters im Interesse der Insolvenzgläubiger und der Rechtmäßigkeit der Verfahrensentwicklung objektiv notwendig machen und derentwegen eine weitere Belassung des Insolvenzverwalters im Amt sachlich nicht mehr zu rechtfertigen ist.[146] Dabei hat das Insolvenzgericht immer den Grundsatz der Verhältnismäßigkeit zu berücksichtigen, so dass es stets einer Güterabwägung im Einzelfall bedarf.[147] Die Entlassung ist daher nur als ultima ratio anzusehen. Sind andere aufsichtsrechtliche Maßnahmen ebenfalls geeignet, so ist zunächst von diesen Gebrauch zu machen.[148] Unverhältnismäßig wäre es z.B., auf eine vorübergehende Erkrankung oder Amtsunfähigkeit des Insolvenzverwalters mit dessen Amtsentlassung zu reagieren, wenn die Verfahrensziele und die Gläubigerin-

---

diese Tätigkeit nicht die Berufsausübungsfreiheit beschränkt, sondern von einer Beschränkung der Berufsausübungsfreiheit entpflichtet.

140 In der Abstimmung über die Wahl eines anderen Verwalters gem. § 57 InsO kann nicht zugleich ein Antrag auf Entlassung des Verwalters nach § 59 Abs. 1 InsO gesehen werden, *BGH*, Beschl. v. 5. 4. 2006 – IX ZB 48/05 – NZI 2006, 529.

141 *BGH*, Beschl. v. 2. 3. 2006 – IX ZB 225/04 – NZI 2006, 474 (Tz. 8); HK-*Eickmann*, § 59 InsO, Rdnr. 8; MK-*Ehricke*, § 292 InsO, Rdnr. 82 (für den Entlassungsantrag des Insolvenzschuldners in der Wohlverhaltensperiode); Jaeger-*Gerhardt*, § 59 InsO, Rdnr. 7; MK-*Graeber*, § 59 InsO, Rdnr. 54.

142 HambK-*Frind*, § 59 InsO, Rdnr. 2; Jaeger-*Gerhardt*, § 59 InsO, Rdnr. 7; MK-*Graeber*, § 59 InsO, Rdnr. 53. Für die Entlassung des Nachlassverwalters wird ein Antragsrecht eines Nachlassgläubigers verneint von *OLG Frankfurt a.M.*, Beschl. v. 5. 1. 1998 – 20 W 431/96 und 456/96 – NJWE-FER 1998, 116, 117, und bejaht von *OLG Karlsruhe*, Beschl. v. 11. 4. 1989 – 4 W 128/88 – NJW-RR 1989, 1095.

143 HK-*Eickmann*, § 59 InsO, Rdnr. 7.

144 HambK-*Frind*, § 59 InsO, Rdnr. 2; MK-*Graeber*, § 59 InsO, Rdnr. 53, 54.

145 Dieser ist auch erforderlich, wenn der Insolvenzverwalter selbst seine Entlassung beantragt: *BGH*, Beschl. v. 17. 6. 2004 – IX ZB 92/03 – ZVI 2004, 544 (für den Treuhänder der Wohlverhaltensperiode); HK-*Eickmann*, § 59 InsO, Rdnr. 6.

146 *BGH*, Beschl. v. 8. 12. 2005 – IX ZB 308/04 – ZIP 2006, 247, 248 (Tz. 10); *OLG Köln*, Beschl. v. 11. 9. 1986 – 2 W 224/86 – ZIP 1986, 1261 („*Pflichtverletzung gröberer Art*"); HK-*Eickmann*, § 59 InsO, Rdnr. 4.

147 *LG Göttingen*, Beschl. v. 4. 7. 2003 – 10 T 37/03 – NZI 2003, 499, 500; Smid-*Smid*, § 59 InsO, Rdnr. 7; Uhlenbruck-*Uhlenbruck*, § 59 InsO, Rdnr. 10.

148 *LG Göttingen*, Beschl. v. 4. 7. 2003 – 10 T 37/03 – NZI 2003, 499, 501; Braun-*Kind*, § 59 InsO, Rdnr. 9; Graf-Schlicker-*Mäusezahl*, § 59 InsO, Rdnr. 4; Uhlenbruck-*Uhlenbruck*, § 59 InsO, Rdnr. 2.

teressen auch durch die Bestellung eines Sonderverwalters gewahrt werden können.[149]

VIII. Rechtsfolge bei Aufsichtspflichtverletzung

Die Aufsicht über den Insolvenzverwalter (§ 58 InsO) ist eine Aufsichtspflicht des Insolvenzgerichts, bei deren Verletzung sich die Frage nach einer Schadensersatzpflicht stellt. Als Rechtsgrundlage hierfür kommen die Staatshaftungsvorschriften des § 839 BGB i.V.m. Art. 34 GG in Betracht, durch die die Haftung des Beamten für eine schuldhafte Amtspflichtverletzung erschöpfend geregelt werden.

Für die Staatshaftung bei Aufsichtspflichtverletzungen durch das Insolvenzgericht kommt der Haftungsbeschränkung aus § 839 Abs. 1 S. 2 BGB (anderweitiger Ersatzmöglichkeit) besondere Relevanz zu. Denn regelmäßig geht mit der Verletzung der Aufsichtspflicht eine Pflichtverletzung des Insolvenzverwalters einher, die einen Schadensersatzanspruch gegen diesen begründen kann. In diesem Fall hat sich der Geschädigte gem. § 839 Abs. 1 S. 2 BGB vorrangig an den Insolvenzverwalter zu halten, soweit er seinen Anspruch gegen diesen in absehbarer und angemessener Zeit durchsetzen kann. Hat neben dem Insolvenzgericht auch der Gläubigerausschuss seine Überwachungspflichten verletzt, kann der Geschädigte wahlweise den Insolvenzverwalter oder die Mitglieder des Gläubigerausschusses in Anspruch nehmen. Eine Haftung des Insolvenzgerichts ist in diesem Fall subsidiär.[150]

Das Richterprivileg gem. § 839 Abs. 2 BGB ist auf Aufsichtsmaßnahmen des Insolvenzrichters nicht anwendbar, weil es sich dabei um Justizverwaltungsakte und nicht um eine richterliche Entscheidung in einem nach den für das Erkenntnisverfahren wesentlichen Verfahrensgrundsätzen geführten gerichtlichen Verfahren handelt.[151]

IX. Ausblick/Bewertung der Regelungen des GAVI

Eine wirksame insolvenzgerichtliche Aufsicht über den Insolvenzverwalter muss präventiv auf die Schadensvermeidung ausgerichtet sein. Sie kann nicht erst eingreifen, wenn es durch ein Fehlverhalten oder eine Pflichtwidrigkeit des Insol-

149 HK-*Eickmann*, § 59 InsO, Rdnr. 3.
150 So auch: Uhlenbruck-*Uhlenbruck*, § 58 InsO, Rdnr. 30; a.A.: Gottwald-*Kloop/Kluth*, § 23 Rdnr. 42.
151 *BVerfG*, Beschl. v. 23. 5. 2006 – 1 BvR 2530/04 – NZI 2006, 453, 454 (Tz. 23 f.), für die Auswahlentscheidung gem. § 56 Abs. 1 InsO; *BVerfG*, Beschl. v. 3. 8. 2004 – 1 BvR 135/00, 1 BvR 1086/01 – ZInsO 2004, 913, 915, für die Entscheidung über die Aufnahme eines Bewerbers in die Vorauswahlliste; *Becker*, Insolvenzrecht, Rdnr. 527; MK-*Ganter*, Vorbem. vor §§ 2 bis 10 InsO, Rdnr. 10; Jaeger-*Gerhardt*, § 2 InsO, Rdnr. 63; Gottwald-*Klopp/Kluth*, § 23 Rdnr. 40; Smid-*Smid*, § 59 InsO, Rdnr. 22.

venzverwalters zu einer Schädigung der Insolvenzmasse gekommen ist. Eine wirksame und effiziente Aufsicht ist dabei grundsätzlich durch Ausschöpfung der nach geltendem Recht bestehenden Aufsichtsinstrumente und Erkenntnisquellen möglich.

Die vorgeschlagenen Regelungen eines Gesetzes zur Verbesserung und Vereinfachung der Aufsicht in Insolvenzverfahren (GAVI) zielen folglich auch in erster Linie darauf bereits heute geltende Standards professioneller Insolvenzverwaltung in Gesetzesform zu gießen. So werden insbesondere im Bereich der internen Rechnungslegungspflichten einheitliche Standards festgelegt, nach denen das jeweilige Rechenwerk zu erstellen ist.

Neben einer Standardisierung der internen Rechnungslegung enthält der Gesetzentwurf in § 59 Abs. 1a–1c, Abs. 2 GAVI-InsO Regelungen, die die Ausübung der insolvenzgerichtlichen Aufsicht gegenüber dem entlassenen Insolvenzverwalter verstärken.

Durch die Mitteilungspflichten des § 58 Abs. 3 GAVI-InsO wird zudem eine Verbesserung der Information des Insolvenzgerichts erreicht, indem dieses frühzeitig über Zwangsvollstreckungsmaßnahmen oder Strafverfahren gegen die tätigen Insolvenzverwalter durch Gerichte und Behörden zu unterrichten ist.

Insgesamt bleibt festzuhalten, dass der Entwurf für ein Gesetz zur Verbesserung und Vereinfachung der Aufsicht in Insolvenzverfahren (GAVI) zwar in Teilen zu einer Stärkung der insolvenzgerichtlichen Aufsicht führt, da er Handlungspflichten des Insolvenzverwalters konkretisiert und standardisiert und in einigen wenigen Bereichen auch das Aufsichtsinstrumentarium des Insolvenzgerichtes erweitet. Das Phänomen des kriminellen, masseveruntreuenden Insolvenzverwalters wird jedoch auch mit den Regelungen des GAVI nicht verhindert werden können.

Durch Ausschöpfung der in diesem Beitrag aufgezeigten Aufsichtsinstrumentarien und Erkenntnisquellen kann eine pflichtwidrige Handlung des Insolvenzverwalters jedoch rechtzeitiger festgestellt werden und so eine Reduzierung des Schadens für die Insolvenzgläubiger erreicht werden.

Workshop „Ausgewählte Fragen des Steuerrechts: Aufrechnung durch das Finanzamt“ sowie Korrekturen der USt

Dr. Michael Take

Gliederung

I. Vorbemerkung

In diesem Workshop geht es vorrangig um Aufrechnungsmöglichkeiten von Steuerforderungen im Insolvenzverfahren. In den vergangenen Jahren gab es eine Reihe von Entscheidungen des zuständigen VII. Senats des Bundesfinanzhofes, die zum großen Teil Klärung für streitige Fragen gebracht haben. Es sind aber noch Problembereiche ungelöst.[1]

Einleitend sollen die tragenden Prinzipien und Kernaussagen der BFH-Rspr. herausgestellt werden. Anhand von einigen Schaubildern soll aufgezeigt werden, in welchen Situationen das Finanzamt als Gläubiger aufrechnen kann. Zugleich ergibt sich daraus auch, in welchen Fällen eine Aufrechnung nicht in Betracht kommt.

---

1 Vgl. dazu: *Kahlert/Rühland,* Sanierungs- und Insolvenzsteuerecht, Köln 2007, Rdnr. 1561 ff.; *Peter A. Windel,* in: Jaeger, InsO § 94 Rdnr. 112 f. und § 96 Rdnr. 62 sowie *Brandes,* in: MünchKomm InsO, Bd. 1 2. Aufl. 2007 § 94 Rdnr. 18, § 95 Rdnr. 25 ff.

Bemerkenswert ist die Tatsache, dass einige Fälle entgegengesetzt zur bisherigen Rspr. und der in der Literatur vertretenen Auffassung entschieden wurden.[2]

II. Grundstruktur der Aufrechnungssystematik nach BFH-Rspr.

1. Das Steuerrecht verweist in § 226 Abs. 1 AO für Aufrechnungen auf die anzuwendenden Vorschriften des BGB. Die Aufrechnung hat nach den sinngemäß anzuwendenden §§ 387ff. BGB zu erfolgen. Hierbei handelt es sich im Einzelnen um folgende „Prüfungspunkte“:
   - Gleichartigkeit der Forderungen
   - Gegenseitigkeit der Forderungen
   - Vollwirksamkeit und Fälligkeit der Gegenforderung
   - Erfüllbarkeit der Hauptforderung

   Die Hauptforderung wird auch als Passivforderung bezeichnet; die Forderung mit der aufgerechnet wird, wird als Gegenforderung (Aufrechnungsforderung, Aktivforderung) bezeichnet.

   Anhand dieser Grundstruktur werden die einzelnen zivilrechtlich vorgegebenen Prüfungsschritte mit dem Steuerrecht verknüpft.

Schaubild 1: Aufrechnung

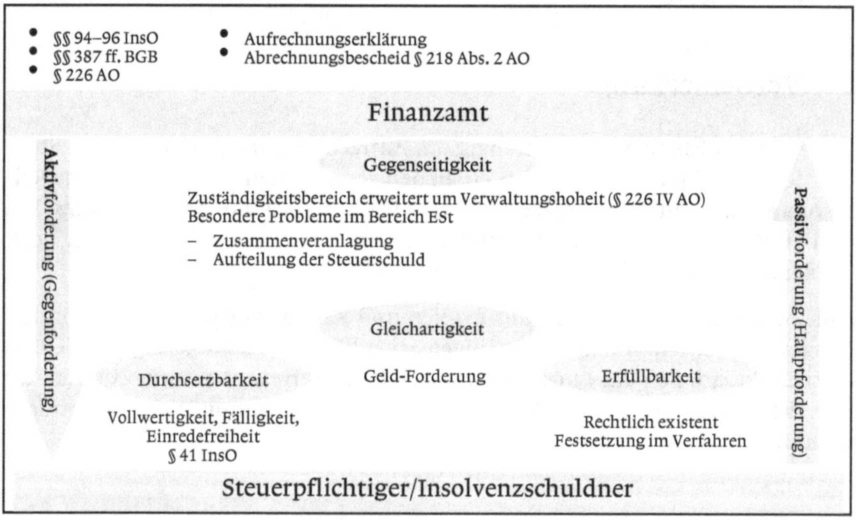

2 Z.B. zur GrErwSt-Erstattungsanspruch nach Vertragsaufhebung in der Insolvenz: früher: BFH Urteil v. 6. 2. 1980, Az. II R 7/76, BStBl. II 1980, S. 363; vgl. auch: *C. Farr*, Besteuerung in der Insolvenz, München 2005, S. 198 Rz. 430, sowie S. 182 Rz. 400.

Anhand weiterer Schaubilder soll erörtert werden, an welchen Stellen in dieses zivilrechtliche Grundmuster steuerrechtliche Gesichtspunkte bzw. Steuertatbestände einfließen. Schließlich wird auf die Besonderheiten des Insolvenzrechts aufmerksam gemacht, in welchen Fällen insolvenzspezifische Gesichtspunkte zum Tragen kommen.

Der BFH fußt seine Rspr. auf die Grundaussage des § 94 InsO, wonach die Aufrechnungsmöglichkeit als Gestaltungsakt des Gläubigers „im Insolvenzverfahren erhalten bleibt". Die Sicherungs- und Vollstreckungsfunktion der Aufrechnung wird auch für diese Fälle unterstrichen und die hierin liegende Privilegierung des Gläubigers anerkannt.

Der BFH hat in seiner Entscheidung vom 5. 10. 2004[3] dargelegt, dass ein Insolvenzgläubiger hinsichtlich seiner möglichen Aufrechnungssituation zum Zeitpunkt der Eröffnung eines Insolvenzverfahrens geschützt ist (§ 226 Abs. 1 AO in Verbindung mit §§ 387ff. BGB, 94 InsO); dies gilt grundsätzlich auch für das Finanzamt als Insolvenzgläubiger.

Diese Aufrechnungslage kann zu Gunsten des Gläubigers auch dann zur Aufrechnung genutzt werden, wenn die aufzurechnende Hauptforderung erst im Insolvenzverfahren fällig wird (§ 95 Abs. 1 InsO).

Im Insolvenzverfahren des Steuerpflichtigen kommt es darauf an, ob ein Anspruch zur Insolvenzmasse gehört oder ob die Forderung eines Gläubigers eine Insolvenzforderung im Sinne des § 38 InsO ist.

Die hier erörterten Konstellationen können dem Schaubild 2 („Übersicht – mögliche Sachverhalte im typischen Zeitablauf") entnommen werden; in diesem Schaubild sind einige der entschiedenen Fälle aufgeführt.

Schaubild 2: Übersicht – mögliche Sachverhalte im typischen Zeitablauf

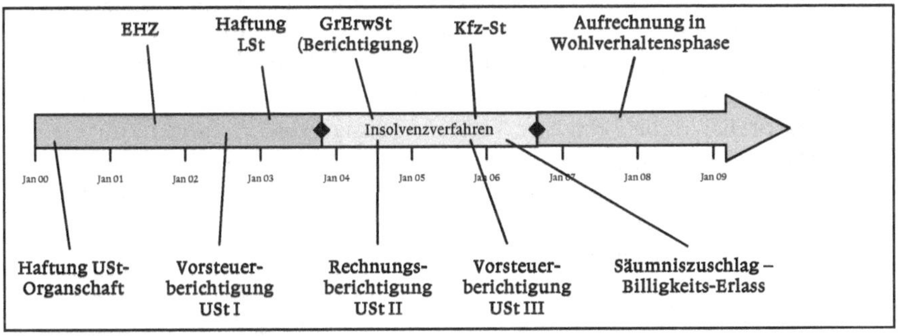

In zahlreichen Entscheidungen hat der BFH als Kernpunkt herausgestellt, dass das „Zusammentreffen von Steuerrecht und Insolvenzrecht" wie folgt aufgelöst wird:

3 BFH Urteil v. 5. 10. 2004, Az. VII R 69/03, BStBl. II 2005, S. 195.

a) Es kommt nicht darauf an, ob der Anspruch zum Zeitpunkt der Eröffnung des Insolvenzverfahrens im steuerrechtlichen Sinne entstanden war, wozu bestimmte Förmlichkeiten wie Festsetzung durch Steuerbescheid pp. gehören. Vielmehr ist entscheidend, ob zum Zeitpunkt der Insolvenzeröffnung nach insolvenzrechtlichen Grundsätzen die Rechtsgrundlage für den Anspruch bereits gelegt war. Steueransprüche führen dann zu einer Steuerforderung als Insolvenzforderung, wenn der zugrundeliegende zivilrechtliche Sachverhalt, der zur Entstehung der Steueransprüche führt, bereits vor Eröffnung des Insolvenzverfahrens verwirklicht worden ist.[4]

   So hat der BFH in mehreren Entscheidungen zur Umsatzsteuer festgestellt, dass spätere Ereignisse bzw. Handlungen des Insolvenzverwalters Auswirkungen auf die maßgebenden Vorgänge vor Insolvenzeröffnung haben. Dies sind insbesondere die Fälle, die zur Berichtigung der Vorsteuer für Zeiträume vor Insolvenzeröffnung führen.

   Der BFH hat sich insoweit auf die bereits zur Konkursordnung geltende Rspr. gestützt und diese fortentwickelt.[5]

   Zu klären war dabei auch die zeitliche Abgrenzung bzw. Zuordnung zu bestimmten Voranmeldungs- bzw. Veranlagungszeiträumen und darüber hinaus, insb. für die USt, wie eine Insolvenzeröffnung während eines Voranmeldungszeitraumes (bspw. Monatsmitte) zu beurteilen ist.

b) Im Einzelnen hat der BFH nach dieser Formel folgende umsatzsteuerliche Sachverhalte beurteilt, auf die maßgebend nach Insolvenzeröffnung eingewirkt wurde bzw. eine „Umgestaltung“ erfahren haben: ihnen wurde **Wirkung für den Zeitraum vor Insolvenzeröffnung** zugemessen.

   - Einzelne Vorsteuerbeträge begründen keinen (isolierten) Vergütungsanspruch, sie sind vielmehr unselbstständige Besteuerungsgrundlagen, die bei der Berechnung der Umsatzsteuer für den maßgebenden Umsatzsteuervoranmeldungszeitraum mitberücksichtigt werden und in die saldierende Festsetzung der Umsatzsteuer eingehen; aus einer Umsatzsteuervoranmeldung für einen Besteuerungszeitraum nach Eröffnung des Insolvenzverfahrens können einzelne Vorsteuerbeträge aus Leistungen, die vor Insolvenzeröffnung erbracht worden sind, nicht ausgeschieden und durch Aufrechnung zum Erlöschen gebracht werden.[6] Der BFH hat der umsatzsteuerlichen Saldierung gem. § 16 Abs. 2 UStG von Umsatzsteuerschuld und Vorsteuerbeträgen für den Voranmeldungszeitraum den Vorrang vor einer strengen Zäsur auf den Zeitpunkt der Insolvenzeröffnung gegeben. Demzufolge bewirkt die Insolvenzeröffnung eine Zäsur bzw. Teilung eines Umsatzsteuervoranmeldungszeitraumes nur insoweit wie ein etwaiger

---

4 BFH Urteil v. 5. 10. 2004 Az. VII R 69/03, BStBl. II 2005, S. 195 sowie BFH Beschluss v. 6. 10. 2005, Az. VII B 309/04, BFH/NV 2006, S. 369; vgl. dazu: *Kahlert/Rühland,* a. a. O., Rdnr. 1753 ff.

5 BFH Beschluss v. 6. 10. 2005, Az. VII B 309/04, BFH/NV 2006, S. 369.

6 Gefestigte Rspr., zuletzt: BFH Urteil v. 16. 1. 2007, Az. VII R 7/06, BStBl. II 2007, S. 745.

Vorsteuerüberhang gegeben ist. Und nur insoweit ist eine zeitliche Zuordnung vorzunehmen.[7] Der BFH hat den Finanzämtern aufgegeben, dieses durch entsprechende Berechnungen „sicher zu stellen".[8]

- Die Berichtigung der Bemessungsgrundlage gemäß § 17 Abs. 2 Nr. 1 UStG, „Uneinbringlichwerden eines Entgeltes" mit der Frage Korrektur der Umsatzsteuer, ist auf den Voranmeldungszeitraum zurück zu beziehen, in dem die maßgebliche USt entstanden ist.[9]
- Der BFH hat weiter festgestellt, dass die Vorsteuer aus dem Vergütungsanspruch des vorläufigen Insolvenzverwalters die Zeiträume bis zur Insolvenzeröffnung berührt und hier zu Verrechnungen führen kann. Jedenfalls kann dieser Vorsteuervergütungsanspruch nicht in Zeiträumen nach Insolvenzeröffnung durch Anspruch zur Masse geltend gemacht werden.

c) Der BFH hat diese Betrachtung für besondere Konstellationen durch eine **„Zeitabschnittsbetrachtung"** ergänzt, die zu anderen Ergebnissen führt: Zinsen für Steuererstattungen im Sinne des § 233a AO entstehen in den gesetzlich bestimmten Zeitabschnitten, so dass diese Zinsen hinsichtlich ihrer Entstehungszeiträume zeitlich exakt zugeordnet werden können und müssen.[10] Bei der Eigenheimzulage (EHZ)[11] war wesentliches Kriterium nach § 4 EigZulG die Selbstnutzung jeweils zu Beginn eines Kalenderjahres, so dass die EHZ „abschnittsweise" jeweils einem KJ bzw. VAZ zuzuordnen ist.

Aber: Dieser „Regel" des für Insolvenzfragen zuständigen VII. Senates ist ein anderer Ansatz des V. Senates des BFH („Umsatzsteuersenat") in Einzelfragen entgegenzuhalten. Beruht die Änderung der USt auf einem eigenständigen Berichtigungstatbestand, so soll keine Rückwirkung erfolgen, vielmehr soll die Änderung erst mit Erfüllung des Änderungstatbestandes gegeben sein.[12]

Diese abweichenden Gesichtspunkte sind wichtig für die unten unter Nr. III/4 zu erörternden „Zweifelsfragen". Wenn sich die BFH-Rspr. des VII. Senates im Grundsatz nach einem „Regel-Ausnahme-Verhältnis" erfassen lässt, so ergäben sich aus weiteren Abweichungen eine Vielzahl von Ausnahmen, die das „Regel-Ausnahme-Bild" erschüttern, so dass eine bloße Kasuistik verbleibt.

---

7 BFH Urteil v. 24. 3. 1983, Az. V R 8/81, BStBl. II 1983, S. 612 und v. 16. 1. 2007, Az. VII R 7/06, BStBl. II 2007, S. 745 = BFH/NV 2007, S. 808 ff. (810).

8 BFH Urteil v. 4. 2. 2005, Az. VII R 20/04, BFH/NV 2005, S. 942, Urteil v. 31. 5. 2005, Az. VII R 74/04, BFH/NV 2005, S. 1745 sowie Urteil v. 16. 1. 2007, Az. VII R 7/06, BStBl. II 2007, S. 745.

9 BFH Urteil v. 20. 7. 2004, Az. VII R 28/03, BStBl. II 2005, S. 10; offenbar anders: BFH V. (USt-) Senat mit Entscheidungen vom 13. 7. 2006, Az. V B 70/06, BStBl. II 2007, S. 415 und Beschluss v. 7. 12. 2006, Az. V B 2/05, UR 2007, S. 277; vgl. dazu: *Kahlert/Rühland,* a. a. O., Rdnr. 1725 ff.

10 BFH Beschluss v. 23. 3. 2007, Az. VII B 310/06, BFH/NV 2007, S. 1452; BFH Beschluss v. 30. 4. 2007, Az. VII B 252/06, BFH/NV 2007, S. 1395.

11 EigZulG trat mit Wirkung per Ablauf VAZ 2005 außer Kraft, wegen des 8-Jahresförderzeitraums gibt es Altfälle, die aktuell für Insolvenzen relevant sein können.

12 BFH V. (USt-) Senat mit Entscheidungen v. 13. 7. 2006, Az. V B 70/06, BStBl. II 2007, S. 415 und v. 7. 12. 2006, Az. V R 2/05, UR 2007, S. 277.

2. Steuerlich wird an Ansprüche aus dem Steuerschuldverhältnis als Tatbestandsvoraussetzung angeknüpft (§ 226 Abs. 1 AO). Damit wird verwiesen auf die in den §§ 37ff. AO definierten Ansprüchen aus den Steuerschuldverhältnis.

   Dies können originäre Steueransprüche, aber auch Haftungsansprüche sein. Haftungsansprüche des FA können sich aus den §§ 69ff. AO ergeben. Von besonderer Bedeutung sind hier Haftungsschulden für Lohn- und Umsatzsteuer (typischerweise GmbH-Geschäftsführer)[13] oder Umsatzsteuerschulden im Rahmen eines Organkreises (vgl. § 73 AO).[14]

3. Auch die Besonderheit, dass Steueransprüche mitunter erst spät entdeckt werden, führt zu keiner anderen Beurteilung. Haftungsansprüche beispielsweise aufgrund einer umsatzsteuerlichen Organschaft können auch dann durchgesetzt werden, wenn kein bestandskräftiger Haftungsbescheid existiert. Vielmehr reicht es aus, dass die für die Haftung der Organgesellschaft notwendigen tatbestandsmäßigen Voraussetzungen gegeben waren.[15]

4. Das Schaubild 3 enthält eine Beschreibung der Steuerforderungen, die als Insolvenzforderungen zur Tabelle anzumelden sind. Dabei handelt es sich um alle Vermögensansprüche des Finanzamtes, die im Zeitpunkt der Verfahrenseröffnung begründet waren. Dabei kann es sich um schon fällige Ansprüche handeln, der Anspruch als solcher mag auch erst spät entdeckt worden sein. Schließlich werden auch hierunter solche Ansprüche verstanden, bei denen der steuerauslösende Rechtsgrund vor Insolvenzeröffnung gelegt worden ist.

---

13 BFH Beschluss v. 9. 12. 2005, Az. VII B 124–125/05, BFH/NV 2006, S. 897.

14 BFH Urteil v. 10. 5. 07, Az. VII R 18/05 unter II/3); vgl. dazu: umfassende Darstellung der OFD Hannover vom 6. 8. 2007, Az. S 7105-49 StO 172, DStR 2007, S. 1962 zur umsatzsteuerlichen Organschaft in der Insolvenz sowie *Kahlert/Rühland*, a. a. O., Rdnr. 1805 ff.

15 FG Saarland zum Haftungsumfang einer Organgesellschaft in einem größeren Organkreis, Urteil v. 19. 3. 2002, Az. 2 K 206/98, DATEV Dok 574577.

Schaubild 3 : Steuerforderungen als Insolvenzforderungen

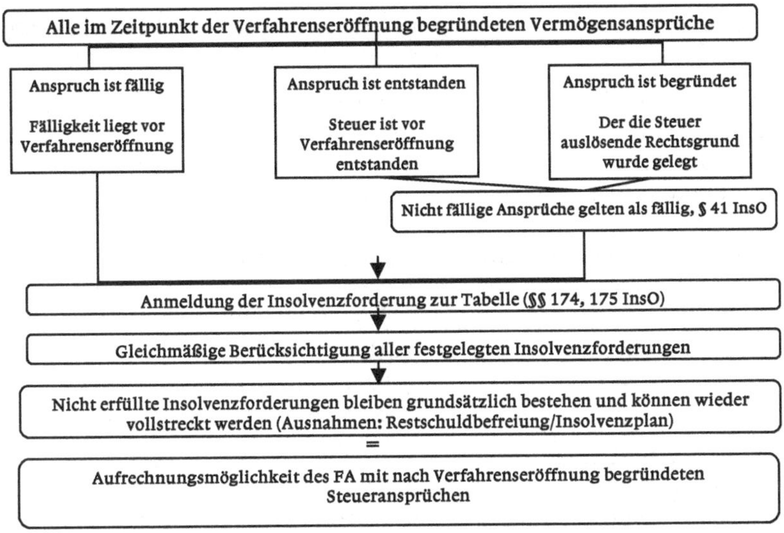

5. Zur Vervollständigung zeigt das nachfolgende Schaubild 4 die wichtigsten Fälle, in denen Steuern als sonstige Masseverbindlichkeiten im Insolvenzverfahren anfallen und zu berücksichtigen sind:

Schaubild 4: Steuern als sonstige Masseverbindlichkeiten

III. Erörterung einzelner Fälle

Nachfolgend sollen einige Fälle erörtert werden, die den BFH-Entscheidungen zugrunde liegen.

Dabei stehen Entscheidungen zur USt im Vordergrund. Sodann soll auf die Fragen eingegangen werden, ob Steueransprüche während des Insolvenzverfahrens auch in Fällen des „Neuerwerbs" gegen die Masse geltend zu machen sind und wie sich die Aufrechnungssituation in der Wohlverhaltensphase darstellt.

Übersicht: relevante Ereignisse für die USt mit Rückwirkung

Vor Eröffnung	Nach Eröffnung
Umsatzsteuerlicher Sachverhalt = Leistungsaustausch	Als aufschiebende Bedingung angesehene maßgebende Ereignisse wirken zurück für die Zeit (VAZ) vor Eröffnung
saldierende USt für den Voranmeldungszeitraum (VAZ)	**Bsp:** – USt Berichtigung wegen Forderungsausfalls (zw) – Vorsteuerberichtigung wegen nicht bezahlter Rechnungen – Vergütung des vorl. InsVerwalters – Rechnungsbereichtigung nach § 14c UStG (zw) – Ausschüttung an Gläubiger führt zur (erneuten) Vorsteuerberichtigung
<<< <<< <<< <<< **Ereignisse wirken zurück**	

Aus der Übersicht wird das schon angesprochene Regelungsschema des VII. BFH-Senates sichtbar. Nachfolgende Ereignisse werden als aufschiebende Bedingungen interpretiert, die den noch nicht abgeschlossenen Sachverhalt rückwirkend umgestalten. Die in der Übersicht als zweifelhaft angesehene Fälle werden vom V. Senat steuerlich anders beurteilt. Die gesetzlichen Tatbestände werden nicht als Rückwirkungskonstellationen interpretiert; vielmehr soll es sich um eigenständige Berichtigungstatbestände handeln, so dass die steuerliche Wirkung erst bei deren Vorliegen eintritt.[16] Hierbei kommen folgende Fälle in Betracht

- In § 17 Abs. 2 UStG ist die USt-Berichtigung für den Forderungsausfall geregelt.
- § 14c UStG enthält besondere Bestimmungen für den Fall der Berichtigung einer zuvor fehlerhaft ausgestellten Rechnung.

---

16 BFH Urteil v. 7. 12. 2006, Az. V R 2/05, UR 2007, S. 277 gegen Urteil v. 20. 7. 2004, Az. VII R 28/03, FN 9.

1. Zuordnungsfragen in der USt

Ein Vorsteuervergütungsanspruch kann der Zeit vor der Insolvenz oder auch der im Insolvenzverfahren zugeordnet werden (Schaubild 5). Es kommt maßgeblich darauf an, wann der zivilrechtliche Sachverhalt verwirklicht worden ist, der zum Vorsteuervergütungsanspruch führt.

Dabei gilt die schon zuvor dargestellte, umsatzsteuerliche Besonderheit, dass auf einen Umsatzsteuervoranmeldungszeitraum abzustellen ist. Für den Zeitraum ergibt sich die USt-Schuld bzw. ein Vergütungsanspruch aus der Saldierung (Verrechnung) von Umsatzsteuer- und Vorsteuerbeträgen. Somit besteht der Vorsteuervergütungsanspruch nicht isoliert, sondern ist seinerseits Teil des zu saldierenden Umsatzsteueranspruches bzw. Umsatzsteuervergütungsanspruches für den betreffenden Umsatzsteuervoranmeldungszeitraum.

Schaubild 5: Vorsteuervergütungsanspruch

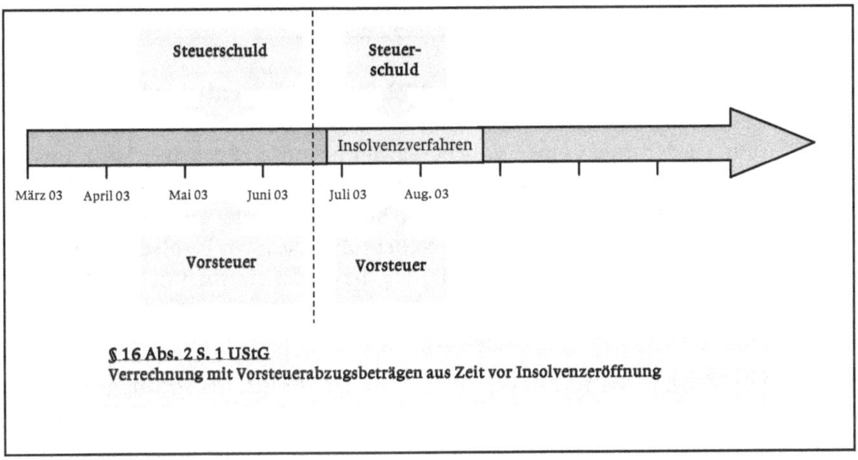

Wie bereits erwähnt hat der BFH dargelegt, dass die aus Umsatzsteuer- und Vorsteuerbeträgen saldierte Umsatzsteuerschuld im Sinne des § 16 UStG Gegenstand einer Insolvenzforderung ist.[17] Der BFH hat der umsatzsteuerlichen Saldierung im Voranmeldungszeitraum den Vorrang vor einer fiktiven Veranlagung auf den Eröffnungszeitpunkt gegeben.[18]

Das Schaubild 6 zeigt, dass die Vergütung des vorläufigen Verwalters im Zeitraum vor Insolvenzeröffnung entsteht, bzw. verdient wird, denn die maßgebliche Leistung erfolgt im Zeitraum bis zur Verfahrenseröffnung. Nachfolgend wird die Vergütung des vorläufigen Insolvenzverwalters durch das Insolvenzgericht festge-

---

17 BFH Urteil v. 16. 1. 2007, Az. VII R 7/06, BStBl. II 2007, S. 745.
18 BFH Urteil v. 16. 11. 2004, Az. VII R 75/03, BStBl. II 2006, S. 193 sowie Urteil v. 16. 1. 2007, Az. VII R 7/06, BStBl. II 2007, S. 745.

setzt. Es handelt es sich um einen Vorsteuervergütungsanspruch, der dem Umsatzsteuervoranmeldungszeitraum vor Insolvenzeröffnung zuzuordnen ist und vom Finanzamt verrechnet werden darf.[19]

Schaubild 6: USt I – Vergütung des vorläufigen Verwalters

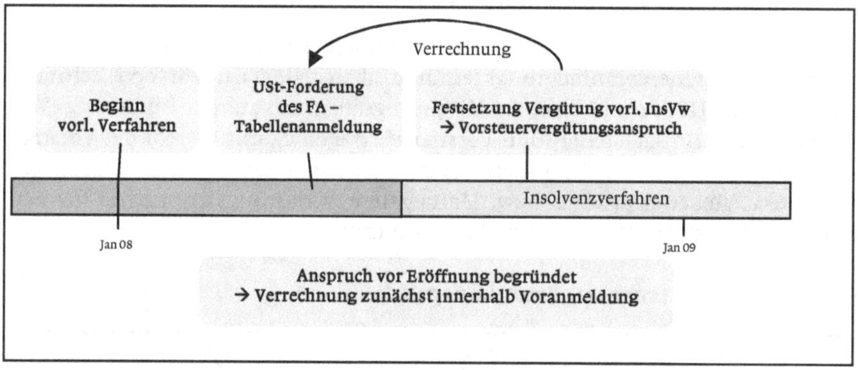

In gleicher Weise hat der VII. Senat des BFH für die Fälle entschieden, in denen später für Zeiträume vor Insolvenzeröffnung festgestellt worden ist, dass die dort aufgeführten Forderungen einer Wertberichtigung unterzogen werden müssen. Durch die umsatzsteuerliche Sollversteuerung ist Umsatzsteuer entstanden, die im Nachhinein zu korrigieren ist. Auch diese Berichtigung der Umsatzsteuer gem. § 17 Abs. 2 Nr. 1 UStG ist umsatzsteuerlich dem Zeitraum vor Insolvenzeröffnung zuzuordnen und Gegenstand der Saldierung bzw. der mutmaßlichen Aufrechnung durch das Finanzamt. Die andere Auffassung des V. Senates wird unten unter dem Punkt „Zweifelsfälle“ (III/4) angesprochen.

In ähnlicher Weise ist zu verfahren, wenn es zu einer weiteren sogenannten ausschüttungsbedingten Vorsteuerkorrektur kommt. Dem liegt folgender typischer Sachverhalt zu Grunde:

a) Im Insolvenzverfahren verwertet der Insolvenzverwalter die Aktiva; in der Folge kommt es zu einer Ausschüttung an die Gläubiger. Dem ging zumeist bei Beginn des Insolvenzverfahrens eine erste Vorsteuerberichtigung durch das Finanzamt voraus, dabei hat das Finanzamt anhand der zur Tabelle angemeldeten Forderungen (nicht bezahlte Rechnungen) „die zuvor gezogene Vorsteuer“ berichtigt. Wenn es zu einer Ausschüttung bzw. quotalen Zahlung an die Gläubiger kommt, haben die Gläubiger umsatzsteuerpflichtige Einnahmen, weil die Gläubiger ihrerseits typischerweise ihre Forderungen auch umsatzsteuerlich wertberichtigen. Zugleich ist im Insolvenzverfahren die vom Finanzamt zunächst vorgenommene Korrektur erneut zu berichtigen, weil sich ja nun er-

19 BFH Urteil v. 16. 1. 2007, Az. VII R 7/06 sowie schon zuvor BFH Urteil v. 5. 10. 2004, Az. VII R 69/03; vgl. die im Detail abweichende Lösung der OFD Nürnberg Vfg v. 25. 1. 2005, S 7100-620 / St 43, UR 2005, S. 626; dazu: *Maus,* ZinsO 2005, S. 583.

weist, dass in Höhe der quotalen Ausschüttung und Zahlung an die Gläubiger tatsächlich ein Vorsteueranspruch bestand.

b) In der Folge ergibt sich aufgrund dieser verminderten Forderung des Finanzamtes eine höhere Quote für alle Gläubiger, weil sich die Summe der Forderungen laut Forderungstabelle um den entsprechenden Betrag der geminderten Finanzamtsforderung herabsetzt.

Schaubild 7: USt II – ausschüttungsbedingte Vorsteuerberichtigung

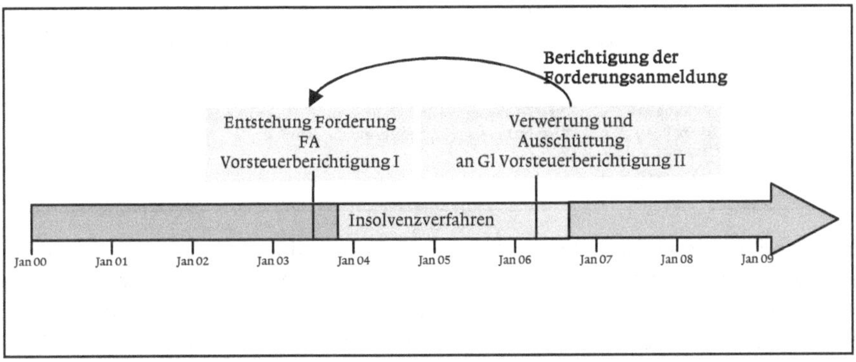

Ein weitere Schwierigkeit ergibt sich aus einer Rechnungsberichtigung im Sinne des § 14c UStG. Dem liegen Fälle zu Grunde, in denen in der Zeit vor Insolvenzeröffnung die erstellte Rechnung durch das schuldnerische Unternehmen fehlerhaft war.

Der BFH-Entscheidung vom 4. Februar 2005[20], liegt lt. mitgeteiltem Sachverhalt eine Rechnung mit zu hohem Ausweis von USt zugrunde. Der Insolvenzverwalter hat im Insolvenzverfahren die Rechnung unter Beachtung der Kriterien nach § 14c UStG korrigiert. Im Urteilsfall gab es weiter, aufgrund der zu hohen ausgewiesenen USt, eine Tabellenforderung des Finanzamtes. Dies veranschaulicht das Schaubild 8:

20 BFH Urteil v. 4. 2. 2005, Az. VII R 20/04, BFH/NV 2005, S. 942.

Schaubild 8: USt III – Rechnungsberichtigung nach § 14c UStG

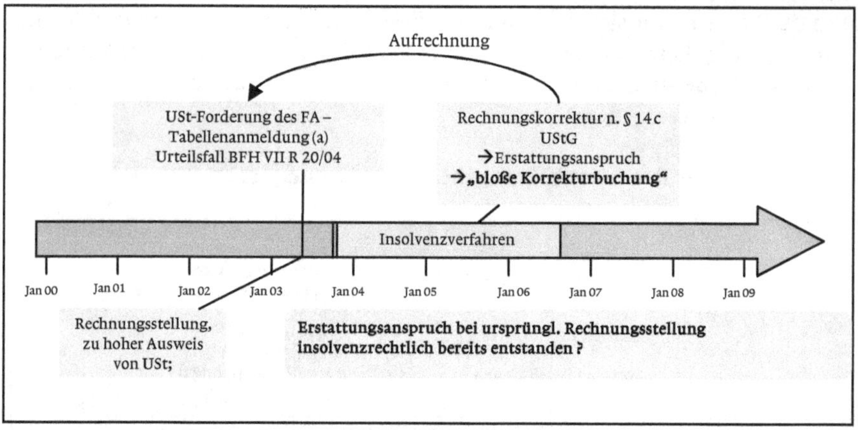

Der BFH[21] hat in der Berichtigung der Rechnung und dem daraus folgenden Erstattungsanspruch eine „bloße Korrekturbuchung" gesehen. Nach dem Leitsatz soll steuerrechtlich eine nicht geschuldete, aber ausgewiesene USt, wenn sie auch erst in einem späteren Besteuerungszeitraum berichtigt wird, dem früheren Zeitraum zugeordnet werden.

Insolvenzrechtlich entsteht der Vergütungsanspruch im Zeitraum der Rechnungsausgabe (ursprüngliche Rechnung). Im Insolvenzverfahren kann das Finanzamt mit der angemeldeten Umsatzsteuer aufrechnen (vgl. Schaubild 8).[22]

Fraglich ist, ob diese BFH-Grundsätze auch dann durchgreifen, wenn die ursprünglich zu hoch ausgewiesene USt tatsächlich im Zeitraum vor Insolvenzeröffnung entrichtet worden ist. Dann trägt der Gedanke des BFH einer „bloßen Korrekturbuchung" nicht. Dann stellt sich vielmehr die Frage, ob die oben dargestellten Grundsätze der „abschnittsweisen Betrachtung" Platz machen müssten. Hierfür könnte sprechen, dass der maßgebende Sachverhalt für einen Steueranspruch erst durch die Rechnungsberichtigung durch den Insolvenzverwalter gelegt worden ist. Fraglich ist weiter, ob entspr. den Überlegungen des V. Senates zur Umsatzsteuerberichtigung gem. § 17 Abs. 2 UStG auch der eher komplexe Berichtigungstatbestand gemäß § 14c UStG eine eigenständige Regelung enthält, so dass erst mit Erfüllung des Tatbestandes der Steueranspruch entsteht.

---

21 BFH Urteil v. 4. 2. 2005, Az. VII R 20/04, BFH/NV 2005, S. 942.
22 Vgl. dazu BFH Urteil v. 17. 4. 2007, Az. VII R 27/06, HFR 2007, S. 729.

2. Während des Insolvenzverfahrens entstehende Steueransprüche sind nicht in jedem Fall gegen die Masse geltend zu machen

Steueransprüche gegen die Masse können aus dem „Verwaltungshandeln" entstehen. Daneben gibt es eine Vermögens- und Einkommenssphäre des Schuldners.

Steueransprüche aus deliktischem Handeln des Schuldners sind ebenso denkbar wie Forderungen des FA aus freigegebener beruflicher Tätigkeit im Sinne des § 35 Abs. 2 InsO.[23]

In diesen Fällen ist die Masse als Steuerschuldner der USt nicht betroffen.

Nach einer vom BFH bestätigten Entscheidung des FG Köln ist bei Masseunzulänglichkeit zu differenzieren: Eine Neumasseverbindlichkeit (USt aus Insolvenzverwertungserlösen) darf nicht mit einem erst nach Anzeige der Masseunzulänglichkeit erworbenen Anspruch gegen die Neumasse (Vorsteuerguthaben aus Insolvenzverwaltervergütung) verrechnet werden.[24] Wechselseitige Ansprüche aus der Zeit vor Eintritt der Masseunzulänglichkeit bleiben aufrechenbar.

3. Aufrechnung während der Wohlverhaltensphase

Die nach Verfahrensaufhebung sich anschließende „Treuhandphase" gem. §§ 286ff. InsO wird durch eine Vollstreckungssperre (§ 294 Abs. 1 InsO) flankiert. Während dieser Zeit können Gläubiger nicht aus ihren „Altforderungen" vollstrecken. Dies schließt aber nach Auffassung des BFH eine Aufrechnung gegen Steuererstattungsansprüche nicht aus. Eine Aufrechnung wird unzulässig erst mit der Erteilung der Restschuldbefreiung (§§ 300f. InsO), dagegen nicht schon mit der Aufhebung des Insolvenzverfahrens oder der Ankündigung der Restschuldbefreiung,[25] weil die Aufrechnung keine Vollstreckung im Sinne des § 294 Abs. 1 InsO sei.[26]

Die Steuererstattungsansprüche des Schuldners gehören zu seinem freien Vermögen. Dies ist bei Lohnsteuererstattungsansprüchen der Fall, weil diese nicht zu den abgetretenen Bezügen im Sinne des § 287 Abs. 2 InsO zählen.[27]

USt-Erstattungsansprüche aus selbständiger Tätigkeit nach Verfahrensaufhebung sind ebenfalls der Aufrechnung zugänglich.

---

23 FG Rheinland-Pfalz Urteil v. 6. 12. 2006, Az. 1 K 1950/05, EFG 2007, S. 328.

24 FG Köln Urteil v. 18. 1. 2006, Az. 11 K 2199/05, EFG 2006, S. 553; BFH Urteil v. 4. 3. 2008, Az. VII R 10/06, ZIP 2008, S. 886.

25 BFH Beschluss v. 7. 6. 2006, Az. VII B 329/05, BStBl. II 2006, S. 641.

26 So auch FG Rheinland-Pfalz Urteil v. 6. 12. 2006, FN 23; vgl. *Ehricke,* in: MünchKomm InsO Bd. 3, 2. Aufl. 2008, § 294 Rdnr. 39f.; BGH ZinsO 2005, S. 873.

27 BFH Urteile vom 21. 11. 2006, Az. VII R 65/05 BFH/NV 2007, S. 1066 sowie Az. VII R 1/06 BStBl. II 2008, S. 272.

Hingegen ist die Altforderung des FA im Falle eines Schuldenbereinigungsplans nur dann aufrechenbar, wenn dies im Plan ausdrücklich erklärt ist.[28]

4. Zweifelsfälle

Oben wurde schon die Fragen der Umsatzsteuerkorrektur aufgrund Forderungsausfalls (§ 17 Abs. 2 UStG) sowie der Rechnungsberichtigung angesprochen.

Bei der USt-Berichtigung aufgrund eines Forderungsausfalls würde die „Rückwirkungslösung" des VII. Senates die Schwierigkeit vermeiden, die notwendige zeitliche Zuordnung des Ausfallzeitpunktes zu bestimmen. Freilich kollidiert diese Lösung mit der allgemeinen Handhabung dieser Vorschrift nach Rspr. und Verwaltungsmeinung; denn danach kommt eine Berichtung erst Wirkung für den VAZ zu, in dem die für eine Korrektur maßgebenden Umstände eingetreten sind.[29]

Gegenstand einer weiteren Überlegung soll die Vorsteuerberichtigung infolge eines Grundstücksverkaufs durch den Insolvenzverwalter sein. Nach der bisherigen Rspr. des BFH zählt der Vorsteuerberichtigungsanspruch des Finanzamtes in § 15 a UStG zu den Massekosten. Der zugrundeliegende Sachverhalt ist folgender:

Der Insolvenzverwalter veräußert ein Massegrundstück, wobei der Verkauf nicht der Umsatzsteuer unterliegt (Regelfall des § 4 Nr. 9 UStG, kein Verzicht auf Steuerbefreiung gem. § 9 UStG). Die Vorsteuerberichtigung nach § 15 a UStG erfolgt dann, weil und soweit Vorsteuerbeträge für das Grundstück bzw. das Gebäude gezogen worden sind. Nun ist fraglich, ob diese frühere Rspr. des BFH[30] noch haltbar ist. Aus den oben dargestellten Grundsätzen zur USt sowie zur GrESt ist mit dem ursprünglichen zivilrechtlichen Vorgang und den daraus folgenden gezogenen Vorsteuern zugleich der Keim für eine mögliche Rückrechnung/Korrektur gelegt worden. Ob die Tatbestandsvoraussetzung einer Berichtigung nach § 15 a UStG „Änderung der Nutzungsverhältnisse bei einem Wirtschaftsgut" zu einer gesonderten Beurteilung führt, erscheint fraglich, denn es könnte ein wirtschaftlich vergleichbarer Sachverhalt zum „Grunderwerbssteuerfall" vorliegen. Ähnlich wie im „Grunderwerbsteuerfall" ist auf den ursprünglichen Sachverhalt durch eine Handlung des Insolvenzverwalters nachhaltig eingewirkt worden.[31] Ein weiteres Argument könnte aus dem BFH-Urteil zur Rechnungsberichtigung[32] gewonnen werden. Dementsprechend könnte die Grundstücksveräußerungshandlung des Insolvenzverwalters als Bedingung in Bezug auf eine eventuelle Vorsteuerkorrektur gewertet werden. Andererseits: Mit der Erwägung, dass der Berichtigungstatbestand eine eigenständige Regelung (entspr. V. BFH-Senat zu § 17 Abs. 2 UStG)

---

28 FG Düsseldorf Urteil v. 8. 12. 2006, Az. 18 K 2707/05 AO, EFG 2007, S. 738.
29 Abschnitt R 223 Abs. 5 Umsatzsteuerrichtlinien (UStR).
30 BFH Urteil v. 9. 4. 1987, Az. V R 23/80, BStBl. II 1987, S. 527 und BFH Urteil v. 6. 6. 1991, Az. V R 115/87, BStBl. II 1991, S. 817.
31 So FG Brandenburg Urteil v. 5. 4. 2006, Az. 4 K 96/05, EFG 2008, S. 518.
32 BFH vom 4. 2. 2005 VII R 20/04.

darstellt, könnte die frühere Rspr. mit anderer Begründung aufrechterhalten werden.

Im Ergebnis bietet dies hinreichend Anlass, diese frühere Rspr. zur Berichtigung des Vorsteuerabzuges nach § 15a UStG zu überprüfen. Dies gilt nicht zuletzt vor dem Hintergrund, dass der BFH aus der unterbliebenen Vorsteuerkorrektur Haftungsansprüche gegen den Insolvenzverwalter ableitete.[33]

V. Verfahrensfragen

1. Aufrechnungslage

Das FA kann mit Forderungen aufrechnen, ohne dass es vorheriger Festsetzung bedarf.[34] Der BFH hat klargestellt, dass bei eröffnetem Insolvenzverfahren eine Festsetzung von Ansprüchen im förmlichen Steuerfestsetzungsverfahren nicht mehr in Betracht kommt. Vielmehr werden die entsprechenden Steuerschuldbeträge errechnet und zur Tabelle angemeldet.

Es kommt auf die förmlichen Entstehungsvoraussetzungen nur insoweit an, wie diese materiell-rechtlichen Charakter haben.

Jahressteuern fallen somit mit Ablauf des jeweiligen Veranlagungszeitraumes (zumeist Kalenderjahr) an. Für die Umsatzsteuer gilt meist der Voranmeldungszeitraum (zumeist Monat bzw. in selteneren Fällen Vierteljahr bzw. Kalenderjahr). In Haftungsfällen kommt es darauf an, wann der Haftungstatbestand erfüllt worden ist.

Der BFH stellt in seiner Entscheidung klar, dass dieselben Grundsätze auch für die Frage gelten, ob ein Steueranspruch zur Insolvenzmasse (§ 35 InsO), sei es steuerrechtliche Vergütung- oder Erstattungsanspruch, zu rechnen ist.

2. Aufrechnungserklärung

Die Aufrechnung ist ein einseitiges Rechtsgeschäft, welches durch empfangsbedürftige Willenserklärung bewirkt wird. Für eine entsprechende Erklärung seitens des Finanzamtes genügt auch eine bloße Umbuchungsmitteilung, wenn sich aus ihr nur der Wille entnehmen lässt, die Forderungen zur Aufrechnung bringen zu wollen. Der BFH[35] meint, dass die formularmäßige Bemerkung des Finanzamtes,

---

33 Vgl. dazu: *Farr,* a.a.O., S. 189 Rz. 410ff.
34 BFH Urteil v. 10. 5. 2007, Az. VII R 18/05, BStBl. II 2007, S. 914; sowie Urteil v. 31. 5. 2005, Az. VII R 74/04, BFH/NV 2005, S. 1745; vgl. *Onusseit,* EWiR 2008, S. 85 und *Kahlert/Rühland,* a.a.O., Rdnr. 1587.
35 BFH Urteil v. 26. 7. 2005, Az. VII R 72/04, BStBl. II 2006, S. 350.

man bitte um Mitteilung, wenn man mit der vorgesehenen Verrechnung nicht einverstanden sei, dem nicht entgegenstehe.

Für die Praxis gilt: Derartige Umbuchungsmitteilungen müssen stets als Aufrechnungserklärungen aufgefasst werden.

3. Abrechnungsbescheid

Die Wirksamkeit einer seitens des FA erklärten Aufrechnung ist einer gerichtlichen Nachprüfung zugänglich. Maßgebend ist der Finanzrechtsweg.

Es ist ein Abrechnungsbescheid gem. § 218 Abs. 2 AO zu beantragen, in dem das FA die aufgerechneten Forderungen darzustellen hat. Dieser Bescheid wird mit dem Einspruch und ggf. nachfolgend mit einer Anfechtungsklage angegriffen.

VI. Sonderproblem 1: Säumniszuschläge: Entstehung/Erlass und evtl. Aufrechnung

1. Nach § 240 Abs. 1 AO fallen Säumniszuschläge in Höhe von 1 % für jeden angefangenen Monat der Säumnis an. Nach § 240 Abs. 1 Satz 4 AO bleiben Säumniszuschläge solange und soweit unberührt, wie die Festsetzung einer Steuer aufgehoben, geändert oder berichtigt wird.

   Nach den Erläuterungen in Tz 5 des Anwendungserlasses zur Abgabenordnung (AEAO)[36] entstehen Säumniszuschläge kraft Gesetzes allein durch Zeitablauf ohne Rücksicht auf ein Verschulden des Steuerpflichtigen. Weiter heißt es, dass Säumniszuschläge in erster Linie ein Druckmittel zur Durchsetzung fälliger Steuerforderungen darstellen, zugleich aber auch Gegenleistungen für das Hinausschieben der Zahlung und Ausgleich für angefallenen Verwaltungsaufwand sind. Soweit diese Zielsetzung durch die Säumniszuschläge nicht mehr erreicht werden kann, ist ihre Erhebung unbillig, so dass sie nach § 227 AO ganz oder teilweise erlassen werden können. In dem AEAO sind sodann spezielle Erlasssituationen dargestellt.

   Nach § 218 Abs. 1 Satz 1 Halbsatz 2 AO entstehen Säumniszuschläge kraft Gesetzes und werden nicht festgesetzt. Sie können zusammen mit der Steuer beigetrieben werden, ohne dass es ihretwegen eines Leistungsgebots bedarf, hierzu erfolgt Hinweis auf § 254 Abs. 2 Satz 1 AO.[37]

   Sollen die Säumniszuschläge ohne die Steuer beigetrieben werden, ist ein Leistungsgebot nach § 254 Abs. 1 Satz 1 AO erforderlich. Hierfür genügt die Anforderung der Säumniszuschläge z. B. durch Vollstreckungsankündigung.

---

36 BStBl. I, 2007, S. 894.
37 Vgl. *Loose* in: Tipke/Kruse AO § 240 Rdnr. 51, Stand Oktober 2007.

2. Wenden sich Steuerpflichtige gegen die Säumniszuschläge dem Grunde oder der Höhe nach, ist ein Vorbringen als Antrag auf Erteilung eines Abrechnungsbescheides im Sinne des § 218 Abs. 2 AO anzusehen. Ein Abrechnungsbescheid wird auch als erforderlich angesehen, wenn das Finanzamt mit bestrittenen Ansprüchen auf Säumniszuschläge aufrechnen will. [38]

   Nach der Auffassung der Finanzverwaltung, vgl. Tz. 5 c AEAO – so wohl auch BFH –, sollen in Fällen der Insolvenz die Hälfte der Säumniszuschläge erlassen werden. Diese Auffassung wird von *Loose*[39] abgelehnt. er meint, dass bei Überschuldung oder Zahlungsunfähigkeit es sinnlos sei, den Steuerpflichtigen mit Druck zu einer pünktlichen Zahlung zu bewegen. Daher wird die Erhebung des gesamten Betrages als sachlich unbillig angesehen.[40]

   Es ist bei der Beurteilung des Erlasses von Säumniszuschlägen auch zu berücksichtigen, dass etwaige Vermögensvorteile durch Zinsen im Sinne der §§ 233 ff. AO abgeschöpft werden. Daher bleiben nach dem AEAO als Begründung für die Säumniszuschläge Ausgleich für angefallenen Verwaltungsaufwand und das Druckmittel zur Durchsetzung fälliger Steuerforderungen.

3. Es kann aber auch zu berücksichtigen sein, dass durch die Steuerforderungen, welche sich nach dem finanzgerichtlichen Rechtsstreit als letztlich unberechtigt erwiesen haben, das Insolvenzverfahren ausgelöst worden ist. Ferner kann zu berücksichtigen sein, dass erhebliche Steuerforderungen letztlich mit 0,00 Euro oder mit einem sehr niedrigen Betrag festgesetzt wurden.

   Der BFH sieht den Umstand, dass Säumniszuschläge nicht akzessorisch zur Hauptschuld und ein Druckmittel eigener Art sind, als ausreichend an, dass auch in Insolvenzfällen mit den beschriebenen Besonderheiten regelmäßig nur die Hälfte der festgesetzten SZ aus Billigkeitsgründen zu erlassen sind.[41]

   Daher bleibt allein der Gesichtspunkt des verbleibenden Verwaltungsaufwandes bestehen. Hierbei kann es aber nur um den Verwaltungsaufwand gehen, der durch die Nichtzahlung entstanden ist. Der durch die Betriebsprüfung entstandene Verwaltungsaufwand hat bei dieser Betrachtung außer Acht zu bleiben.

   Es ist auch zu erwägen, dass ggf. ein nochmaliger Aussetzungsantrag gestellt wird, wobei Aussetzung rückwirkend bestimmt werden soll. Die Begründung könnte sich bspw. aus verbesserter Sach- und/oder Rechtslage im Verfahren ergeben.

4. Zwei weitere Gesichtspunkte sind aber im Hinblick auf Säumniszuschläge **in diesen Fällen** relevant:

---

38 *Loose*, a. a. O., Rdnr. 52.
39 *Loose*, a. a. O., Rdnr. 56.
40 *Loose*, a. a. O., Rdnr. 56, Hinweis auf FG Köln EFG 1996, 634 sowie 1998, S. 530 jedoch hat der BFH mit Entscheidungen vom 16. 7. 1997 Az. XI-R-32/96, BStBl. II 1998, S. 7 sowie vom 18. 6. 1998 Az. V R 13/98 BFH/NV diese Entscheidungen aufgehoben und die Regel eines nur hälftigen Erlasses bestätigt.
41 BFH Urteil v. 30. 3. 2006, Az. V R 2/04, BStBl. II 2006, S. 612.

a) Es könnte ein nachträglicher Aussetzungsantrag (AdV), der sich auch auf die Zeit **vor** Antragstellung erstreckt, zweckmäßig sein. Dass dies grundsätzlich zulässig ist, ergibt sich aus der BFH-Rspr., die bei Heuermann[42] zitiert ist. Dort heißt es, dass ein AdV-Antrag für einen Zeitpunkt vor Eingang des Aussetzungsantrags geboten und begründet ist, wenn bereits zu diesem Zeitpunkt ernstliche Zweifel an der Rechtmäßigkeit des angefochtenen Verwaltungsaktes vorgelegen haben.
Säumniszuschläge im Falle dieser Anordnung sind ebenfalls rückwirkend zu erlassen, weil der Vollzug eines VA auch die von Gesetzes wegen entstehenden SZ umfasst.

b) Neben den Gesichtspunkten für Insolvenzsituationen (Erlass der hälftigen SZ) gibt es Gesichtspunkte für weitergehenden Erlass in folgenden Konstellationen:
   - Wenn dem Steuerschuldner für eine längere Zeitspanne Ratenzahlungen bewilligt worden waren, die an die Grenze seiner Leistungsfähigkeit gingen,
   - wenn während der Dauer im Prinzip vollstreckbarer Steuerschulden die Vollstreckung eingestellt war,
   - wenn ein Rechtsbehelf der Steuerpflichten in der Hauptsache Erfolg hat, insoweit, als SZ die Aussetzungszinsen, die der Steuerpflichtige bei sachgerechtem Handeln der Behörde zu zahlen gehabt hätte, diese überschreiten.[43]

Ein Billigkeitserlass wird aber dann nicht als gerechtfertigt angesehen, wenn eine AdV möglich gewesen wäre, der Steuerpflichtige sich aber nicht darum bemüht hat.

5. Der Erlass von Säumniszuschlägen ist regelmäßig im Zusammenhang mit den zugrundeliegenden Umständen zu sehen. Wenn ein Teil der SZ zu erlassen ist, weil die geschuldete Steuer in der Krise, also vor Verfahrensbeginn, nicht gezahlt werden konnte, so sind die erlassenen SZ auch dieser Zeit zuzuordnen. Das FA darf erlassene SZ mit Steuerforderungen aus der Zeit vor Insolvenzeröffnung aufrechnen.[44]

VI. Sonderproblem 2: Aufrechnung mit KSt-Ansprüchen aufgrund sog. Guthaben „EK 02"

Durch das JStG 2007 wurde § 37 KStG geändert. Das aus den früheren Anrechnungsverfahren noch verbliebene KSt-Guthaben wird nach Regelung in § 37 KStG mit Wirkung zum Ablauf des 31. 12. 2006 in ein auszahlbares Guthaben umgewandelt. Die früheren Voraussetzungen, insbesondere Ausschüttungsbeschluss, sind nicht mehr erforderlich.

---

42 In: HHSp § 240 AO Rdnr. 57.
43 AaO., Rdnr. 105, 112 und 114.
44 BFH Beschluss v. 23. 4. 2007, Az. VII B 310/06, BFH/NV 2007, S. 1452.

Stattdessen erfolgt die Auszahlung des per 31. 12. 2006 festgestellten KSt-Guthabens jeweils mit $^{1}/_{10}$ per 30. Sept. eines jeden Jahres.

Das Körperschaftsteuerguthaben wird durch Bescheid auf den Stichtag 31. 12. 2006 festgestellt. Der Auszahlungsanspruch im Sinne des § 37 Abs. 5 Satz 1 KStG wird für den gesamten Auszahlungszeitraum 2008 bis 2017 festgesetzt.[45]

Eine vorzeitige Auszahlung durch das Finanzamt ist nicht vorgesehen. Stattdessen kann das Guthaben verwertet werden; zu diesem Zweck sind die besonderen Vorschriften für die Abtretung von Steuerforderungen (§ 46 AO) modifiziert.

Das Finanzamt kann seinerseits das Guthaben mit eigenen Forderungen verrechnen, die mit Ablauf des 31. 12. 2006 entstanden sind.[46] Nach zutreffender Auffassung der OFD Koblenz ist zum Stichtag im bereits eröffneten Insolvenzverfahren eine Aufrechnung gemäß § 96 Abs. 1 Nr. 1 InsO unzulässig, weil der Anspruch, mit dem aufgerechnet werden soll, erst nach Eröffnung des Insolvenzverfahrens begründet worden ist. Die OFD Koblenz bezieht sich auf die Rspr. des BFH, nach der auf die insolvenzrechtliche Begründung eines Anspruches abzustellen ist.

Das Körperschaftsteuerguthaben ist durch die Umstellung des Anrechnungsverfahrens auf das Halbeinkünfteverfahren entstanden. Die Auszahlbarkeit erfolgt durch die gesetzliche Neuregelung nach § 37 Abs. 5 KStG. Diese Vorschrift fingiert eine Ausschüttung und ersetzt den bisher notwendigen Ausschüttungsbeschluss. Im Umkehrschluss dürften nach der Auffassung der OFD Koblenz Aufrechnungen mit Insolvenzforderungen in all den Fällen zulässig sein, in denen das Insolvenzverfahren nach dem 31. 12. 2006 eröffnet wird. Die Aussagen des BFH-Urteils von zeitabschnittsbezogenem Entstehen von Erstattungszinsen können nicht herangezogen werden. Denn beim Körperschaftsteuerguthaben geht es nur um ein Hinausschieben von Fälligkeiten, wobei der Anspruch schon zu einem bestimmten Zeitpunkt (Stichtag 31. 12. 2006) vollinhaltlich bestimmt ist. Es sind auch nicht weitere Tatbestandsvoraussetzungen für die Auszahlungen zu erfüllen; die Notwendigkeit weiterer Kriterien hatte zu einer anderen Beurteilung im Falle der Eigenheimzulage geführt.

---

45 Hinweis: Durch das JStG 2008 ist § 37 Abs. 4 Sätze 3 und 4 KStG geändert worden. Inhaltliche Änderungen sollen mit der klarstellenden Neufassung nicht verbunden sein.

46 OFD Koblenz v. 7. 12. 2007, S-0453 A / S-0550 A /S 166 A-St 34 1/St 34 2/St 35 8, DStR 2008, S. 354.

Probleme des Nachtragsverteilungsverfahren

Thomas Ludewig

A) Fragestellung

Den im folgenden zu Fragen des Nachtragsverteilungsverfahrens anzustellenden Überlegungen liegt ein Sachverhalt zugrunde, der gegenwärtig die Judikatur beschäftigt:

Über das Vermögen des Schuldners ist mit Eröffnungsbeschluss des Amtsgerichts – Konkursgericht – B. vom 4. 12. 1996 das Konkursverfahren eröffnet worden, das mit Beschluss vom 13. 9. 2000 aufgehoben worden ist. Im Konkursverfahren hatte der Konkursverwalter mit Schreiben vom 23. 9. 1997 erklärt, das Übertragungsgeschäft wegen der Anteile der zur Masse gehörigen D-GmbH nicht anfechten zu wollen. Im übrigen hat der Konkursverwalter mit Schreiben vom 14. 4. 2000 angekündigt, Erklärungen gegenüber einem Herrn R. anfechten zu wollen. Das Amtsgericht – Konkursgericht – B. hat mit Beschluss vom 22. 6. 2006 die Nachtragsverteilung angeordnet; die Gegenstände, auf die sich der Beschluss bezieht, umfassen u.a. in angeblich anfechtbarer Weise vom Gemeinschuldner aus seinem Vermögen weggegebene Vermögensgegenstände, namentlich Beteiligungen an der D- GmbH und mit den damit zusammenhängenden Rechtsgeschäften korrespondierende Forderungen und Rechte.

Gegen den Schuldner ist vom T am 15. 4. 2003 Antrag auf Eröffnung eines Insolvenzverfahrens gestellt worden. Der Antrag wurde auf eine im früheren Konkursverfahren zur Tabelle angemeldete Forderung gestützt, die vom Schuldner bestritten worden war. Der Antrag wurde als unzulässig abgewiesen, was der BGH (BGH, B. v. 29. 3. 2007 IX ZB 141/06) bestätigt hat, da das Bestreiten des Schuldners nach § 145 Abs. 2 KO die Titulierung der Tabellenforderung des Gläubigers hindert und der Schuldner die Verjährungseinrede nicht ersichtlich unbegründet erhoben hat.

Am 4. 8. 2005 hat die X Bank einen weiteren Insolvenzantrag gegen den Schuldner auf Eröffnung des Insolvenzverfahrens über sein Vermögen gestellt. Diesen Antrag stützt die Gläubigerin auf eine Forderung von mehreren Millionen DM, die sie aufgrund Forderungskaufs im Wege der Abtretung von der Z-Bank erworben hat. Wegen der Forderung der Z-Bank hatte sich der Schuldner mit notarieller Urkunde der sofortigen Zwangsvollstreckung in sein gesamtes Vermögen unterworfen. Bei der Abtretung der Forderung ist eine Umschreibung des Titels auf die X Bank nicht erfolgt und bis heute nicht nachgeholt. Die X Bank hat nach Mitteilung des Sachverständigen im übrigen „angekündigt", „hohe Schadenersatzforderungen" gegen den Schuldner aus ihrem Kreditengagement gegen eine Fa. C zu haben.

Diese vermeintliche Forderung ist – gerichtsbekannt – an den Onkel des Schuldners am 28. 10. 2005 von der X Bank abgetreten worden, damit dieser den vermeintlichen Anspruch als Prozesstandschafter gegen den Schuldner verfolgen sollte. Der klagende Onkel ist damit in drei Instanzen gescheitert.

In diesem Verfahren hat das Amtsgericht – Insolvenzgericht – M. einen Sachverständigen bestellt, der mit Gutachten vom 24. 10. 2007 die Eröffnung des Insolvenzverfahrens empfohlen hat. Der Schuldner hat die Forderungen der Gläubigern bestritten und sich auf Verjährung der Darlehensforderung nach §§ 488, 195 BGB sowie darauf berufen, dass die Gläubigerin nicht über einen Titel gegen den Schuldner verfügt.

Die Zedentin der nunmehr von der X Bank ihrer Forderungsanmeldung zugrundegelegten Forderung, die Z-Bank, war mit dem Schuldner in Vergleichsverhandlungen getreten, deren Gegenstand die einmalige Zahlung von 25.000,– zur Bereinigung der Verbindlichkeit (§ 779 BGB) war. Hierzu hat die Z-Bank dem damaligen Prozessbevollmächtigten des Schuldners Rechtsanwalt S. ein Angebot auf Abschluss des entsprechenden Vergleichsvertrages unterbreitet, § 145 BGB, dass dieser nach eigener Aussage für den Schuldner angenommen hat. Bevor noch der Schuldner bzw. sein Rechtsanwalt das Angebot hat annehmen können, hat die Gläubigerin dem Abschluss eines Vergleichsvertrages durch die Zession den Boden entzogen.

B) Funktionsweise des Nachtragsinsolvenzverfahrens

Es ist vorab zu bemerken, dass zu den hier zu beurteilenden Rechtsfragen nur *konkursrechtliche* Judikatur und Literatur vorliegt. Die insolvenzrechtliche Literatur zur InsO schweigt über die hier zu entscheidenden Probleme. Eine Absicherung durch die Judikatur des BGH ist ebenfalls nicht gegeben.

I. Verhältnis von Nachtragsverteilung nach einem aufgehobenen Konkursverfahren und einem zeitlich nachfolgend beantragten Insolvenzverfahren

1. Vorfrage: Zulässigkeit der Eröffnung eines Insolvenzverfahrens über das Vermögen eines Schuldners nach Abschluss eines vorangegangenen Konkursverfahrens

a) Wirkung der Aufhebung des Konkursverfahrens

Grundsätzlich ist davon auszugehen, dass über das Vermögen eines Schuldners das Insolvenzverfahren auch dann eröffnet werden kann, wenn früher bereits über sein Vermögen ein Konkursverfahren durchgeführt und nach dem Schlusstermin durch Aufhebung zum Ende gebracht worden ist.

b) Insolvenzantragsbefugnis von Konkursgläubigern, die im vorangegangenen Konkursverfahren ihre Forderungen angemeldet hatten

Dies gilt auch für Verfahren, die auf Anträge vormaliger Konkursgläubiger hin eröffnet werden, deren Forderungen im früheren Konkursverfahren zur Tabelle festgestellt worden sind. Die nicht befriedigten Konkursgläubiger erlangen durch die Aufnahme ihrer Forderungen zur Tabelle einen Titel, aus dem sie ihre Forderung nachkonkurslich unbeschränkt gegen den Schuldner geltend machen können, § 164 Abs. 1 KO. Dies kann im Rahmen einer Zwangsvollstreckung geschehen, § 164 Abs. 2 KO, im Falle der zwischenzeitlichen Erlangung verfahrenskostendeckender Vermögensgegenstände durch den Schuldner aber auch im Wege der Universalexekution durch Beantragung der Eröffnung eines Insolvenzverfahrens.

c) Keine Präklusionswirkung des die Aufhebung des Konkursverfahrens aussprechenden Beschlusses

Der Beschluss über die Aufhebung des Konkursverfahrens bewirkt insofern keinesfalls „Rechtskraft", dass die früheren Konkursgläubiger ihre Rechte gegen den Schuldner nicht im Wege eines Insolvenzverfahrens verfolgen könnten.

2. Insolvenzanfechtung von Rechtsgeschäften bzw. Rechtshandlungen, die im Wege der Konkursanfechtung angefochten worden sind oder angefochten werden konnten

a) Wirkung des Konkursbeschlags im zeitlich vorangegangenen Konkursverfahren

Die entscheidende Frage im vorliegenden Fall lautet aber, ob der Zugriff auf Vermögensgegenstände, die der Schuldner in anfechtbarer Weise verschoben haben könnte, dadurch ausgeschlossen ist, dass über das Vermögen des Schuldners ein Konkursverfahren eröffnet worden war, in dem diese Vermögensgegenstände, wären sie im Wege der Konkursanfechtung wieder zur Konkursmasse gezogen worden, vom dortigen Konkursbeschlag gem. § 1 Abs. 1 KO erfasst worden wären.

b) Anwendbarkeit der KO

Vorab ist zu bemerken, dass für die hier zu beurteilende Rechtslage primär auf die Konkursordnung, nicht aber die Regelungen der InsO über die Nachtragsverteilung abzustellen ist.

c) Massezugehörigkeit von in anfechtbarer Weise aus dem Schuldnervermögen weggegebener Gegenstände im Konkurs

Gegenstände, die anfechtbarer Weise aus der Masse weggegeben worden sind, gehören i.S.d. § 1 Abs. 1 KO zum gegenwärtigen Vermögen des Gemeinschuldners, das vom Konkursbeschlag erfasst wird.[1] Die §§ 29ff. KO haben die Konkursmasse um diejenigen Gegenstände erweitert, die der Gemeinschuldner in anfechtbarer Weise aus seinem Vermögen weggegeben hat.[2]

3. Wirkungen des Nachtragsverteilungsverfahrens

a) Voraussetzungen einer Nachtragsverteilung gem. § 166 KO

Die Nachtragsverteilung gem. § 166 Abs. 1 KO kommt in Betracht, wenn von der Masse zurückbehaltene Beträge (d.h. Vermögensgegenstände) für die Masse frei werden bzw. Beträge, die aus der Masse gezahlt worden sind, zu dieser zurückfließen, oder vom Gemeinschuldner verheimlichte Massegegenstände ermittelt werden, § 166 Abs. 2 KO.[3] Diese Fälle liegen – jedenfalls bei einer wortlautnahen Behandlung des § 166 KO – im hier zu beurteilenden Fall nicht vor, da der Gemeinschuldner schon im Konkursverfahren in seiner eidestattlichen Erklärung ausdrücklich auf den Komplex der Beteiligungen an der D-GmbH hingewiesen hatte. Darauf kommt es aber nicht an:

b) Auslegung des § 166 Abs. 2 KO

Die Kommentarliteratur[4] wendet – der Judikatur[5] folgend – den § 166 Abs. 2 KO über die Fälle, in denen der Gemeinschuldner im engeren Sinne Vermögensgegenstände verheimlicht hat, die dem Konkursbeschlag unterliegen, auch auf solche Fälle an, in denen der Konkursverwalter diese Frage rechtlich falsch beurteilt hat, geglaubt hat, es sei ein Gegenstand nicht dem Konkursbeschlag unterworfen oder durch Aufrechnungen aufgezehrt oder in denen der Konkursverwalter schlicht vergessen hat, einen Gegenstand, der dem Konkursbeschlag unterworfen ist, zu verwerten.[6]

c) Konkursbeschlag in der Nachtragsverteilung wegen solcher Gegenstände, wegen derer die Konkursanfechtung möglich ist

Problematisch könnte die Nachtragsverteilung wegen der Beteiligungen an der D-GmbH und der damit zusammenhängenden Ansprüche sein, weil der Konkursverwalter die Konkursanfechtung in dem zum 13. 9. 2000 aufgehobenen Konkursverfahren nicht erklärt hatte. Ausgeschlossen ist die Nachtragsverteilung nämlich, wenn der Konkursverwalter einen beschlagnahmten Gegenstand an den Gemeinschuldner freigegeben hat.[7] In der unterlassenen Konkursanfechtung liegt aber

1 *Henckel*, in: Jaeger, KO, 9. Aufl. 1977, § 1 Rn. 4.
2 *Henckel*, in: Jaeger, KO, 9. Aufl. 1977, § 1 Rn. 4.
3 Kilger/*K. Schmidt*, KO, 17. Aufl. § 166 KO Anm. 1.
4 Jaeger-*Weber*, 8. Aufl. KO § 166 Rn. 4; Kuhn/*Uhlenbruck*, KO 11. Aufl. 1994 § 166 Rn. 4a.
5 RGZ 25, 10; RGZ 36, 23.
6 Jaeger-*Weber*, 8. Aufl. KO § 166 Rn. 4.
7 Jaeger-*Weber*, 8. Aufl. KO § 166 Rn. 6.

keine Freigabe des Vermögensgegenstandes an den Schuldner; sie kann aber als Freigabe an den Anfechtungsgegner verstanden werden. Ob dies der Fall ist oder ob ein solcher Erklärungswert dem Schweigen des Konkursverwalters (dem Ausbleiben der Erklärung der Anfechtung) nicht beizumessen ist, kann hier dahingestellt bleiben. Denn nach allg. M. kommt eine Nachtragsverteilung auch wegen Schadenersatzansprüchen der Masse gegen den Konkursverwalter wegen Pflichtwidrigkeiten – hier der pflichtwidrigen Unterlassung der Konkursanfechtung – in Betracht.[8]

d) Konkursbeschlag und Nachtragsverteilung

Soweit die Nachtragsverteilung – wie hier – nach Aufhebung des Insolvenzverfahrens angeordnet wird, ergibt sich rechtlich folgendes Bild:

aa) Ende des Konkursbeschlags mit Aufhebung des Konkursverfahrens

Mit der Aufhebung des Konkursverfahrens nach Abhaltung des Schlusstermins gem. § 163 KO endet im allgemeinen der Konkursbeschlag; alle Verwaltungs- und Verfügungsrechte über die Gegenstände seines Vermögens erlangt der Gemeinschuldner zurück.[9]

bb) Meinungsstreit über die Beschlagswirkungen des Nachtragsverteilungsverfahrens

Etwas anderes gilt, wenn die Nachtragsverteilung angeordnet wird. Streitig ist allerdings, welche Wirkungen die Anordnung der Nachtragsverteilung nach § 166 KO zeitigt. So wird die Auffassung vertreten, die Anordnung der Nachtragsverteilung nach § 166 KO bewirke gegenüber der allgemeinen Aufhebung des Konkursbeschlages bei Aufhebung des Konkursverfahrens, dass der Konkursbeschlag aufrechterhalten bleibt[10] und die Verwaltungs- und Verfügungsbefugnis des Konkursverwalters begründet bleibt. Der Konkursbeschlag besteht nach dieser Ansicht insoweit über den Schlusstermin und die Aufhebung des Konkursverfahrens fort, soweit er sich auf der Nachtragsverteilung unterworfene, vor Aufhebung des Konkursverfahrens bekannte Gegenstände bezieht[11], da es sich beim Nachtragsverteilungsverfahren nicht um ein neues Insolvenzverfahren, sondern um die Fortsetzung des früheren Konkursverfahrens handelt.[12]

Demgegenüber hat *Weber* in seiner Kommentierung des § 166 KO[13] kritisch angemerkt, dass dies dem Verkehrsschutz widerstreiten würde, da – diese Auffassung einer zeitlich unbegrenzten Dauer des Konkursbeschlages zugrundegelegt – die betroffenen Verkehrskreise (die Vertragspartner des Schuldners nach Aufhe-

---

8 Jaeger-*Weber*, 8. Aufl. KO § 166 Rn. 4.
9 Kilger/*K. Schmidt*, KO, 17. Aufl. § 163 KO Anm. 4.
10 Kuhn-*Uhlenbruck*, KO 10. Aufl.
11 Jaeger-*Weber*, 8. Aufl. KO § 163 Rn. 7 im Widerspruch zu seiner Kommentierung des § 166 KO.
12 Zum Ganzen *Eickmann* RWS-Skript No. 88 S. 82.
13 Jaeger-*Weber*, 8. Aufl. KO § 166 Rn. 7; Kuhn/*Uhlenbruck*, KO 11. Aufl. 1994 § 166 Rn. 7a.

bung des Konkursverfahrens gem. § 163 KO) – nie Gewissheit erlangen könnten, ob dem Schuldner hinsichtlich eines Vermögensgegenstandes die Verwaltungs- und Verfügungsbefugnis (wieder) zusteht. Weber[14] konstruiert daher die allgemeine Beschlagswirkung des konkursgerichtlichen Nachtragsverteilungsbeschlusses dergestalt, dass der Beschlag mit der konkursgerichtlichen Anordnung ohne rückwirkende Kraft einsetze.[15] Während Weber ausführt, in den Fällen des § 166 Abs. 1 S. 1, 1. Variante KO dauere der ursprüngliche Konkursbeschlag fort, soll im Fall des § 166 Abs. 2 KO der Konkursbeschlag ex nunc wiederhergestellt werden.[16]

Der referierte Streit hat allerdings allein Bedeutung für die Zulässigkeit von Individualvollstreckung in die von § 166 Abs. 2 KO erfassten Gegenstände – was u. U. auf Duldungsklagen Auswirkungen haben könnte, die Gläubiger gegen Anfechtungsgegner nach dem AnfG führen. Im vorliegenden Fall gehen beide Auffassungen davon aus, dass der Konkursbeschlag aufgrund der gegen den Gemeinschuldner mit Eröffnung des Konkursverfahrens eingeleiteten Gesamtvollstreckung durch die Anordnung der Nachtragsverteilung – bezogen auf das Stichtagsvermögen zum Tage des Eröffnungsbeschlusses gem. § 1 Abs. 1 KO – vorliegt.

e) Dingliche Reichweite des Konkursbeschlags im Nachtragsverteilungsverfahren

aa) Maßgeblichkeit der konkursgerichtlichen Anordnung

Allerdings greift der Konkursbeschlag bei Anordnung der Nachtragsverteilung nicht in dem von § 1 Abs. 1 KO beschriebenen dinglichen Umfang, sondern nur soweit, wie Vermögensgegenstände („Beträge“) der Nachtragsverteilung durch die konkursgerichtliche Anordnung vorbehalten (d. h. konkret bezeichnet) werden.[17]

bb) Schutz der Gläubigergleichbehandlung

Der Grund für die auf das frühere Konkursverfahren bezogenen Beschlagswirkungen der Anordnung der Nachtragsverteilung liegt darin, dass die Konkursgläubiger aus dem zum Zeitpunkt der Eröffnung des Konkursverfahrens vorhandenen („gegenwärtigen“ – § 1 Abs. 1 KO) Vermögen befriedigt werden sollen und dadurch die Gleichbehandlung der Konkursgläubiger gewährleistet wird. Nach den Regelungen der KO können daher nur aus einem nachkonkurslich erworbenen Neuerwerb des Schuldners die späteren Gläubiger von während oder nach Aufhebung des Konkursverfahrens erworbenen persönlichen Forderungen Befriedigung erwarten, nicht dagegen aus Gegenständen der im Konkursverfahren beschlagnahmten Masse; die Aufhebung des Konkursverfahrens hebt mit anderen Worten

14 Jaeger-*Weber*, 8. Aufl. KO § 166 Rn. 7.
15 Jaeger-*Weber*, 8. Aufl. KO § 166 Rn. 7.
16 Jaeger-*Weber*, 8. Aufl. KO § 166 Rn. 10.
17 Kilger/*K. Schmidt*, KO, 17. Aufl. § 166 KO Anm. 2.

zwar den Konkursbeschlag, nicht aber den sachlichen Grund der haftungsrechtlichen Zuweisung der Masse an diejenigen Konkursgläubiger auf, die zum Zeitpunkt der Eröffnung des Konkursverfahrens eine persönliche Forderung gegen den Gemeinschuldner hatten.

f) Rechtszuständigkeit für die Konkursanfechtung beim Konkursverwalter bzw. beim besonderen Nachtragsverwalter

Nur ergänzend ist darauf hinzuweisen, dass das Konkursgericht zwingend eine andere Person als den ursprünglichen Konkursverwalter als Verwalter zur Wahrnehmung der aus der Anordnung der Nachtragsverteilung folgenden Befugnisse und Aufgaben zu bestellen hat, wenn Schadenersatzansprüche der Masse gegen den früheren Konkursverwalter Gegenstand der Nachtragsverteilung sind. Im vorliegenden Fall ist das Verfahren des Amtsgerichts B. als Konkursgericht auch insoweit nicht zu beanstanden. Denn nach Aufhebung des Konkursverfahrens kommen Aufsichtsmaßnahmen gegen den früheren Konkursverwalter, mit denen dieser z.B. zur Konkursanfechtung angehalten werden sollte, nicht mehr in Betracht, da das Amt des bisherigen Konkursverwalters mit Aufhebung des Konkursverfahrens nach § 163 KO zwar nicht ohne weiteres endet[18], in aller Regel aber die Bestallungsurkunde nach § 81 Abs. 2 S. 2 KO zurückgereicht worden sein wird.[19]

4. Folgerungen für ein beantragtes Insolvenzverfahren

a) Fragestellung

Das wirft die Frage auf, wie sich ein erneutes Insolvenzverfahren zu dem durch die Anordnung der Nachtragsverteilung fortgesetzten Konkursverfahren über das Vermögen des Gemeinschuldners/Schuldners verhält:

Im allgemeinen ist – wie oben ausgeführt – ein Insolvenzverfahren über das Vermögen eines Schuldners nicht dadurch ausgeschlossen, dass früher bereits ein Insolvenzverfahren oder Konkursverfahren über das (frühere) Vermögen durchgeführt worden ist; etwas anderes gilt, soweit der Neugläubiger aufgrund einer Betriebsfortführung durch den selbständig tätigen Schuldner seine Forderung im noch laufenden Insolvenzverfahren als Massegläubiger geltend machen kann.[20]

b) Unterschiedliche Reichweite von Konkurs- und Insolvenzbeschlag

Die Rechtslage wird jedoch dadurch gekennzeichnet, dass sich der Ansatz der Bestimmung der Konkursmasse in § 1 Abs. 1 KO vom Konzept des § 35 Abs. 1

---

18 Jaeger-*Weber*, 8. Aufl. KO § 163 Rn. 6.
19 Jaeger-*Weber*, 8. Aufl. KO § 166 Rn. 12.
20 BGH, B. v. 18. 5. 2004, IX ZB 189/03.

InsO grundlegend dadurch unterscheidet, dass durch die Eröffnung des Insolvenzverfahrens auch der Neuerwerb des Insolvenzschuldners beschlagnahmt, dem Insolvenzschuldner – sofern es sich um eine natürliche Person handelt – auf dessen Antrag Restschuldbefreiung gewährt wird und damit die freie Nachforderung nach Aufhebung des Verfahrens (heute: § 201 InsO) ausgeschlossen wird. Die auf das gegenwärtige Vermögen des Gemeinschuldners verwiesenen Konkursgläubiger konnten dagegen nicht auf den Neuerwerb im Konkursverfahren, und zwar auch nicht im Rahmen einer damit infiniten Nachverteilung zugreifen.

c) *Vorrang des Konkursbeschlages: Kein Nebeneinander von Insolvenz- und Konkursbeschlag*

Daraus folgt zwingend, dass der Insolvenzbeschlag nach § 35 Abs. 1 InsO aufgrund der Eröffnung eines „neuen" Insolvenzverfahrens, wie er mit verschiedenen Anträgen von Gläubigern vor dem Amtsgericht L als Insolvenzgericht begehrt wird, den Konkursbeschlag des Nachtragsverteilungsverfahrens als Wiederbegründung des alten Konkursbeschlages nicht überlagern oder gar aufheben kann.

d) *Insolvenzverfahren als Sonderinsolvenzverfahren über den Neuerwerb des Schuldners seit Eröffnung des Konkursverfahrens*

aa) *Möglicher Insolvenzbeschlag des Neuerwerbs des Schuldners ab Eröffnung des Konkursverfahrens*

Ein heute über das Vermögen des Insolvenzschuldners zu eröffnendes Insolvenzverfahren wäre daher nur als eine besondere Form eines „Sonderinsolvenzverfahrens" denkbar, mit dem allein auf den nach Aufhebung des zeitlich vorangegangenen Konkursverfahrens erlangten Neuerwerb zugegriffen werden könnte.
Etwas anderes gilt nicht etwa deshalb, weil die Gläubiger von Konkursforderungen bzw. Inhaber von Forderungen, die durch Eintrag in die Konkurstabelle im früheren Verfahren tituliert worden sind, ein neues Insolvenzverfahren dazu nutzen könnten, unter Anwendung der Vorschriften der InsO die insolvenzanfechtungsrechtlichen Instrumentarien der InsO zu nutzen.

bb) *Masselosigkeit*

Aus den vorangegangenen Erwägungen ergibt sich zwanglos, dass die Durchsetzbarkeit von Insolvenzanfechtungsansprüchen vorliegend nicht gegeben ist. Da die zugesagten Massekostenzuschüsse der antragstellenden Gläubiger aber auf der Prämisse der Durchsetzbarkeit der Insolvenzanfechtung zu beruhen scheinen ist davon auszugehen, dass die Finanzierung der Verfahrenskosten vorliegend nicht gesichert ist.

II. Konkursanfechtung durch den Verwalter im Nachtragsverteilungsverfahren

1. Befugnisse eines neuen (Nachtragsverteilungs-)Verwalters

Die Zuständigkeit für die Konkursanfechtung liegt grundsätzlich beim Konkursverwalter.[21] Zweifel können danach aber daran bestehen, ob ein (neuer) Verwalter im Nachtragsverteilungsverfahren die Konkursanfechtung zu erklären befugt ist. In diesem Zusammenhang wird eine solche Befugnis für diejenigen Fälle abgelehnt, in denen es um gläubigerbenachteiligende Verfügungen des Schuldners im Zeitraum nach Aufhebung des früheren Konkursverfahrens gem. § 163 KO und der Anordnung der Nachtragsverteilung handelt. Zur Begründung wird zutreffend ausgeführt, es handle sich beim Nachtragsverteilungsverfahren nicht um ein neues Konkursverfahren.[22]

2. Rechtsbefugnisse des neuen (Nachtragsverteilungs-)Verwalters zur Verfügung über Gegenstände, die im aufgehobenen Konkursverfahren vom Beschlag erfasst waren

Allerdings wird dabei stets darauf hingewiesen, dass der Verwalter im Nachtragsverteilungsverfahren die Befugnisse des Konkursverwalters zur Erlangung derjenigen Massegegenstände hat, die im früheren, aufgehobenen Konkursverfahren vom Konkursbeschlag erfasst waren (hierzu s.o. Gliederungspunkt B I. 3. lit. d und e et passim), so dass der Verwalter im Nachtragsverteilungsverfahren wegen anfechtbarer Vorgänge vor Eröffnung des zwischenzeitlich aufgehobenen Konkursverfahrens über das Vermögen des Schuldners zur Konkursanfechtung befugt ist.[23]

3. Befugnis des Verwalters im Nachtragsverteilungsverfahren zur Konkursanfechtung

Der Verwalter im Nachtragsverteilungsverfahren ist daher befugt, Konkursanfechtungsprozesse zu führen.

---

21 Jaeger-*Henckel*, 9. Aufl. KO 1991, § 6 Rn. 39.
22 Kuhn/*Uhlenbruck*, KO 11. Aufl. 1994 § 166 Rn. 5 b.
23 Kuhn/*Uhlenbruck*, KO 11. Aufl. 1994 § 166 Rn. 5 b.

III. Rechtliches Interesse an den gestellten Insolvenzanträgen

1. Fehlen eines rechtlichen Interesses der Antragsteller

a) Wirtschaftliches Ziel der gestellten Insolvenzanträge

Ziel der Anträge ist es, Insolvenzanfechtungen zu verfolgen. Diese wären aber wegen des anhängigen Nachtragsverteilungsverfahrens nicht vom Insolvenzbeschlag erfasst.

b) Rechtliches Interesse an der Durchführung eines Insolvenzverfahrens

§ 14 Abs. 1 InsO setzt neben der Glaubhaftmachung einer gegen den Schuldner bestehenden Forderung für die Zulässigkeit des Antrags eines Gläubigers voraus, dass der Gläubiger ein rechtliches Interesse an der Eröffnung des Insolvenzverfahrens hat.

Am Rechtsschutzbedürfnis fehlt es auch solchen Anträgen, mit denen der Gläubiger den Schuldner als Mitwettbewerber ausschalten[24] oder – vielfach insbesondere bei Pacht- und Mietverträgen des Schuldners von größter Bedeutung – ihn aus bestimmten Vertragsverhältnissen[25] herausdrängen oder die Antragstellung als Druckmittel zur Durchsetzung zweifelhafter Forderungen benutzen[26] will[27].

2. Stellung eines auf die Einleitung eines zwingend massearmen Verfahrens gerichteten Eröffnungsantrags

Das von den Antragsstellern angestrebte Rechtsschutzziel – Zugriff auf vermeintlich in anfechtbarer Weise weggegebene Vermögensgegenstände – lässt sich wegen des fortdauernden oder wieder aufgelebten Konkursbeschlags in einem Insolvenzverfahren nicht erreichen.

Dabei sind die oben dargelegten Grundsätze zu berücksichtigen: Gegenstände, die der Gemeinschuldner in anfechtbarer Weise aus seinem Vermögen weggegeben hat und deren Verfolgung dem Nachtragsverteilungs-Verwalter obliegt, dürfen bei der Berechnung der verfahrenskostendeckenden Masse nicht herangezogen werden.

Die Antragsteller selbst tragen vor, dass sich eine verfahrenskostendeckende Masse in dem von ihnen angestrebten Insolvenzverfahren ausschließlich durch die erfolgreiche Durchsetzung von Insolvenzanfechtungsansprüchen erreichen lassen wird.

---

24 Zu diesem Zusammenhang *Smid/Rattunde,* Der Insolvenzplan, Rn. 47ff.
25 Abgedr. in ZIP 1996, 976ff.
26 Zum ganzen *Balz,* ZIP 1996, 948ff., insbes. 953f.
27 *Kuhn/Uhlenbruck,* KO, § 103 Rn. 2.

Stellt der Schuldner einen Eigenantrag, kommt es auf ein rechtliches Interesse an der Verfahrensdurchführung nicht an; im Falle natürlicher Personen trägt der Gesetzgeber durch die Verfahrenskostenstundung nach § 4a InsO dem Interesse des Schuldners an einer Restschuldbefreiung Rechnung.

Anders verhält es sich aber im Falle von Fremdanträgen der Gläubiger:

Ohne dass es darauf ankäme, ob die Eröffnungsanträge in den genannten Verfahren sittenwidrig seien fehlt es daher an dem von § 14 Abs. 1 InsO geforderten rechtlichen Interesse.

Hier spricht zudem gegen das von § 14 Abs. 1 InsO für die Zulässigkeit des Fremdnachtrages geforderte rechtliche Interesse, dass die Antragsteller des Antrags auf Eröffnung eines Insolvenzverfahrens gegen den Schuldner selbst ihr Rechtsschutzziel auf dem Wege des Nachtragsverteilungsverfahren betrieben haben.

Die englische Limited in der Insolvenz[1]

Dr. Klaus Pannen

Gliederung

1. Einleitung

Ausländische Gesellschaften sind zunehmend in Deutschland tätig. Doch sind nicht nur „echte“ ausländische Gesellschaften, sondern – vor allem – „deutsche“ ausländische Gesellschaften im Geschäftsverkehr zu finden. Diese scheinbar paradoxe Formulierung bezieht sich auf die so genannten Scheinauslandsgesellschaften[2], d. h.

---

1 Der Beitrag ist die leicht überarbeitete, aktualisierte und um Fußnoten ergänzte Fassung eines Vortrags, den der Verfasser anlässlich des 4. Kieler Insolvenzrechtlichen Symposiums am 7. 6. 2008 gehalten hat. Die Vortragsform wurde nicht beibehalten.

2 Siehe hierzu: *Bischoff*, ZInsO 2009, 164 ff.; *Erbe*, Die Limited und Limited & Co. KG (2008); *Leuering*, ZRP 2008, 73 ff.; *Hirte*, NJW 2009, 415 ff.; *Mörsdorf*, EuZW 2009, 97 ff.; *Altmeppen*, FS Röhricht, 2005, S. 3, 10; *ders./Wilhelm*, DB 2004, 1083; *Bitter*, WM 2004, 2190, 2191; *H. Schmidt*, WM 2007, 2093 ff.; *Kußmaul/Ruiner*, IStR 2007, 696 ff.; *Gottwald/Huber*, Insolvenzrechts-Handbuch, 2006, § 50 Rn. 5; *Schulz*, NJW 2003, 2705; *Vallender*, ZGR 2006, 425, 426; *Weller*, IPRax 2003, 520, 521.

Gesellschaften, die in einem anderen Staat nach dem dortigen Gründungsstatut gegründet wurden, jedoch ausschließlich in Deutschland tätig sind und auch hier ihren Verwaltungssitz haben.

Hauptanwendungsfall ist derzeit die englische *Private Company Limited by Shares* – kurz Limited. Grund hierfür sind die weniger strengen Voraussetzungen für die Gründung einer Limited, vor allem was das Mindeststammkapital anbelangt. De facto geht es bei Scheinauslandsgesellschaften um unzählige Kleinunternehmen, denen das Kapital fehlt, um als GmbH tätig zu sein, und die deshalb in Form einer englischen Limited auf dem deutschen Markt tätig sind. Dennoch beschränkt sich der „Markt“ für ausländische Gesellschaftsformen nicht auf die Limited, obwohl sie eine repräsentative Rolle innehat.[3] Vielmehr können die Gesellschaftsformen aus allen mitgliedstaatlichen Rechtsordnungen in jedem Mitgliedstaat tätig sein.[4]

Diese Situation ergibt sich aus den einschlägigen Urteilen des EuGH *Centros*[5], *Überseering*[6], *Inspire Art*[7] und neuerdings *Cartesio*[8], in welchen höchstrichterlich geklärt wurde, dass diese Gesellschaften im Rahmen der gemäß Art. 43, 48 EGV garantierten Niederlassungsfreiheit nach dem ausländischem Gesellschaftsstatut als rechtsfähige juristische Personen anzuerkennen sind.

Die Tätigkeit von Limited in Deutschland geht jedoch mit erheblichen juristischen Problemen einher. Befindet sich eine solche Scheinauslandsgesellschaft – also meistens eine Limited – in der Insolvenz[9], so ergibt sich eine Diskrepanz zwischen dem anwendbaren Gesellschaftsrecht und dem anwendbaren Insolvenzrecht. Das anwendbare Insolvenzrecht bestimmt sich nämlich nicht nach dem Ort der Gründung, sondern gemäß der Verordnung (EG) Nr. 1346/2000 des Rates vom 29. Mai 2000 über Insolvenzverfahren (EuInsVO) nach dem Ort, an dem das Insolvenzverfahren eröffnet wird.[10] Dabei wird im Allgemeinen auf den Ort der Tätigkeit abgestellt und auf diese Weise das anwendbare Insolvenzrecht ermittelt. Die Folge ist ein Auseinanderfallen von Gesellschafts- und Insolvenzstatut. Dies bereitet

---

3 So ist mittlerweile jede vierte in Deutschland gegründete, geschlossene Kapitalgesellschaft eine Limited, vgl. *Eidenmüller,* ZGR 2007, 168, 169, 173.

4 Aufgrund eines besonderen Vertrages mit den USA sind auch die Gesellschaftsformen der 50 US-amerikanischen Bundesstaaten zu berücksichtigen, siehe hierzu Art. XXV Abs. 5 des Freundschafts- Handels- und Schifffahrtsvertrages zwischen der Bundesrepublik Deutschland und den Vereinigten Staaten von Amerika vom 29. 10. 1954, BGBl. II 1956, S. 488; dazu auch *Westermann,* GmbHR 2005, 4, 12.

5 EuGH NJW 1999, 2027.

6 EuGH NJW 2002, 3614.

7 EuGH NJW 2003, 3331.

8 EuGH, Urt. vom 16. 12. 2008, NZG 2009, 61 ff. = ZIP 2009 24 ff.; siehe hierzu: *Mörsdorf,* EuZW 2009, 97 ff.; *Hirte,* NJW 2009, 415; *Knof/Mock,* ZIP 2009, 30 ff.; *Goette,* DStR 2009, 128 ff.; *Hoffmann/Leible,* BB 2009, 58 ff.

9 Im Jahre 2007 sind auf 183 eröffnete Insolvenzverfahren über das Vermögen von Limited 369 mangels Masse abgewiesen worden, siehe www. destatis. de.

10 Gemäß Art. 4 Abs. 1 in Verbindung mit Art. 3 EuInsVO.

Schwierigkeiten, vor allem in Bezug auf Rechtsinstitute, die nicht eindeutig dem Insolvenz- oder dem Gesellschaftsrecht zuzuordnen sind.

Nach einführenden Ausführungen zur nun in der EU geltenden Gründungstheorie sowie zur Organisation der englischen Limited – in der gebotenen Kürze – wird nachfolgend auf die verschiedenen insolvenzrechtlichen Rechtsinstitute näher eingegangen.

2. Inspire Art & Co – die Geltung der Gründungstheorie

2.1 Rechtsprechung des EuGH

Im internationalen Gesellschaftsrecht wird zwischen der Sitz- und der Gründungstheorie unterschieden.[11] Während nach der Sitztheorie der tatsächliche Sitz einer Gesellschaft das anwendbare Gesellschaftsrecht bestimmt und nur eine Gesellschaft mit inländischem Verwaltungssitz und Gründungsstatut rechtsfähig ist, bestimmen sich nach der Gründungstheorie die Rechtsfähigkeit und das anwendbare Recht nach dem Gründungsort. Vor den drei Grundsatzentscheidungen des EuGH in Sachen *Centros*[12], *Überseering*[13] und *Inspire Art*[14] wurde in manchen europäischen Staaten – darunter Deutschland – die Sitztheorie vertreten.[15]

Nach Meinung des EuGH verstößt die Sitztheorie gegen die Niederlassungsfreiheit nach Art. 43, 48 EGV, da nach dieser Gesellschaften, die ihren tatsächlichen Verwaltungssitz ins Ausland verlegt haben, nach ihrem Gründungsstatut anzuerkennen sind.[16] Dies hat der EuGH zunächst in dem Urteil *Centros*[17] klar gestellt (die Versagung der Eröffnung einer Zweigniederlassung durch einen anderen Mitgliedstaat stellt einen Verstoß gegen die Niederlassungsfreiheit dar). Im Anschluss daran bestätigte der EuGH im Urteil *Überseering*[18] diesen Grundsatz auch für die Verlegung einer Hauptniederlassung, die durch den zuziehenden Mitgliedstaat nicht verhindert werden kann. Im Urteil *Inspire Art*[19] erklärte ferner der EuGH, dass Mindestkapitalanforderungen und ein spezieller Namenszusatz mit drohender persönlicher Haftung gegen die Niederlassungsfreiheit verstößen.[20] Durch diese

---

11 Zur Sitz- und Gründungstheorie, siehe Palandt/*Thorn*, Anh. zu Art. 12 EGBGB Rn. 1.
12 EuGH NJW 1999, 2027.
13 EuGH NJW 2002, 3614.
14 EuGH NJW 2003, 3331.
15 Ausführlich zur Entwicklung der Rechtsprechung *Bayer* BB 2003, 2357, 2358 ff.
16 *Forsthoff*, DB 2002, 2471; *Geyrhalter/Gänßler*, NZG 2003, 409, 411; *Horn*, NJW 2004, 893, 896; *Kuntz*, NZI 2005, 424; *Sandrock*, BB 2004, 897, 901; *Spindler/Berner*, RIW 2004, 7, 8; *Weller*, IPRax 2003, 520, 521; *Wienberg/Sommer*, NZI 2005, 353; a. A. *Altmeppen*, NJW 2004, 97, 98 f., der meint, dass die Rechtsprechung des EuGH lediglich ausdrücke, dass eine wirksam gegründete Kapitalgesellschaft sich in einem anderen Mitgliedstaat nicht die nochmalige Anwendung strengeren Gründungsrechts gefallen lassen muss. So auch *Altmeppen/Wilhelm*, DB 2004, 1083, 1087.
17 EuGH NJW 1999, 2027.
18 EuGH NJW 2002, 3614.
19 EuGH NJW 2003, 3331.
20 Dazu *Altmeppen*, NJW 2004, 97; *Behrens*, IPRax 2003, 193, 204.

Reihe von Entscheidungen waren nunmehr die Grenzen offen für Gesellschaftsformen aus anderen Mitgliedstaaten.

Die letzte EuGH-Entscheidung in diesem Zusammenhang erging am 16. 12. 2008 in Sachen *Cartesio*.[21] Entgegen den Schlussanträgen des Generalanwalts[22] hält der EuGH in diesem Urteil an seiner zunächst in Sachen *Daily Mail*[23] festgestellten Rechtsprechung fest. Nach dieser Entscheidung enthält das Gemeinschaftsrecht keine Vorschriften, welche die Mitgliedstaaten daran hindern, Wegzugsbeschränkungen für Gesellschaften aufzustellen, die nach ihrem Recht gegründet worden sind, jedoch ihren Sitz unter Beibehaltung des Gründungsstatuts in einen anderen Mitgliedstaat verlegen wollen.[24]

Nach der Rechtsprechung des EuGH gilt somit die Gründungstheorie im Rechtsverkehr zwischen den Mitgliedstaaten. Eine Gesellschaft ist mit ihrem Gründungsstatut als rechtsfähige juristische Person anzuerkennen, auch wenn sie im Ausland tätig wird.[25] So kann beispielsweise eine französische *Société à responsabilité limitée* (SARL) in Deutschland ihren Verwaltungssitz und ihre Haupttätigkeit haben und jedoch weiterhin dem französischen Gesellschaftsrecht unterliegen. Inländische Gläubigerschutznormen bleiben nur in engen Grenzen über die Rechtfertigung oder eine Sonderanknüpfung anwendbar.

Die Rechtsprechung des EuGH zur Niederlassungsfreiheit hat ihren Niederschlag in der deutschen Rechtsordnung gefunden. Durch das Gesetz zur Modernisierung des GmbH-Rechts und zur Bekämpfung von Missbräuchen (MoMiG)[26], am 1. 11. 2008 in Kraft getreten, wurde insbesondere § 4a GmbHG geändert. § 4a Abs. 1 GmbHG heißt nunmehr „Sitz der Gesellschaft ist der Ort im Inland, den der Gesellschaftsvertrag bestimmt.“[27] Abs. 2 ist ersatzlos gestrichen worden. Nunmehr muss somit der Verwaltungssitz nicht zwingend mit dem Satzungssitz übereinstimmen, sodass eine deutsche GmbH ihrer Geschäftstätigkeit auch ausschließlich außerhalb Deutschlands nachgehen kann.[28]

---

21 EuGH, Urt. vom 16. 12. 2008, NZG 2009, 61 ff. = ZIP 2009 24 ff.; siehe hierzu: *Mörsdorf*, EuZW 2009, 97 ff.; *Hirte*, NJW 2009, 415; *Knof/Mock*, ZIP 2009, 30 ff.; *Goette*, DStR 2009, 128 ff.; *Hoffmann/Leible*, BB 2009, 58 ff.

22 Schlussanträge des Generalanwalts *Maduro* vom 22. 5. 2008, NZG 2008, 498 ff.

23 EuGH Urteil vom 27. 9. 1988, Slg. 1988, 5483.

24 Vgl. *Goette*, DStR, 2009, 128.

25 *Eidenmüller*, ZIP 2002, 2233, 2234.

26 Zum MoMiG und seine Konsequenzen auf das Insolvenzrecht, siehe u.a.: *Römermann*, NZI 2008, 641 ff.; *Grundlach/Frenzel/Strandmann*, NZI 2008, 647 ff.; OLG Köln, Urt. vom 11. 12. 2008, ZIP 2009, 315 ff.; *Gutmann/Nawroth*, ZInsO 2009, 174 ff.; *Weyand*, ZInsO 2008, 702 ff.; *Wälzholz*, DStR 2007, 1914 ff.; *Leithaus/Riewe*, NZI 2008, 598 ff.; *Hirte*, ZInsO 2008, 689 ff.; *Burg/Poertzgen*, ZInsO 2008, 473 ff.; *Kindler*, NJW 2008, 3249 ff.; *Poertzgen*, NZI 2008, 9 ff. Zum MoMiG allgemein, siehe *Seibert* (Hrsg.), Gesetz zur Modernisierung des GmbH-Rechts und zur Bekämpfung von Missbräuchen – MoMiG (2008).

27 Gleiches gilt auch für die AG: § 5 Abs. 2 AktG wurde ersatzlos gestrichen und Abs. 1 um die Formulierung „im Inland“ ergänzt.

28 *Wicke*, GmbHG Kommentar, § 4a Rn. 1; zu § 4a GmbHG in Verbindung mit dem *Cartesio*-Urteil, siehe *Knof/Mock*, ZIP 2009, 30, 32.

Des Weiteren ist am 7. 1. 2008 der Referentenentwurf eines Gesetzes zum Internationalen Privatrecht der Gesellschaften, Vereine und juristischen Personen, veröffentlicht worden.[29] Hiernach soll insbesondere die Gründungstheorie im deutschen IPR kodifiziert werden. So lautet Art. 10 Abs. 1 EGBGB-RefE:

Gesellschaften, Vereine und juristische Personen des Privatrechts unterliegen dem Recht des Staates, in dem sie in ein öffentliches Register eingetragen sind. Sind sie nicht in ein öffentliches Register eingetragen, unterliegen sie dem Recht des Staates nach dem sie organisiert sind.

Ferner wird die Reichweite des nach diesem Anknüpfungspunkt ermittelten Gesellschaftsstatuts in Art. 10 Abs. 2 EGBGB-RefE präzisiert, und zwar durch eine nicht abschließende Aufzählung einzelner Tatbestände wie z.B. die Rechtsfähigkeit, die Organisationsverfassung und die Haftung der Gesellschaft.

Von besonderem Interesse in diesem Zusammenhang ist die Entscheidung des BGH vom 27. 10. 2008[30], in welcher er sich – entgegen dem europarechtlichen Trend zugunsten der Gründungstheorie – für eine strikte Anwendung der Sitztheorie im autonomen IPR aussprach. So ist in Deutschland nach Meinung des BGH eine in der Schweiz gegründete AG mit Verwaltungssitz in Deutschland als rechtsfähige Personengesellschaft zu behandeln. Die Gründungstheorie gilt somit nur im Verhältnis zu den EU-Mitgliedstaaten.

2.2 Rechtfertigung der Anwendung inländischer Gläubigerschutznormen

Auch nach der oben erwähnten Rechtsprechung des EuGH gilt die Gründungstheorie nicht uneingeschränkt. In bestimmten Konstellationen kann vielmehr die Anwendung inländischer Gläubigerschutznormen auf im Inland tätige Auslandsgesellschaften (wie z.B. eine Limited in Deutschland) gerechtfertigt sein. Dies ist entweder dann der Fall, wenn ein Missbrauch vorliegt oder wenn der „Vier-Kriterien-Test“ erfüllt ist.

Missbrauch beschränkt sich nach der Rechtsprechung des EuGH nur auf Fälle, in denen betrügerisches Verhalten nachweisbar ist.[31] Dabei stellt der EuGH klar, dass die Wahl einer Auslandsgesellschaft zur Umgehung nationaler Vorschriften gerade kein Missbrauch der europäischen Niederlassungsfreiheit ist, sondern vielmehr die Ausprägung derselben bedeutet.[32] Deshalb wird die praktische Relevanz der Missbrauchsfälle nicht sehr groß sein.

---

29 Siehe hierzu *Schneider*, BB 2008, 566ff.; *Leuering*, ZRP 2008, 73ff.; *Leistikow*, Das neue GmbH-Recht (2008), S. 56. Bislang wurde jedoch dieser Referentenentwurf nicht weiter voran getrieben, siehe *Hirte*, NJW 2009, 415.

30 BGH, Urt. vom 27. 10. 2008, „Trabrennbahn“, NZG 2009, 68ff. = NJW 2009, 289ff.; siehe hierzu *Goette*, DStR 2009, 63f.; *Hellgardt/Illmer*, NZG 2009, 94ff.; *Kieninger*, NJW 2009, 292f.

31 *Eidenmüller*, JZ 2004, 24, 26; *Eidenmüller/Rehm*, ZGR 2004, 159, 178ff.; *Spindler/Berner*, RIW 2004, 7, 9; *Ulmer*, NJW 2004, 1201, 1203; *Weller*, IPRax 2003, 520, 522.

32 EuGH NJW 1999, 2027; dazu auch *Altmeppen*, NJW 2004, 97; *Geyrhalter/Gänßler*, DStR 2003, 2167, 2168f.; *Weller*, IPRax 2003, 520, 522.

Gläubigerschutznormen können ferner zur Anwendung kommen, wenn der sogenannte „Vier-Kriterien-Test" – auch *Gebhard*-Formel[33] genannt – erfüllt ist.[34] Hiernach kann das nationale Recht auch auf Scheinauslandsgesellschaften anwendbar sein, wenn

(1) ein Eingriff in nicht-diskriminierender Weise vorliegt,
(2) dieser aus Gründen des Allgemeininteresses gerechtfertigt, sowie
(3) geeignet und
(4) erforderlich ist.[35]

Eine Berufung auf Gründe des Allgemeininteresses setzt eine deutliche Formulierung des Rechtfertigungsziels voraus.[36] Dabei ist zunächst anerkannt, dass der Gläubigerschutz ein Schutzgut im Sinne des allgemeinen Interesses ist, oder auch der Schutz der Arbeitnehmer und Minderheitsgesellschafter.[37] Besonders im Rahmen der Rechtfertigung ist dann zu berücksichtigen, dass die Anforderungen an die vier Kriterien sich danach bestimmen, wie intensiv die nationale Regelung in die Niederlassungsfreiheit eingreift. Je geringer der Eingriff ist, desto geringer sind die Anforderungen an eine Rechtfertigung.[38]

3. Organisation der englischen Limited

Die Kapitalgesellschaften sind im englischen Recht im Companies Act 1985 geregelt. Es existieren hauptsächlich drei Arten von Kapitalgesellschaften:[39]

- die *company limited by shares*: Die Haftung der Gesellschafter ist auf die eingezahlten Einlagen beschränkt;
- die *company limited by guarantee*: Die Haftung der Gesellschafter beschränkt sich darauf, bei der Liquidation bzw. Auflösung der Gesellschaft bestimmte Einlage zu erbringen;
- die *unlimited company*: Die Gesellschafter haften unbeschränkt.

Von wesentlicher Bedeutung in der Praxis ist vor allem die Rechtsform der *company limited by shares*, kurz Limited.[40] Dabei unterscheidet man zwischen der public *limited company by shares*, kurz plc., und der *private company limited by shares*, die in der Regel als Limited – Ltd. – bezeichnet wird. Im englischen Gesellschaftsrecht stellt die plc. die übliche Rechtsnorm für eine Gesellschaft mit beschränkter Haftung

33 Nach dem Urteil des EuGH vom 30. 11. 1995, Slg. 1995 I-4165.
34 EuGH NJW 1999, 2027; dazu *Paefgen,* ZIP 2004, 2253, 2256; *Weller,* IPRax 2003, 520, 522.
35 Ausführlich Pannen/*Pannen/Riedemann,* EuInsVO Kommentar, Art. 4 Rn. 30; dazu auch *Eidenmüller/Rehm,* ZGR 2004, 159, 169 ff.
36 *W.-H. Roth,* IPRax 2003, 117, 126.
37 EuGH NJW 1999, 2027, Rn. 35; EuGH NJW 2002, 3614, Rn. 92; EuGH NJW 2003, 3331, Rn. 132; dazu *Altmeppen/Wilhelm,* DB 2004, 1083, 1088; *Behrens,* IPRax 2004, 20, 25; siehe auch Hirte/Bücker-*Forsthoff,* Grenzüberschreitende Gesellschaften, § 2 Rn. 57.
38 *Bitter,* WM 2004, 2190, 2192.
39 *Mellert/Verfürth,* Wettbewerb der Gesellschaftsformen, S. 98.
40 Zur Entstehungsgeschichte der Limited, siehe *Erbe,* Die Limited und Limited & Co. KG, S. 1.

dar, während für die Ltd. Sonderregelungen vorgesehen sind.[41] In der Praxis werden jedoch vor allem Ltd. gegründet.[42]

3.1 Gründung

Eine oder mehrere natürliche oder juristische Personen können eine Limited gründen.[43] Hierfür müssen folgende Dokumente beim zuständigen Gesellschaftsregister, d.h. dem *Companies House* in Cardiff (www.companieshouse.gov.uk), eingereicht werden:[44]

- die Satzung der Gesellschaft, die aus zwei Dokumenten besteht: das *Memorandum of Association* und die *Articles of Association*;
- eine schriftliche Erklärung der Personen, die bei der Gründung als *directors* tätig sein werden (Name, Anschrift, Nationalität, andere Geschäftsführerpositionen, Geburtsdatum, Beruf);
- eine schriftliche Erklärung der Person, die die Funktion des *company secretary* übernimmt, mit den gleichen Angaben wie für die *directors*;
- die Anschrift des Firmensitzes;
- eine Erklärung, dass die gesetzlichen Gründungsvorschriften befolgt worden sind;
- Zahlung einer Gebühr in Höhe von GBP 20.

Wichtige Dokumente für die Gründung einer Limited sind das *Memorandum of Association*, welches das Außenverhätnis regelt, und die *Articles of Association*, die das Innenverhältnis der Gesellschaft regeln.[45] In dem *Memorandum of Association* steht insbesondere: die Firma, ob die Limited ihren Sitz in England and Wales oder in Schottland hat, der Gesellschaftszweck, dass die Haftung der Gesellschaft beschränkt ist, und die Summe des Gesellschaftskapitals.[46]

Die *Articles of Association* legen das Verhältnis der Gesellschafter untereinander und zwischen den Gesellschaftern und der Gesellschaft fest, wie z.B. wer die Leitung der Gesellschaft übernimmt und welche Funktionen die Gesellschafter auf die *directors* übertragen.[47]

---

41 *Mellert/Verfürth*, Wettbewerb der Gesellschaftsformen, S. 99.
42 Am 1.6. 2004 gab es z.B. 2.25.42 Ltd und nur 13.192 Plc, siehe Hirte/Bücker-*Kasolowski*, Grenzüberschreitende Gesellschaften, §4 Rn. 1.
43 *Mellert/Verfürth*, Wettbewerb der Gesellschaftsformen, S. 99; Hirte/Bücker-*Kasolowski*, § 4 Rn. 8; *Erbe*, Die Limited und Limited & Co. KG, S. 25.
44 *Just*, Die englische Limited in der Praxis, S. 8f.; *Mellert/Verfürth*, Wettbewerb der Gesellschaftsformen, S. 103; *Erbe*, Die Limited und Limited & Co. KG, S. 26. Bei dem Companies House handelt es sich um ein zentrales Register für alle Limiteds, Plc. und andere englische Gesellschaftsformen, s. auch Hirte/Bücker-*Kasolowski*, § 4 Rn. 7.
45 *Just*, Die englische Limited in der Praxis, S. 20; Hirte/Bücker-*Kasolowski*, § 4 Rn. 9.
46 *Erbe*, Die Limited und Limited & Co. KG, S. 26; *Just*, Die englische Limited in der Praxis, S. 20f.; *Mellert/Verfürth*, Wettbewerb der Gesellschaftsformen, S. 100.
47 *Mellert/Verfürth*, Wettbewerb der Gesellschaftsformen, S. 99; Hirte/Bücker-*Kasolowski*, § 4 Rn. 19; *Erbe*, Die Limited und Limited & Co. KG, S. 26.

Nach Einreichung und Prüfung dieser Dokumente erteilt der *Registrar of Companies*, d. h. der Leiter des *Companies House*, ein *Certificate of Incorporation*.[48] Durch die Erteilung dieses *Certificate* erhält die Limited ihre Rechtspersönlichkeit und Rechtsfähigkeit.[49] Der Gründungsvorgang dauert in der Regel fünf Tage,[50] kann allerdings gegen Zahlung einer Gebühr innerhalb von 24 Stunden vorgenommen werden.[51]

3.2 Organisationsverfassung

Die Limited hat grundsätzlich drei Organe: *board of directors*, *company secretary* und *general meeting*.

3.2.1 Geschäftsführer (*directors*)

Die *directors* sind für die Geschäftsleitung der Gesellschaft verantwortlich, und zwar durch Beschlüsse in den *board meetings*.[52] Die *directors* handeln in der Regel gemeinsam durch das *board of directors*. Möglich ist auch, dass einem einzigen *managing director* die Befugnisse zugeschrieben werden.[53]

Die *directors* leiten die Limited und sind im Außenverhältnis die Vertreter der Gesellschaft und als solche befähigt, ohne Einschränkung für diese zu handeln.[54]

Die *directors* unterliegen allgemeinen Sorgfalts- und Treuepflichten.[55] Daneben bestehen spezielle Haftungstatbestände in Bezug auf die *directors* einer Limited, die vor allem im Falle des finanziellen Zusammenbruchs des Unternehmens zur Anwendung kommen können. Erwähnenswert sind insbesondere:

- ***Fraudulent trading*** (Section 213 Insolvency Act 1986): Dieser Tatbestand liegt vor, wenn die *directors* die Gesellschaft mit dem Ziel geführt haben, die Gläubiger der Gesellschaft zu betrügen.[56] Die betrügerische Absicht muss jedoch nachgewiesen werden, was sich in der Praxis als sehr schwer erweisen kann.[57]
- ***Wrongful trading*** (Section 214 Insolvency Act 1986): Der *director* einer Limited haftet für Schäden der Gesellschaftsgläubiger, wenn er wusste oder hätte wissen müssen, dass keine realistische Möglichkeit mehr besteht, die Insolvenz der Gesellschaft zu vermeiden, und trotzdem den Geschäftsbetrieb weiterführt und nicht alles in seiner Macht unternimmt, um einen Schaden zu vermeiden.[58] Der

---

48 Hirte/Bücker-*Kasolowski*, § 4 Rn. 9.
49 *Mellert/Verfürth*, Wettbewerb der Gesellschaftsformen, S. 104; Hirte/Bücker-*Kasolowski*, § 4 Rn. 12.
50 Hirte/Bücker-*Kasolowski*, § 4 Rn. 12.
51 *Just*, Die englische Limited in der Praxis, S. 10; *Mellert/Verfürth*, Wettbewerb der Gesellschaftsformen, S. 104.
52 *Just*, Die englische Limited in der Praxis, S. 37.
53 *Just*, Die englische Limited in der Praxis, S. 37.
54 Hirte/Bücker-*Kasolowski*, § 4 Rn. 31; *Erbe*, Die Limited und Limited & Co. KG, S. 133.
55 *Mellert/Verfürth*, Wettbewerb der Gesellschaftsformen, S. 113; *Erbe*, Die Limited und Limited & Co. KG, S. 138.
56 Hirte/Bücker-*Kasolowski*, § 4 Rn. 44; *Erbe*, Die Limited und Limited & Co. KG, S. 148.
57 *Mellert/Verfürth*, Wettbewerb der Gesellschaftsformen, S. 114.
58 *Erbe*, Die Limited und Limited & Co. KG, S. 151; *Mellert/Verfürth*, Wettbewerb der Gesellschaftsformen, S. 114.

Begriff des *director* im Sinne dieses Tatbestands erfasst auch einen eventuellen faktischen Geschäftsführer (de facto *director* bzw. *shadow director*).[59]

3.2.2 Gesellschaftssekretär (*company secretary*)

Der *company secretary* erfüllt die formalen Erfordernisse, wie insbesondere die Führung der Verzeichnisse und die Übermittlung der Dokumente, Formulare und Urkunden an das *Companies House*.[60]

Nach dem englischen Gesellschaftsrecht sind insbesondere folgende Verzeichnisse zu führen:[61]

- Gesellschafterregister
- Register der Geschäftsführer
- Register der Rechte und Pflichten der Geschäftsführer gegenüber der Gesellschaft
- Register der Sicherungsrechte an Vermögenswerten der Gesellschaft.

Ein *company secretary* haftet ebenfalls für Pflichtverletzungen, die sich vor allem im Bereich der Verwaltung der Limited und der Registerführung ergeben können.[62]

3.2.3 Gesellschafterversammlung (*general meeting*)

Alle Gesellschafter können an die Gesellschafterversammlung teilnehmen. Diese werden üblicherweise durch die *directors* einberufen.

Die *directors* sind verpflichtet, eine jährliche Gesellschafterversammlung einzuberufen, wobei neugegründete Gesellschaften im Gründungsjahr dieser Pflicht nicht unterliegen; eine Versammlung muss jedoch innerhalb der ersten 18 Monate nach der Gründung stattfinden.[63]

Möglich ist des Weiteren, eine außerordentliche Gesellschafterversammlung einzuberufen, wobei außer der jährlichen jede Gesellschafterversammlung als außerordentlich bezeichnet wird.[64]

Die Gesellschafterversammlung nimmt ihre Tätigkeiten durch die Verabschiedung von Gesellschafterbeschlüssen wahr. Vier Arten von Beschlüssen sind zu unterscheiden:[65]

- *ordinary resolution* (einfache Mehrheit);
- *special resolution* (qualifizierte Mehrheit und längere Einberufungsfrist;

---

59 Hirte/Bücker-*Kasolowski*, § 4 Rn. 43.
60 Hirte/Bücker-*Kasolowski*, § 4 Rn. 47; *Erbe*, Die Limited und Limited & Co. KG, S. 159.
61 Nach Hirte/Bücker-*Kasolowski*, § 4 Rn. 48.
62 *Erbe*, Die Limited und Limited & Co. KG, S. 160; *Mellert/Verfürth*, Wettbewerb der Gesellschaftsformen, S. 114.
63 *Erbe*, Die Limited und Limited & Co. KG, S. 106; *Just*, Die englische Limited in der Praxis, S. 26; *Mellert/Verfürth*, Wettbewerb der Gesellschaftsformen, S. 109.
64 *Just*, Die englische Limited in der Praxis, S. 27.
65 *Just*, Die englische Limited in der Praxis, S. 28; *Erbe*, Die Limited und Limited & Co. KG, S. 111; *Mellert/Verfürth*, Wettbewerb der Gesellschaftsformen, S. 109 f.

- extraordinary resolution (3/4 Mehrheit); und
- elective resolution.

Bei der jährlichen Gesellschafterversammlung können die Gesellschafter die *directors* eingehend zum Geschäftsverlauf befragen. Die Gesellschafterversammlung entscheidet vor allem über Kapitalmaßnahmen, Billigung des Jahresabschlusses, Gewinnausschüttungen sowie Bestellung und Abberufung der *directors* und *secretaries.*[66]

Seit der Entscheidung *Salomon v. Salomon* aus dem Jahre 1897 lehnt die englische Rechtsprechung die persönliche Hafung der Gesellschafter einer Limited ab.[67] Die Gesellschafter haften also grundsätzlich nur in Höhe ihrer Einlage. Ein Ausnahme hierzu betrifft die Gesellschafter, wenn sie die Kontrolle und Leitungsmacht über die Geschäftsführung innehaben – sog. *shadow directors.* Sie können in dieser Konstellation wie die normalen *directors* einer Limited haften.

4. Scheinauslandsgesellschaften in der Insolvenz

4.1 Auseinanderfallen der lex fori concursus und der lex societatis

Das Phänomen der Scheinauslandsgesellschaften bereitet vor allem dann Schwierigkeiten, wenn sie im Tätigkeitsland in die Insolvenz geraten. Solange diese Scheinauslandsgesellschaften solvent bleiben, können sie ihre Geschäfte wie hiesige Gesellschaftsformen betreiben, obwohl sie aufgrund ihrer ausländischen Rechtsform mit praktischen Problemen konfrontiert werden.[68] Der einzige Unterschied betrifft die Organisation der jeweiligen Gesellschaft, die sich gemäß der Rechtsprechung des EuGH trotz Verlegung des Verwaltungssitzes nach dem jeweiligen anwendbaren Gesellschaftsrecht (sog. *lex societatis*) richtet, d.h. im Falle einer Limited nach englischem Recht.

Das anwendbare Insolvenzrecht bestimmt sich nach der EuInsVO. Grundlegende Norm ist hierfür Art. 4 EuInsVO, der die grundsätzliche Anwendbarkeit der *lex fori concursus,* d.h. des Rechts des Eröffnungsstaates vorsieht. Die Zuständigkeit zur Eröffnung eines Hauptinsolvenzverfahrens richtet sich gemäß Art. 3 Abs. 1 EuInsVO nach der Belegenheit des Mittelpunkts der hauptsächlichen Interessen der Gesellschaft (COMI).[69] Wenn also eine Scheinauslandsgesellschaft, die in England als Limited gegründet wurde, nunmehr ausschließlich in Deutschland tätig ist, liegt der COMI in Deutschland, weil die gesamte Geschäftstätigkeit in Deutschland ausgeübt wird. Anwendbares Insolvenzrecht ist somit das deutsche Insolvenzrecht.

Das Problem besteht in diesem Fall darin, dass verschiedene Rechtsordnungen das Gesellschaftsrecht und das Insolvenzrecht regeln. Dies ist insoweit problematisch,

---

66 *Mellert/Verfürth,* Wettbewerb der Gesellschaftsformen, S. 109.
67 Siehe z.B. *Mellert/Verfürth,* Wettbewerb der Gesellschaftsformen, S. 112.
68 So zum Beispiel die Eröffnung eines Bankkontos, siehe hierzu *H. Schmidt,* WM 2007, 2093 ff.
69 Zum COMI, siehe Pannen/*Pannen,* EuInsVO Kommentar, Art. 3 Rn. 15 ff.

als bei der Insolvenz einer Gesellschaft nicht nur das materielle und formelle Insolvenzrecht zur Anwendung kommt, sondern auch unter anderem das Gesellschaftsrecht. Aufgrund dieses Auseinanderfallens der *lex fori concursus* und der *lex societatis* muss für jede Norm geprüft werden, ob sie dem Gesellschafts- oder dem Insolvenzrecht zuzuordnen ist.[70] Hierfür ist eine Qualifikation im Sinne des internationalen Privatrechts erforderlich.[71] Dies kann sich als sehr schwierig erweisen für Rechtsinstitute, die an der Grenze zwischen Gesellschafts- und Insolvenzrecht stehen.[72] Das deutsche Recht ist nur dann anwendbar, wenn es sich um Insolvenzrecht handelt.

Bei der Frage, welche Normen unter das Insolvenzstatut fallen, entscheidet nicht der systematische Standort der Norm, sondern deren Sinn und Zweck.[73] Maßgebend ist also nicht, ob die Insolvenz lediglich Tatbestandsvoraussetzung ist, sondern ob sie selbst der Verwirklichung insolvenzrechtlicher Ziele dient.[74] Berücksichtigt werden sollte dabei, dass die insolvenzrechtliche Qualifikation des Gläubigerschutzes im Hinblick auf die Sicherstellung von Einheitlichkeit und Effizienz der grenzüberschreitenden Insolvenzverfahren sehr großzügig gehandhabt werden sollte und deshalb auch dem Insolvenzschuldner auferlegte Pflichten in den Anwendungsbereich des Art. 4 EuInsVO einbezogen werden sollten.[75] Die Folge ist eine extensive Auslegung der *lex fori concursus*,[76] die stets im Spannungsfeld zur Niederlassungsfreiheit steht.

4.2 Einzelne Haftungstatbestände

4.2.1 Insolvenzantragspflicht

Bis zum Inkrafttreten des MoMiG am 1. 11. 2008 war die Insolvenzantragspflicht spezialgesetzlich im Aktien- und GmbH-Gesetz geregelt (§ 64 GmbHG, § 92 AktG).

---

70 *Holzer* ZVI 2005, 457, 462; *Wienberg/Sommer*, NZI 2005, 353, 354.
71 Zur Problematik der Qualifikation, siehe MünchKomm BGB/*Sonnenberger*, Einl. zum IPR Rn. 493 ff.
72 Zu der Diskussion um die Limited in Deutschland *Pannen/Riedemann*, MDR 2005, 496; *Riedemann*, GmbHR 2004, 345; *Zerres*, DZWiR 2006, 356; *Altmeppen/Wilhelm*, DB 2004, 1083; *Borges*, ZIP 2004, 733; *Burg*, GmbHR 2004, 1379; *Schumann*, DB 2004, 743; *Schall*, ZIP 2005, 965; *Paefgen*, DB 2003, 487; *Wachter*, GmbHR 2003, 1254; *Wachter*, GmbHR 2004, 88; *Dierksmeier*, BB 2005, 1516; *Fröhlich/Strasser*, ZIP 2006 1182; *Geyrhalter/Gänßler*, DStR 2003, 2167; *Heinz*, AnwBl 2004, 612; *von Hase*, BB 2006, 2141; *Kallmeyer*, DB 2004, 636; *Köke*, ZInsO 2005, 354; *Kuntz*, NZI 2005, 424; *Lieder*, DZWiR 2005, 399; *K. Müller*, BB 2006, 837; *Römermann*, NJW 2006, 2065; *Riegger*, ZGR 510; *Schlichte*, DB 2006, 1357; *Stork*, GewArch 2005, 265; *Wienberg/Sommer*, NZI 2005, 353; *Walterscheid*, DZWiR 2006; 95; *Wachter*, BB 2006, 1463; *Werner*, GmbHR 2005, 288 (Ltd & Co. KG); *Zöllner*, GmbHR 2006, 1; *von Bernstorff*, RIW 2004, 498; *Kußmaul/Ruiner*, IStR 2007, 696 ff.; *Bischoff*, ZInsO 2009, 164 ff.; *H. Schmidt*, WM 2007, 2093 ff.; *Erbe*, Die Limited und Limited & Co. KG (2008); siehe auch OLG München, Beschl. vom 14. 2. 2008, ZIP 2008, 552 f.
73 *Kindler*, NZG 2003, 1086, 1090; *Lieder*, DZWIR 2005, 399, 405; *Wienberg/Sommer*, NZI 2005, 353, 356; *Ulmer*, KTS 2004, 291, 293 ist der Meinung, dass der Standort Indiz sein kann.
74 *Duursma-Kepplinger/Duursma/Chalupsky/ Duursma-Kepplinger*, EuInsVO, Art. 4, Rn. 7; *Wienberg/Sommer*, NZI 2005, 353, 356.
75 *Lieder*, DZWIR 2005, 399, 405.
76 *Lieder*, DZWIR 2005, 399, 405.

Stark umstritten war, ob diese Antragspflicht gesellschafts-[77] oder insolvenzrechtlich[78] zu qualifizieren war. Aufgrund dieser Normierung im GmbH-Gesetz bzw. im Aktien-Gesetz wurde zum Teil in der Literatur eine gesellschaftsrechtliche Qualifikation vertreten. Dass die Insolvenzantragspflicht in einem gesellschaftsrechtlichen Gesetz zu finden ist, ist jedoch ohne Belang für die Qualifikation, da dies nicht systematisch, sondern historisch zu erklären ist.[79]

Seit dem 1. 11. 2008 ist die Insolvenzantragspflicht nun rechtsformneutral in § 15 a InsO geregelt. Durch die Formulierung „eine juristische Person" soll klargestellt werden, dass diese Verpflichtung alle juristischen Personen betrifft, für welche das deutsche Insolvenzrecht anwendbar ist, und nicht nur die deutschen Gesellschaftsformen. Ziel dieser normativen Verlagerung war die ausdrückliche Miteinbeziehung von Scheinauslandsgesellschaften und insbesondere der in Deutschland tätigen Limited.[80]

Ob durch das MoMiG dieses Ziel erreicht wurde, ist jedoch ebenfalls umstritten.[81] Es wird zu Recht vertreten, dass die Verlagerung einer Norm in die Insolvenzordnung nur ein Indiz für die insolvenzrechtliche Anknüpfung darstellen kann, das nicht zwingend auf eine insolvenzrechtliche Qualifikation schließen lässt.[82] Allerdings darf dieses Indiz nicht unterschätzt werden. So muss der vom Gesetzgeber bewusst gewählte Regelungsstandort als Zeichen für die Zugehörigkeit zu einem insolvenzrechtlichen Schutzsystem ausgelegt werden.

Sinn und Zweck der Insolvenzantragspflicht, nämlich die insolvente Gesellschaft an einer weiteren Marktteilnahme zu hindern und somit das vorhandene Vermögen zur Verwertung für die Gläubiger in einem geordneten Insolvenzverfahren zu sichern, sprechen ebenfalls zugunsten einer insolvenzrechtlichen Qualifikation.[83] Die Insolvenzantragspflicht dient somit der Sicherung der Einleitung des Insol-

---

77 Siehe *Vallender/Fuchs,* ZIP 2004, 829, 830; *Mayer,* Insolvenzantragspflicht und Scheinauslandsgesellschaften (2008), S. 127; *Ulmer,* NJW 2004, 1201, 1207; *ders.,* KTS 2004, 291, 301; *Schumann,* DB 2004, 743, 746; *Mock/Schildt,* ZInsO 2003, 396, 399; *Fischer,* ZIP 2004, 1477, 1481; *Geyrhalter/Gänßler,* DStR 2003, 2167, 2171; *Hirte/Mock,* ZIP 2005, 474, 475; *von Hase,* BB 2006, 2141, 2147; *K. Müller,* BB 2006, 837, 839; *Paefgen,* ZIP 2004, 2253, 2260; *J. Schmidt,* ZInsO 2006, 737, 740; *Berner/Klön,* ZIP 2007, 106, 111; Hirte/Bücker-*Mock/Schildt,* § 17 Rn. 79; mit dem Verweis auf *Huber,* in: Lutter (Hrsg.) Europäische Auslandsgesellschaften in Deutschland (2005) 307, 307 ff., 320 ff. erklärt *Zöllner,* GmbHR 2006, 1, 7 die Insolvenzantragspflicht über eine Sonderanknüpfung als anwendbar.

78 *Pannen/Riedemann,* MDR 2005, 496, 498; *Borges,* ZIP 2004, 733, 739; *Eidenmüller,* NJW 2005, 1618, 1620; *Holzer,* ZVI 2005, 457, 464; *Kuntz,* NZI 2005, 424, 427; *Riedemann,* GmbHR 2004, 345, 348; *Röhricht,* ZIP 2005, 505, 508; *Vallender,* ZGR 2006, 425, 441; *Walterscheid,* DZWIR 2006, 95, 98; *Zerres,* DZWIR 2006, 356, 359 f.; a. A. *Huber,* in *Lutter,* 2005, S. 322.

79 Zu der historischen Entwicklung ausführlich *Borges,* ZIP 2004, 733, 737 ff.

80 Begr. RegE, BT-Drucks. 16/6140, S. 134; siehe auch *Hirte,* ZInsO 2008, 689, 698.

81 Zweifelnd: *Hirte,* ZInsO 2008, 689, 699; *ders.,* ZInsO 2008, 146, 147; *Knof/Mock,* GmbHR 2007, 852, 854.

82 *Römermann,* GmbHR 2006, 673, 678; so auch *Knof/Mock,* GmbHR 2007, 852, 853.

83 Mit diesem Hinweis *Röhricht,* ZIP 2005, 505, 508; *Eidenmüller,* NJW 2005, 1618, 1620; a. A. *von Hase,* BB 2006, 2141, 2147.

venzverfahrens und hat damit den Schwerpunkt im Insolvenzrecht. Sie dient dessen Zielverwirklichung und gehört damit zum Insolvenzstatut.[84]

Insofern ist die insolvenzrechtliche Anknüpfung der Insolvenzantragspflicht nun unzweifelhaft beim Insolvenzstatut zu sehen.[85] Die insolvenzrechtliche Qualifikation der Insolvenzantragspflicht hat zur Folge, dass diese Pflicht auch für Scheinauslandsgesellschaften, die in Deutschland tätig sind, anwendbar ist. Es gilt also § 15a InsO auch für eine Limited, die in Deutschland tätig ist. Zu diesem Ergebnis kommen allerdings auch Befürworter der gesellschaftsrechtlichen Qualifikation, indem sie zwar eine Beschränkung der Niederlassungsfreiheit feststellen, diese aber als gerechtfertigt ansehen.[86]

4.2.2 Insolvenzverschleppungshaftung

Die Befürworter einer gesellschaftsrechtlichen Qualifikation der Insolvenzantragspflicht sprechen sich ebenfalls für eine Qualifikation der Insolvenzverschleppungshaftung als Gesellschaftrecht aus.[87] Da eine solche Haftung zweifellos gegen die Niederlassungsfreiheit verstoßen würde, wäre sie nach dieser Ansicht dann bei Scheinauslandsgesellschaften nicht anwendbar.[88] Nach einer anderen Meinung besteht der Sinn und Zweck der Insolvenzverschleppungshaftung in der Sicherung des Schuldnervermögens für die Gläubiger und in der Verhinderung der Fortsetzung einer insolventen Gesellschaft.[89] Aufgrund dieser Verbindung zur Antragspflicht wird somit eine insolvenzrechtliche Einordnung vertreten.[90]

Dennoch ist eine deliktsrechtliche Qualifikation überzeugender, da die Rechtsfolgen der Insolvenzverschleppungshaftung im Deliktsrecht, d.h. in § 823 Abs. 2 BGB geregelt sind.[91] In diesem Fall wäre die deutsche Insolvenzverschleppungshaftung auch für Scheinauslandsgesellschaften über Art. 40 EGBGB anwendbar. In

---

84 *Borges*, ZIP 2004, 733, 740; *Riedemann*, GmbHR 2004, 345, 348.
85 Kritisch wegen Zweifeln mit der Vereinbarkeit mit der Niederlassungsfreiheit: *Bittmann/Gruber*, GmbHR, 2008, 867ff.; *Knof/Mock*, GmbHR 2007, 852, 855. Allerdings stellt *Huber*, in *Lutter*, 2005, S. 186 fest, dass sich die in der Kollisionsnorm des Art. 4 EuInsVO enthaltene Verweisung kollisionsfrei in das System der Grundfreiheiten einfügt und deshalb nicht an der Niederlassungsfreiheit gemessen werden muss. Zwar kann auch europäisches Sekundärrecht primärrechtswidrig sein, aber dafür gibt es keine Anhaltspunkte, vgl. *Eidenmüller*, ZGRE 2004, 467, 486.
86 *Eidenmüller*, NJW 2005, 1618, 1621; zur Vereinbarkeit mit der Niederlassungsfreiheit auch *Vallender*, ZGR 2006, 425, 441; a. A. *von Hase*, BB 2006, 2141, 2146.
87 *Berner/Klöhn*, ZIP 2007, 106, 111; *von Hase*, BB 2006, 2141, 2146; *Mock/Schildt*, ZinsO 2003, 396, 400; *Paefgen*, ZIP 2004, 2253, 2260; *J. Schmidt*, ZinsO 2006, 737, 740; *Spindler/Berner*, RIW 2004, 7, 12; *Ulmer*, NJW 2004, 1201, 1207; *ders.*, KTS 2004, 291, 301; für eine Anwendung auch *Altmeppen*, NJW 2004, 97, 101.
88 *von Hase*, BB 2006, 2141, 2146; *J. Schmidt*, ZinsO 2006, 737, 742.
89 *Eidenmüller*, NJW 2005, 1618, 1621.
90 *Eidenmüller*, NJW 2005, 1618, 1621; *Goette*, DStR 2005, 197, 200; *Holzer*, ZVI 2005, 457, 467; *Kuntz*, NZI 2005, 424, 428; *Lieder*, DZWIR 2005, 399, 405; *H.-F. Müller*, NZG 2003, 414, 417; *Walterscheid*, DZWIR 2006, 95, 98; *Zerres*, DZWIR 2006, 356, 361 f.
91 *Pannen/Riedemann*, MDR 2005, 496, 498; *Bayer*, BB 2003, 2357, 2365; *Huber*, in *Lutter*, 2005, S. 340; *Riedemann*, GmbHR 2004, 345, 349; *Röhricht*, ZIP 2005, 505, 508; *Schanze/Jüttner*, AG 2003, 661, 670; *Schumann*, DB 2004, 743, 746, 748; *Zöllner*, GmbHR 2006, 1, 7; *Poertzgen*, NZI 2008, 9, 10; *Kindler*, NJW 2008, 3249, 3255.

diesem Zusammenhang sei auch auf eine Entscheidung des LG Kiel[92] vom 20. 4. 2006 hingewiesen. Das Gericht sprach sich für eine insolvenzrechtliche Qualifikation der Insolvenzantragspflicht aus und bejahte die Insolvenzverschleppungshaftung, ohne diese explizit dem Insolvenz- oder Deliktsrecht zuzuordnen.

Auch wenn man Zweifel an der Qualifikation haben sollte, so muss man doch zu dem Ergebnis einer Anwendung auf Scheinauslandsgesellschaften kommen, da die Insolvenzverschleppungshaftung gerade nicht den Marktzugang von Auslandsgesellschaften erschwert, sondern lediglich den geordneten Marktaustritt sicherstellen soll.[93] Ein Verstoß gegen die Niederlassungsfreiheit liegt somit jedenfalls nicht vor, sodass die Anwendbarkeit der Insolvenzverschleppungshaftung auf Limited zu bejahen ist.

4.2.3 Existenzvernichtungshaftung

Ein weiteres Haftungsinstitut, dessen Anwendbarkeit auf Scheinauslandsgesellschaften ebenfalls Gegenstand einer Debatte darstellt, ist die Existenzvernichtungshaftung. Hierbei handelt es sich um eine Fallgruppe der Durchgriffshaftung, die durch die Urteile „Bremer-Vulkan" und „KBV" vom BGH[94] entwickelt wurde. Durch sie sollen Handlungen sanktioniert werden, die der GmbH in existentieller Weise Vermögenswerte entziehen, ohne dass dies unter den Schutzbereich der Kapitalerhaltung fällt.[95] Dadurch kann z.B. im Falle der Insolvenz einer Tochtergesellschaft die Muttergesellschaft in Anspruch genommen werden. Dabei wird die Existenz der Haftung damit begründet, dass die bestehenden Gläubigerschutzvorschriften mit Kapitalerhaltung und Haftung nicht jeden Eingriff der Gesellschafter erfassen, der sich später in der daraus folgenden Insolvenz realisiert.[96] Die dogmatische Grundlage der Existenzvernichtungshaftung war nach den zwei zitierten Entscheidungen eine teleologische Reduktion des § 13 Abs. 2 GmbHG mit dem Argument, dass der Gesellschafter sich wegen des Missbrauchs der Rechtsform der GmbH nicht mehr auf die beschränkte Haftung berufen kann. Die Folge war eine Durchgriffshaftung auf das Vermögen der Gesellschafter gemäß § 128 HGB analog.[97]

Aufgrund der Anknüpfung an § 128 HGB beruhte die Existenzvernichtungshaftung auf einer Verletzung gesellschaftsrechtlicher Pflichten, wodurch diese gesellschaftsrechtlich qualifiziert werden musste[98] und deshalb dem Gesellschaftsstatut

---

92 LG Kiel BB 2006, 1468; dazu *J. Schmidt,* ZinsO 2006, 737.
93 *Eidenmüller,* NJW 2005, 1618, 1621.
94 „Bremer Vulkan" BGHZ 149, 10; „KBV" BGHZ 151, 181.
95 „Bremer Vulkan" BGHZ 149, 10, 16; „KBV" BGHZ 151, 181, 186.
96 *Schön,* ZHR 168 (2004), 268, 275 m. w. N.; so auch *Goette,* DStR 2007, 1593.
97 Dazu ausführlich mit zahlreichen Nachweisen Pannen/ *Pannen/Riedemann,* EuInsVO, Art. 4 Rn. 98 f.
98 *Eidenmüller,* NJW 2005, 1618, 1620; Dazu *Fröhlich/Strasse,* ZIP 2006, 1182, 1183 mit dem Hinweis, dass für eine deliktsrechtliche Anknüpfung ein spezifisches deliktisches Verhalten und kein gesellschaftsrechtliches Fehlverhalten vorliegen muss. Ansonsten bleibt es auch im Anwendungsbereich der §§ 823 ff. bei der gesellschaftsrechtlichen Anknüpfung.

zuzuordnen war.[99] Eine Anwendung auf Scheinauslandsgesellschaften hätte diese in der Niederlassungsfreiheit beschränkt, da viele ausländische Rechte keine Mindestkapitalvorschriften kennen, die die Gesellschafter missbrauchen könnten.[100] Aufgrund der deutlichen dogmatischen Anknüpfung an eine unbeschränkte Durchgriffshaftung gemäß § 128 HGB analog wurde eine insolvenz- oder deliktsrechtliche Anknüpfung nur vereinzelt vertreten.[101] Im Ergebnis war die Existenzvernichtungshaftung gesellschaftsrechtlich zu qualifizieren und somit von der deliktischen Haftung zu unterscheiden.[102] Die Folge war, dass die Existenzvernichtungshaftung bei Insolvenz von Scheinauslandsgesellschaften nicht anwendbar war.[103]

In seiner Entscheidung Trihotel vom 16. 7. 2007[104] hat der BGH nunmehr die dogmatische Anknüpfung der Existenzvernichtungshaftung an die teleologische Reduktion des § 13 Abs. 2 GmbHG aufgegeben. Stattdessen knüpft der BGH nunmehr die Existenzvernichtungshaftung des Gesellschafters an die missbräuchliche Schädigung des im Gläubigerinteresse zweckgebundenen Gesellschaftsvermögens an und ordnet sie allein in § 826 BGB als eine besondere Fallgruppe der sittenwidrigen vorsätzlichen Schädigung ein.[105] Damit geht ein Wechsel der Haftung von einer unbeschränkten Außenhaftung gegenüber den Gläubigern zur Innenhaftung gegenüber der Gesellschaft einher.[106] Der Tatbestand hat sich im Gegensatz zur dogmatischen Anknüpfung allerdings nicht geändert.[107]

Diese Rechtsprechung wurde neuerdings in der Entscheidung „Gamma" des BGH vom 28. 4. 2008[108] bestätigt. Der BGH hat ferner entschieden, dass ein *Unterlassen* hinreichender Kapitalausstattung im Sinne einer Unterkapitalisierung einer GmbH (sog. „Aschenputtel-Konstellation") einem existenzvernichtenden Eingriff in das Gesellschaftsvermögen nicht gleichsteht. Hierdurch hat der BGH eine seit

---

99 *Burg,* GmbHR 2004, 1379, 1380; *Fleischer,* in *Lutter,* 2005, S. 80, 124 ff.; *Henze,* WM 2006, 1653, 1656; *Köke,* ZinsO 2005, 354, 356; *Kuntz,* NZI 2005, 424, 431; *K. Müller,* BB 2006, 837, 839; *Paefgen,* ZIP 2004, 2253, 2260, 2262 (Anwendbarkeit über *ordre public*); *Schall,* ZIP 2005, 965, 975; *Schumann,* DB 2004, 743, 748 f.; *Spindler/Berner,* RIW 2004, 7, 11; *Ulmer,* NJW 2004, 1201, 1207; *ders.,* KTS 2004, 291, 304; *Walterscheid,* DZWIR 2006, 95, 99.
100 *Köke,* ZinsO 2005, 354, 356.
101 *Dierksmeier,* BB 2005, 1516, 1520; *Schanze/Jüttner,* AG 2003, 661, 670; für die insolvenzrechtliche Qualifikation spricht sich *Goette,* DStR 2005, 197, 200 f. aus. So auch *Lieder,* DZWIR 2005, 399, 406.
102 So auch *Altmeppen,* FS Röhricht, 2005, S. 3, 19; *ders.,* NJW 2004, 97, 101.
103 A. A. *Altmeppen,* NJW 2004, 97, 101.
104 BGH NJW 2007, 2689.
105 Siehe hierzu *Schwab,* ZIP 2008, 341 ff.; *Smid,* DZWir 2008, 265 ff.; *Theiselmann,* GmbHR 2007, 904 ff.; *Weller,* ZIP 2007, 1681 ff.; *Vetter,* BB 2007, 1965 ff.; *Dauner-Lieb,* ZGR 2008, 34 ff.; *Schanze,* NZG 2007, 681 ff.; *Gehrlein,* WM 2008, 361 ff.; *Hönn,* WM 2008, 769; *Hirte,* NJW 2009, 415 ff.; *Altmeppen,* NJW 2007, 2657 ff.; *Goette,* DStR 2007, 1593 ff.; *Witt,* DNotZ 2008, 219 ff.; *Strohn,* ZInsO 2008, 706 ff.
106 *Paefgen,* DB 2007, 1907.
107 *Vetter,* BB 2007, 1965, 1966.
108 BGH, Urt. vom 28. 4. 2008, NJW 2008, 2437 = BB 2008, 1697 = ZIP 2008, 1232. Siehe hierzu *Altmeppen,* ZIP 2008, 1201 ff.; *Bruns,* EWIR 2008, 493; *Gloger/C. Goette/Japing,* ZInsO 2008, 1051 ff.; *Hirte,* NJW 2009, 415, 418.

eh und je umstrittene Fallgruppe der Durchgriffshaftung ausdrücklich abgelehnt. Das Gamma-Urteil begrenzt nunmehr den Haftungstatbestand der Existenzvernichtungshaftung auf den kompensationslosen Vermögensentzug.

Im Hinblick auf die Qualifikation bedeutet diese Rechtsprechungsänderung, dass das Rechtsinstitut der Existenzvernichtungshaftung jetzt als deliktsrechtlich qualifiziert werden muss.[109] Die Folge ist eine Anwendung auf europäische Auslandsgesellschaften über die *lex loci delicti* nach Art. 40 EGBGB.[110] Es ist allerdings zu berücksichtigen, dass es letztendlich dem EuGH obliegt, die Qualifikation vorzunehmen und die nationalen Regelungen zu qualifizieren, ohne dass er an die Entscheidungen des nationalen Gesetzgebers gebunden ist.[111] Für eine Anwendung auf Scheinauslandsgesellschaften spricht allerdings unabhängig von der deliktsrechtlichen Anknüpfung, dass die „krassen" Sachverhalte, in denen der BGH einen Sittenverstoß angenommen hat, auch in den anderen Mitgliedsstaaten einen Haftungstatbestand erfüllen würden, sodass in diesem Zusammenhang jedenfalls nicht mit Schutzlücken zu rechnen ist.[112] Im Ergebnis ist damit die Anwendung der Existenzvernichtungshaftung bei Insolvenz von Scheinauslandsgesellschaften im Inland zu bejahen.

4.2.1 Allgemeine Durchgriffshaftung

Wie bei der Existenzvernichtungshaftung nach der früheren Rechtsprechung des BGH handelt es sich auch bei der allgemeinen Durchgriffshaftung um Fälle der teleologischen Reduktion des § 13 Abs. 2 GmbHG mit der Folge, dass diese dem Gesellschaftsstatut zuzurechnen ist.[113] Eine teilweise vertretene Qualifikation als deliktische Haftung[114] kann nicht überzeugen, da die Fallgruppen sich gerade auf spezifische Probleme der Haftungsbeschränkung beziehen. Als Fallgruppen werden dabei die Haftung wegen materieller Unterkapitalisierung[115] und die Haftung wegen Vermögens- oder Sphärenvermischung[116] diskutiert. Im Ergebnis kann eine Anwendung auf Scheinauslandsgesellschaften nicht überzeugen, da mit der Aberkennung der Haftungsbeschränkung in den spezifischen Fällen der allgemeinen

---

109 *Paefgen,* DB 2007, 1907, 1909f., 1912; *Vetter,* BB 2007, 1965; *Altmeppen,* NJW 2007, 2657, 2660 spricht von „dogmatisch überzeugend".

110 *Paefgen,* DB 2007, 1907, 1912; *Vetter,* BB 2007, 1965, 1969.

111 *Paefgen,* DB 2007, 1907, 1912.

112 *Vetter,* BB 2007, 1965, 1970.

113 *Paefgen,* DB 2003, 487, 490; *Weller,* IPRax 2003, 520, 523; *Ulmer,* KTS 2004, 291,304; *Bitter,* WM 2004, 2190, 2196; *Geyrhalter/Gänßler,* NZG 2003, 409, 411; *Horn,* NJW 2004, 893, 899; *Borges,* ZIP 2004, 733, 743; *Leutner/Langer,* ZInsO 2005, 575, 576; *Fleischer,* in Lutter (Hrsg.), Europäische Auslandsgesellschaften in Deutschland (2005), 49, 121, 123; Hirte/Bücker-*Forsthoff/Schulz,* § 16 Rn. 82, 84; MünchKomm BGB/*Kindler,* IntGesR Rn. 614f.

114 *Zimmer,* NJW 2003, 3585, 3588f.

115 Vgl. m.w.N. *Lutter/Hommelhoff,* GmbHG, § 13 Rn. 7; *Hueck/Fastrich,* in Baumbach/Hueck, GmbHG, § 13 Rn. 16; *Roth/Altmeppen,* GmbHG, § 13 Rn. 116ff. Zur Fallgruppe der Unterkapitalisierung, siehe BGH, Urt. vom 28. 4. 2008, NJW 2008, 2437, sowie die obigen Ausführungen zum existenzvernichtenden Eingriff.

116 Vgl. m.w.N. *Lutter/Hommelhoff,* GmbHG, § 13 Rn. 13; *Hueck/Fastrich,* in Baumbach/Hueck, GmbHG, § 13 Rn. 14; *Roth/Altmeppen,* GmbHG, § 13 Rn. 112ff.

Durchgriffshaftung in die Privilegierung der Haftungsbeschränkung eingegriffen wird. Die Beschränkung derselben muss, wie die Garantie im Gründungsvorgang, dem Gesellschaftsrecht und damit dem Gründungsstatut überlassen bleiben. Im Gegensatz zur Existenzvernichtungshaftung geht es dabei mit der ausreichenden Kapitalausstattung und der Weite des Trennungsprinzips um haftungsrechtliche Anknüpfungspunkte, die der Finanzverfassung besonders nahe sind. Eine Rechtfertigung nach der Gebhard-Formel im Rahmen der Niederlassungsfreiheit wäre deshalb sehr unwahrscheinlich.

4.2.2 Eigenkapitalersatzrecht

Das Eigenkapitalersatzrecht[117] war bis zum Inkrafttreten des MoMiG am 1. 11. 2008 doppelt geregelt und zwar einerseits durch die so genannten Rechtsprechungsregeln (§§ 30, 31 GmbHG analog) und andererseits durch die ausdrücklich normierten sog. Novellenregeln (§§ 32a, b GmbHG, 129a, 172a HGB usw.). Zusätzlich zu berücksichtigen waren die in der InsO verlagerten Regelungen (§§ 39 Abs. 1 Nr. 5, 135 InsO).

Die Besonderheit des Eigenkapitalersatzrechts besteht darin, dass Gesellschafterdarlehen in der Insolvenz nachrangig zu befriedigen sind, wenn sie zur Fortführung der Gesellschaft gewährt worden sind. Die Gesellschafter einer finanziell angeschlagenen Gesellschaft müssen diese entweder ordnungsgemäß liquidieren oder ihr Eigenkapital zuführen.[118] Die Gesellschafter mussten somit nach der alten Rechtslage zurückgezahlte Darlehen im Jahr vor der Antragstellung in voller Höhe (§ 135 InsO) und innerhalb von 10 Jahren (§ 31 Abs. 5 GmbHG) bis zur Höhe, in der sie aus dem zu erhaltenden Stammkapital gezahlt wurden (§ 31 Abs. 1 GmbHG analog), an die Gesellschaft zurückerstatten.[119]

Im Rahmen des MoMiG wurde das Eigenkapitalersatzrecht erheblich modifiziert. § 39 Abs. 1 Nr. 5 InsO regelt nunmehr einheitlich, dass alle Gesellschafterdarlehen unabhängig von einer Einordnung als „kapitalersetzend" in der Insolvenz nachrangig sind und gemäß § 135 Abs. 1 Nr. 2 InsO Rückzahlungen derselben angefochten und damit zurückgefordert werden können. Das Kleinbeteiligungsprivileg und das Sanierungsprivileg bleiben erhalten und werden rechtsformneutral in § 39 Abs. 4 S. 2 und § 39 Abs. 5 InsO geregelt. Daneben werden durch einen „Nichtanwendungserlass"[120] in § 30 Abs. 1 S. 3 GmbHG die Rechtsprechungsregeln abgeschafft.

Auch für das Eigenkapitalersatzrecht stellt sich die Frage, ob es auf Scheinauslandsgesellschaften Anwendung finden soll. Für die alte Rechtslage befürwortete die überwiegende Meinung eine differenzierte Betrachtung: Die Rechtsfolgen der

---

117 Grundlegend zu diesem Rechtsgebiet BGHZ 31, 258; *Lutter/Hommelhoff,* GmbHG, § 32a/b; *Hueck/Fastrich,* in Baumbach/Hueck, GmbHG, § 32a m.w.N.

118 HamburgerKomm-*J-S Schröder,* § 135 Rn. 4 m.w.N.

119 Auch die Rückforderung von europarechtswidrigen Darlehen richtet sich nach den allgemeinen Regeln, vgl. *Bork,* FS Lutter (2000) S 301.

120 *Hölzle,* GmbHR 2007, 729, 732.

Novellenregeln (Rangrücktritt, Anfechtung) gehören zum Insolvenzrecht und waren somit auch auf Scheinauslandsgesellschaften anwendbar, während die Rechtsprechungsregeln zur gesellschaftsrechtlichen Kapitalerhaltung gehören[121] und somit aufgrund der Nicht-Vereinbarkeit der Kapitalerhaltungsregeln mit der Niederlassungsfreiheit keine Anwendung finden.[122] Die insolvenzrechtlichen Novellenregeln waren also nach überwiegender Meinung auf Auslandsgesellschaften anwendbar.[123]

Die Folge der Reform des Eigenkapitalersatzrechts ist die rechtsformneutrale Anwendbarkeit auf alle Gesellschaften mit beschränkter Haftung und damit insbesondere auch Scheinauslandsgesellschaften – wie insbesondere die Limited.[124] Denn es handelt sich nunmehr eindeutig nach gesetzgeberischem Willen um insolvenzrechtliche Regeln,[125] sodass sie sie gemäß Art. 4 EuInsVO zur *lex fori concursus* gehören. Neben dieser Klarstellung ist die Verlagerung des Eigenkapitalersatzrechts ins Insolvenzrecht nicht zuletzt deshalb zu begrüßen, weil dies systematisch überzeugt, ja geradezu lange überfällig war, sondern auch deshalb, weil die Rechtslage damit erheblich einfacher und übersichtlicher wird.[126]

---

121 Grundlegend dazu *Huber,* in Lutter (Hrsg.), Europäische Auslandsgesellschaften in Deutschland (2005), 131, 141; so auch *Fischer,* ZIP 2004, 1911, 1912; *Haas,* NZI 2001, 1, 10; Gottwald/*Huber,* InsR-Handb (2006) § 50 Rn. 5; *K. Schmidt,* ZHR 168 (2004), 493, 497; *Ulmer,* NJW 2004, 1201, 1207; *ders.,* KTS 2004, 291, 298 f; *Walterscheid,* DZWiR 2006, 95; *Wienberg/Sommer,* NZI 2005, 353; *Zimmer,* NJW 2003, 3585, 3589; *Zöllner,* GmbHR 2006, 1, 5.

122 *Pannen/Riedemann,* MDR 2005, 496, 498; *Paefgen,* DB 2003, 487, 490; *Ulmer,* NJW 2004, 1201, 1207; *ders.,* KTS 2004, 291, 299; *Schumann,* DB 2004, 743, 748; *Borges,* ZIP 2004, 733, 743; *Zimmer,* NJW 2003, 3585, 3589; *Schall,* ZIP 2005, 965, 975; *Röhricht,* ZIP 2005, 505, 512; *Fischer,* ZIP 2004, 1477, 1480; *Geyrhalter/Gänßler,* NZG 2003, 409, 411 f.; *Lieder,* DZWiR 2005, 399, 407; *Meilicke,* GmbHR 2003, 1271, 1272; *Westermann,* GmbHR 2005, 4, 15; *Zöllner,* GmbHR 2006, 1, 6; Hirte/Bücker-*Mock/Schildt,* § 17 Rn. 115; Hirte/Bücker-*Forsthoff/Schulz,* § 16 Rn. 41; a. A. *Forsthoff,* DB 2002, 2471, 2477; *W.-H. Roth,* IPRax 2003, 117, 125; *Altmeppen,* NJW 2004, 97, 103; *Altmeppen/Wilhelm,* DB 2004, 1083, 1088, die die Rechtsprechungsregeln über eine Sonderanknüpfung anwenden wollen. So auch *Eidenmüller,* ZIP 2002, 2233, 2242; *Eidenmüller,* ZGR 2004, 159, 181, der die Vorschriften auch im Rahmen einer Sonderanknüpfung anwenden will, sofern das Gründungsrecht im Einzelfall keine vergleichbaren Regelungen kennt.

123 So auch schon *Ulmer,* KTS 2004, 291, 299; *Röhricht,* ZIP 2005, 505, 512 f; *Fischer,* ZIP 2004, 1477, 1480; *Lieder,* DZWiR 2005, 399, 407; *Wienberg/Sommer,* NZI 2005, 353, 356; *Walterscheid,* DZWiR 2006, 95, 98; *Zöllner,* GmbHR 2006, 1, 6; v. Gerkan/Hommelhoff-*Haas,* Handbuch des Kapitalersatzrechts (2002), Rn. 15. 18.
Zur Anwendung der Novellenregeln bei der Ltd. & Co. KG vgl. *Schlichte,* DB 2006, 1357, 1361 f.

124 *Bork,* ZGR 2007, 250, 268; *Leuring/Simon,* NJW-Spezial 2006 Heft 7, 315, 316; *Schiffer,* BB-Special-7 Heft 7/2006, 14, 17; *Seibert,* ZIP 2006, 1157, 1162; So schon *Hommelhoff,* in: Gesellschaftsrechtliche Vereinigung (Hrsg.), 2005, S. 121 f.; a. A. *Meilicke,* GmbHR 2007, 225, 232.

125 *Flitsch,* DZWIR 2006, 397, 400; mit dem Hinweis, dass die gesellschaftsrechtliche Anknüpfung aufgegeben wird *Hölzle,* DStR 2007, 1185, 1189.

126 *Breitenstein/Meyding,* BB 2006, 1457, 1461.

Insolvenzanfechtung und EuInsVO
Internationale Zuständigkeit und Kollisionsrecht

Prof. Dr. Walter Buchegger

Literatur: *Bock/Muhri,* Das neue Insolvenzrecht, Kurzkommentar zur Europäischen Insolvenzverordnung (2002); *Burgstaller,* Das anwendbare Recht nach der Europäischen Insolvenzverordnung, in Konecny (Hrsg), Insolvenz-Forum 2001 (2002) 27; *Burgstaller,* Zur Anfechtung nach der Europäischen Insolvenzverordnung, in FS Jelinek (2002) 31; *Burgstaller* (Hrsg), Internationales Zivilverfahrensrecht (Wien 2000); *Burgstaller* (Hrsg), Internationales Zivilverfahrensrecht II (Wien seit 2001); *Burgstaller/Neumayr,* Internationales Zivilverfahrensrecht (IZVR) 2, Bände (Wien, dzt. Stand Mai 2008); *H.-C. Duursma-Kepplinger,* Die Auswirkungen der Europäischen Insolvenzverordnung auf den Immobiliensektor, immolex 2003, 49; *H.-C. Duursma-Kepplinger/D. Duursma/E. Chalupsky,* Europäische Insolvenzverordnung, Kommentar (Springer Wien New York 2002), abgekürzt als Komm-EuInsVO; *Feil,* Europäisches Insolvenzrecht (EuInsVO) trat am 31. 5. 2002 in Kraft, GesRZ 2002, V; *Fritz/Bähr,* Die Europäische Verordnung über Insolvenzverfahren – Herausforderung an Gerichte und Insolvenzverwalter, DZWiR 2001, 221; *Fuchs,* Rechtsprechung des OGH zur EuGVVO II sowie zur EuInsVO, ecolex 2003, 587; *Fuchs,* Rechtsprechung zur Verordnung (EG) 1347/2000 (EuEheVO) und zur EuInsVO, ecolex 2004, 853; *Fuchs,* Konkursanfechtung und EuInsVO (Besprechung zu OLG Wien 3 R 151/03b), ÖJZ 2005/36; *Fuchs,* Rechtsprechung des OGH zur EuEheVO, zur EuFamVO und zur EuInsVO, ecolex 2006, 974; *Geimer/Schütze,* Europäisches Zivilverfahrensrecht, Kommentar, 2. Auflage (München 2004); *Gelter,* Konkurs- und Gläubigeranfechtung bei europäischen Auslandsgesellschaften in Österreich, JBl 2007, 17; *Gottwald,* Insolvenzrechts-Handbuch, 3. Auflage (München 2006); *E. Habscheid,* Konkursstatut und Wirkungsstatut bei der internationalen und der künftig innereuropäischen Insolvenzanfechtung, ZZP 114 (2001), 167; *Hanisch,* Bemerkungen zur Insolvenzanfechtung im grenzüberschreitenden Insolvenzfall, in FS Stoll (2001) 503; *Hau,* Masseanreicherung und Gläubigerschutz im Europäischen Insolvenzrecht: Anfechtung, Eigenkapitalersatz und Durchgriffshaftung, in Gottwald (Hrsg.), Europäisches Insolvenzrecht, kollektiver Rechtsschutz (Tagungsband 18 der Veröffentlichungen der wissenschaftlichen Vereinigung für internationales Verfahrensrecht, Regensburger Tagung 2007) 79; *Herchen,* Die Befugnisse des deutschen Insolvenzverwalters hinsichtlich der „Auslandsmasse“ nach In-Kraft-Treten der EG-Insolvenzverordnung (Verordnung des Rates Nr. 1346/2000); ZInsO 2002, 345; *Herchen,* International-insolvenzrechtliche Kompetenzkonflikte in der Europäischen Gemeinschaft, ZInsO 2004, 61; *Herchen,* Aktuelle Entwicklungen im echt der internationalen Zuständigkeit zur Ereöffnung von Insolvenzverfahren: Der Mittelpunkt der (hauptsächlichen) Interessen im Mittelpunkt der Interessen, ZInsO 2004, 825; *P. Huber,* Internationales Insolvenzrecht in Europa, ZZP 114 (2001), 133; *U. Huber,* Das für die anfechtbare Rechtshandlung maßgebende Recht, in FS Heldrich (2005) 695 ff.; *Keppelmüller,* Österreichisches internationales Konkursrecht (1997); *Kodek,* Die Geltendmachung von Anfechtungsansprüchen nach der EuInsVO, in Konecny, Insolvenzforum 2004 (Wien 2005) 119 ff.; *Kodek/Reisch,* Ausgewählte Probleme der Anfechtung nach der EuInsVO, ZIK 2006/239, 182; *König,* Die Anfechtung nach der Konkursordnung, 3. Auflage (Wien 2003), 4. Auflage (Wien 2009); *König,* Zur Anfechtung nach der EuInsVO, ZIK 2007/6, 2; *König/Mayr,* Europäisches Zivilverfahrensrecht in Österreich – Bilanz nach zehn Jahren (Wien 2007); *Koziol/Bollenberger* in Bartsch/Pollak/Buchegger, Österreichisches Insolvenzrecht, Band I (Wien 2000) zu §§ 27 ff. öKO; *Leipold,* Zuständigkeitslücken im neuen Europäischen Insolvenzrecht, in FS-Ishikawa (Berlin New York 2001) 221; *Lorenz,* Annexverfahren bei internationalen Insolvenzen (Tübingen 2005); *Lüke,* Das europäische internationale

Insolvenzrecht, ZZP 111 (1998) 275; *Lüke,* Europäisches Zivilverfahrensrecht – das Problem der Abstimmung zwischen EuInsÜ und EuGVÜ, in FS Schütze (1999) 467; *Maderbacher* in Konecny/Schubert, Kommentar zu den Insolvenzgesetzen, zu Art. 4–6 EuInsVO (Wien seit 2000, 27. Lfg. 2007); *Mohr,* Insolvenzrecht 2002, Insolvenzrechts-Novelle 2002, Europäische Insolvenzverordnung (2002); *Mörsdorf-Schulte,* Internationaler Gerichtsstand für Insolvenzanfechtungsklagen im Spannungsfeld von EuInsVO, EuGVÜ/O und autonomem Recht und seine Überprüfbarkeit durch den BGH, IPrax 2004, 31; *Paulus,* Anfechtungsklagen in grenzüberschreitenden Insolvenzverfahren, ZInsO 2006, 295; *Paulus,* Europäische Insolvenzverordnung, Kommentar, 2. Auflage (2008); *Rauscher,* Europäisches Zivilprozessrecht, Kommentar, Band 2 (München 2006); *Oberhammer,* Europäisches Insolvenzrecht in praxi – „Was bisher geschah", ZInsO 2004, 761; *Reinhart* in Kirchhof/Lwowski/Stürner (Hrsg), Münchener Kommentar zur Insolvenzordnung, Band III, zur EuInsVO, abgekürzt MünchKomm zur InsO; *Reisch,* Befugnisse des jeweils ausländischen Verwalters in Hauptinsolvenzverfahren/Sekundärinsolvenzverfahren, in Konecny (Hrsg), Insolvenzforum 2005 (2006) 243; *Ringe,* Insolvenzanfechtungsklage im System des europäischen Zivilverfahrensrechts, ZInsO 2006, 700; *Saenger/Klockenbrink,* Internationale Zuständigkeit für Insolvenzanfechtungsklagen und Geltendmachung von Erstattungsansprüchen wegen Verstoßes gegen Kapitalerhaltungsvorschriften, IHR 2007, 60, 80; *Schack,* Internationales Zivilverfahrensrecht, 4. Auflage (München 2006); *Schlosser,* EU-Zivilprozessrecht, Kommentar, 2. Aufl. (München 2003); *Smid,* Europäisches Internationales Insolvenzrecht, 2. Auflage (Wien 2002); *Smid,* Deutsches und Europäisches Internationales Insolvenzrecht (Stuttgart 2004); *Schumacher,* Die Europäische Insolvenzverordnung aus österreichischer Sicht, ZIK 2002/258, 182; *Taupitz,* Das (zukünftige) europäische Internationale Insolvenzrecht – insbesondere aus international-privatrechtlicher Sicht –, ZZP 111 (1998), 315; *Thole,* Die internationale Zuständigkeit für insolvenzrechtliche Anfechtungsklagen, ZIP 2006, 1383; *Virgos/Schmit,* Erläuternder Bericht zu dem EU-Übereinkommen über Insolvenzverfahren, Doc. 6500/1/96 REV 1; *Weller,* Forum Shopping im Internationalen Insolvenzrecht?, IPrax 2004, 412 *Zeeck,* Die Anknüpfung der Insolvenzanfechtung, ZInsO 2005, 281.

Einleitung

Anders als das deutsche Regime basiert das österreichische Insolvenzrecht bekanntermaßen auf einem ähnlichen Aufbau wie zu Zeiten vor der InsO: Der Konkursordnung (KO) steht die Ausgleichsordnung (AO) als rein sanierendes Insolvenzgesetz gegenüber – noch. Es ist aber eine große Insolvenzreform in Vorbereitung, die auch in Österreich ein einheitliches Insolvenzgesetz schaffen soll.

Sie wurde zwar von unserer letzten Bundesregierung aus dem Arbeitsplan 2008[1] entfernt, mittlerweile aber wieder aufgenommen[2].

Das Anfechtungsrecht tritt uns als **Gläubigeranfechtungsrecht** in der AnfO[3], das Insolvenzanfechtungsrecht im Rahmen der §§ 27 bis 43 KO als **Konkursanfechtungsrecht**[4] gegenüber.

Parallele Anfechtungstatbestände sind

---

1 Vgl. den Arbeitsplan 2008 der österreichischen Bundesregierung unter http://www.bka.gv.at/DocView.axd?cobId=28804.

2 Siehe die erneute Planung einer Unternehmensinsolvenzreform in http://www.bka.gv.at/DocView.axd?cobId=32966.

3 Ähnlich dem AnfG.

4 Ähnlich der Insolvenzanfechtung gemäß §§ 129 bis 147 InsO.

- die Anfechtung wegen Benachteiligungsabsicht und wegen Vermögensverschleuderung (§§ 28 öKO, 2 öAnfO)
- die Anfechtung unentgeltlicher und ihnen gleichgestellter Verfügungen (§§ 29 öKO, 3 öAnfO)

Das Konkursanfechtungsrecht weist gegenüber dem Anfechtungsrecht der AnfO zusätzliche, rein insolvenzspezifische Tatbestände auf,

- die Begünstigungsanfechtung (§ 30 öKO) und
- die Anfechtung wegen Kenntnis der Zahlungsunfähigkeit (§ 31 öKO).

Erster Teil
Internationale Zuständigkeit

A. Die Regelung des Art. 1 Abs. 2 EuGVÜ/Brüssel-I VO und *Gourdain/Nadler*

„Dieses Übereinkommen/Diese Verordnung] ist nicht anzuwenden auf: ... b) Konkurse, Vergleiche und ähnliche Verfahren; ...".

Betrachtet man die Fassung des Art. 1 Abs. 2 EuGVÜ/Brüssel-I VO in seinem wörtlichen Sinn, so schließt die Norm jedes Verfahren aus, das eine eigentliche Insolvenzabwicklung in sich begreift, nicht aber damit in Zusammenhang stehende Zivilprozesse.

Dass indes die verschiedenen europäischen Befindlichkeiten bei der Auslegung des EuGVÜ (nunmehr: Brüssel-I VO) bald schon schlagend werden sollten, zeigt der Fall *Gourdain/Nadler*, C 133/78, vom EuGH noch zum EuGVÜ entschieden am 22. 2. 1979. Der Fall betraf eine spezifische Form der Geschäftsführerhaftung nach französischem Recht, die übrigens mittlerweile abgeschafft worden ist. Mit der Insolvenzanfechtung hat dieser Fall nichts zu tun, wie denn der EuGH sich bisher zu diesem Rechtsgebiet noch nicht geäußert hat.

Anfechtungsrechtliches ist etwa in Frankreich in jeder Hinsicht Sache des Konkursgerichts, übrigens ebenso in Italien. Die vis attractiva concursus[5], die hauptsächlich im romanischen Rechtskreis beheimatet ist, mag man für diese Entscheidung verantwortlich machen. Nicht nur meines Erachtens ist die weite Auslegung in *Gourdain/Nadler* darauf zurückzuführen, dass der Gerichtshof den Verfassern des damals geplanten EuInsÜ einen möglichst breiten Spielraum freilassen wollte[6].

Eines bleibt fest zu halten: So peripher der Anlassfall für die Entscheidung gewesen sein mag, sie zog Grenzlinien, um nicht zu sagen Gräben, um deren Verlauf gestritten wird. Nach *Gourdain/Nadler* trat der Begriff der insolvenzrechtlichen An-

5 *Duursma-Kepplinger* in Komm-EuInsVO zu Art. 4 Rz. 22.
6 Vgl. in diesem Sinn *Kodek* in Konecny, Insolvenz-Forum 2004, 119 ff., 120.

nexverfahren aus dem interpretativen Schatten und wurde zum Abgrenzungsproblem.

Zur Abgrenzung zwischen Annexmaterien einerseits, die unter die Ausnahmebestimmung des Art. 1 Abs. 2 lit. b Brüssel I-VO – damals noch des EuGVÜ – fallen sollten, von Verfahren mit bloßem Insolvenzbezug anderseits stellte der EuGH folgendes Axiom auf:

„Einzelverfahren sind nur dann von der Anwendung des Übereinkommens ausgeschlossen, wenn sie unmittelbar aus diesem Verfahren hervorgehen und sich eng innerhalb des Rahmens eines Konkurses oder Vergleichsverfahrens halten."

Der BGH hat mit Urteil vom 11. 1. 1990, IX ZR 27/89 klargestellt, dass Insolvenzanfechtungsklagen (damals noch Konkursanfechtungsklagen) unmittelbar aus dem Insolvenzverfahren hervorgehen und sich eng innerhalb des Rahmens dieses Verfahrens halten. Damit hat er das Gourdain/Nadler-Axiom umgesetzt und so die Insolvenzanfechtung von der Anwendung des Übereinkommens ausgeschlossen.

Von *Lüke*[7] stammt die Formel, ausgeschlossen seien Verfahren, die mit dem gleichen Klageziel nicht ohne die Eröffnung eines Insolvenzverfahrens mit Aussicht auf Erfolg betrieben werden könnten.
Verfahren, die den Zweck der Massemehrung haben und nicht einfach Rechte geltend machen, die der Insolvenzschuldner auch außerhalb des Insolvenzverfahrens geltend machen könnte, fallen unter die Ausnahme des Art. 1 Abs. 2 lit. b Brüssel I-VO, mithin in den Raum der EuInsVO.

Ansatzpunkte für eine Lösung des Schicksals der insolvenzrechtlichen Annexverfahren gibt es in der EuInsVO ebenso wie in der Brüssel I-VO; auch das nationale Recht wird zur Klärung der Zuständigkeitsfrage bemüht.

B. Anknüpfungspunkte für die internationale Zuständigkeit von Anfechtungsklagen

Zur Frage nach der internationalen Zuständigkeit wollen wir einige Ansatzpunkte zusammentragen, von denen zumindest manche uns als alte Bekannte entgegen treten mögen, weil sie den Meinungsstand wiederspiegeln:

1. Art. 1 Abs. 2 lit. b Brüssel I-VO schließt Konkurse, Vergleiche und ähnliche Verfahren aus dem Anwendungsbereich der Verordnung aus. Bleibt zu fragen, ob nicht der Anfechtungsprozess – oder gar jeder insolvenzrechtlicher Annexprozess – als Zivilprozess trotz seiner Insolvenznähe wenigstens auf dem Analogieweg oder gar direkt dem **Regime der Brüssel I-VO** unterstellt werden könnte[8]. Die Lö-

7 Vgl. *Lüke,* FS Schütze (1999), 483.

8 Vgl. *Schlosser,* Eu-ZPR, zu Art. 1 EuGVVO Rz. 21 a ff. Ähnlich auch *Lüke,* Das europäische internationale Insolvenzrecht, ZZP 111 (1998) 275, 294 f.; ebenso *Reinhart* in MünchKomm zur InsO, Band III, zu Art. 3 EuInsVO Rz. 92 m. w. N. auf die Lehre (FN 183) und die jüngere Judikatur (FN 182), wo

sung hieße: Zuständigkeit, Anerkennung und Vollstreckung nach der Brüssel I-VO, mithin aber nach einem Regime, das doch etwas komplexer ist als das durch Art. 25 EuInsVO konstruierte.

2. Die in einem Insolvenzverfahren ergehenden Entscheidungen (und auch Vergleiche) werden in den anderen Mitgliedsländern ohne ein weiteres Exequatur nach der Brüssel I-VO anerkannt (Art. 25 Abs. 1 Unterabsatz 1 EuInsVO). Dies gilt gemäß Unterabsatz 2 auch für Entscheidungen, die unmittelbar aufgrund des Insolvenzverfahrens ergehen und damit in engem Zusammenhang stehen, auch wenn diese Entscheidungen von einem anderen Gericht getroffen werden (eben die Annexverfahren). Selbstredend wurde auch darin ein Ansatzpunkt gefunden. Die Lösung heißt hier: Anerkennung und Vollstreckung über Art. 25 EuInsVO nach etwas modifizierten Vorschriften der Brüssel I-VO, die gemäß deren Art. 68 das EuGVÜ, auf das die EuInsVO verweist, ersetzt hat.

Wo aber bleibt die Zuständigkeitsregel? Die direkte Anwendung der Brüssel I-VO würde hier Abhilfe schaffen, als nicht nach verschiedenen Prinzipien anerkannt und vollstreckt würde (Art. 25 EuInsVO versus Art. 32ff. Brüssel I-VO).

Reduziert man in gehorsamer Fortsetzung des in *Gourdain/Nadler* aufgestellten Grundsatzes Art. 25 EuInsVO auf die dort behandelte Anerkennung und Vollstreckung nach der Brüssel I-VO so bleibt das Problem der fehlenden internationalen Zuständigkeit bestehen.

Man könnte es lösen, indem man, wie von *Leipold*[9] vorgeschlagen, in die EuInsVO eine **„ungeschriebene" Zuständigkeitsnorm** hineininterpretiert. Sie ergibt sich aus dem Annexcharakter des Anfechtungsverfahrens und läuft auf ein ausdehnendes Verständnis des Art. 3 EuInsVO hinaus: Dieser entfaltet eine gemeinschaftsrechtliche vis attractiva concursus, die – es sei vorausgeschickt – mit der ursprünglichen Intention der Verfasser des EuInsÜ[10] insoweit einhergeht, als sie den Gegebenheiten des romanischen Rechtskreises am Ehesten entspricht[11], deren Übernahme in die Verordnung scheiterte aber insbesondere am deutschen und niederländischen Widerstand.

---

die zweitinstanzliche Entscheidung im Deko Marty Belgium Fall (siehe unten), der schließlich zur Vorlage durch den BGH beim EuGH erwähnt wird.

9 Vgl. dazu grundlegend *Leipold* in FS Ishikawa 221 ff., 234 ff. Ähnlich *Smid*, Deutsches und Europäisches Internationales Insolvenzrecht, zu Art. 25 EurInsVO Rz. 10.

10 Im Erläuternden Bericht zum EuInsÜ von *Virgos/Schmit*, Ziffer 78 am Ende zu Art. 3 EuInsÜ wird aus der *Gourdain/Nadler*-Entscheidung geschlossen: „Nach diesem Kriterium sind Klagen, die unmittelbar aus der Insolvenz hervorgehen und in engem Zusammenhang mit dem Insolvenzverfahren stehen vom Brüsseler Übereinkommen 1968 ausgeschlossen. Logischerweise fallen diese Klagen nun in den Anwendungsbereich des Übereinkommens über Insolvenzverfahren und seine Zuständigkeitsvorschriften; andernfalls würde zwischen den beiden Übereinkommen eine nicht zu rechtfertigende Rechtslücke verbleiben."

11 Zwar gehört Österreich mitnichten dem romanischen Rechtskreis an, dennoch fand *Schöllmeyer*, Die vis attractiva concursus im deutsch-österreichischen Konkursvertrag, IPRax 1998, 29 m.w.N. in FN 1.
In Italien wie in Frankreich ist das Konkursgericht generalzuständig für die sich dabei ergebenden rechtlichen Fragen.

3. Verneint man alles, die direkte oder analoge Anwendung von Brüssel I und auch eine gemeinschaftsrechtliche vis attractiva concursus, so bleibt nur noch die Flucht in das **jeweilige innerstaatliche Recht**[12]. Und dort befand sich die österreichische überwiegende Meinung zumindest bis vor Kurzem.

C. Der Vorlagebeschluss des BGH

Regelrechte Wechselbäder an differierenden Positionen durchlief folgender Fall, der den BGH schließlich dazu veranlasste, ein Vorabentscheidungsersuchen an den EUGH zu stellen:

Vor der Insolvenz einer deutschen Gesellschaft erfolgte eine größere Überweisung an eine belgische Firma, die zugleich Hauptgesellschafterin der späteren Insolvenzschuldnerin ist.

Für die Schuldnerin bringt der Verwalter gegen den belgischen Anfechtungsgegner vor dem LG Marburg die Anfechtungsklage ein und begründet die internationale Zuständigkeit mit einer Notzuständigkeit des Konkursgerichts: Mangels EU-rechtlicher Bestimmung sei nationales Recht heranzuziehen, nach belgischem Recht erfolge eine Rückverweisung des Rechtsstreits an das Insolvenzgericht.

Das LG Marburg verneinte die deutsche internationale Zuständigkeit unter Hinweis auf die Befugnisse des Partikularverfahrensverwalters i. S. d. Art. 18 Abs. 2 EuInsVO: Belgisches Recht könne nicht auf deutsches Zuständigkeitsrecht zurückverweisen, es bestehe eine allseitige Bindung an das europäische Recht[13].

Die Berufung des Klägers an das OLG Frankfurt/Main blieb erfolglos: Das Berufungsgericht vertrat – entgegen der Ansicht des EuGH und der überwiegenden Rechtsprechung des BGH – den Rechtsstandpunkt, eine analoge Heranziehung des Art. 3 Abs. 1 EuInsVO (auch für Annexprozesse) sei mangels Vorliegens einer planwidrigen Lücke nicht möglich. Der Ausnahmekatalog des Art. 1 Abs. 2 lit. b Brüssel I-VO sei eng auszulegen und umfasse nur Insolvenzverfahren im engen Sinn; eine deutsche internationale Zuständigkeit des Insolvenzgerichts sei nicht gegeben. Die Brüssel I-VO sei im vollen Umfang anwendbar. Im Ergebnis wurde der Kläger somit darauf verwiesen, in Belgien Klage zu erheben[14].

---

12 Vgl. sogar die bekannte Spanien-Thailand-Entscheidung des BGH, IX ZR 203/02 vom 27. 5. 2003, vgl. NJW 2003, 2916; siehe dazu *Mörsdorf-Schulte,* IPrax 2004, 31; vgl. *Lorenz,* Annexverfahren 110ff.

13 Grundsätzlich steht die Rechtsprechung bis zum Judikat des OLG Frankfurt in dieser causa der Anwendung von Brüssel I ablehnend gegenüber; internationales deutsches Prozessrecht wurde vielfach herangezogen; vgl. *Dauernheim* in FrankfurterKomm zur InsO, zu § 143 InsO Rz. 59 m. w. N.

14 Siehe die ablehnende Besprechung von *Thole,* ZIP 2006, 1383; bei *Reinhart* in MünchKomm zur InsO, Band III, zu Art. 3 EuInsVO Rz. 92 wird dieses Singulärjudikat als „jüngere Judikatur“ bezeichnet.

Die dargestellten Unklarheiten beseitigt wissen will nun der BGH, der mit Beschluss zu IX ZR 39/06[15] dem EuGH folgende beiden Fragen gestellt hat:

„**a)** Sind die Gerichte des Mitgliedsstaats, in dessen Gebiet das Insolvenzverfahren über das Vermögen des Schuldners eröffnet worden ist, für eine Insolvenzanfechtungsklage gegen einen Anfechtungsgegner, der seinen satzungsmäßigen Sitz in einem anderen Mitgliedsstaat hat, gemäß Art. 3 Abs. 1 EuInsVO international zuständig?"

Mit anderen Worten: Gibt es eine gemeinschaftsrechtliche vis attractiva concursus des Art. 3 EuInsVO? Beinhaltet die EuInsVO eine internationale Zuständigkeitsregelung für Anfechtungsklagen?

„**b)** Falls die Frage a) zu verneinen ist: Fällt die Insolvenzanfechtungsklage unter die Ausnahmebestimmung des Art. 1 Abs. 2 lit. b Brüssel I-VO oder bestimmt sich die internationale Zuständigkeit für Insolvenzanfechtungsklagen nach dieser Verordnung?"

Mit anderen Worten: Wenn bei *Gourdain/Nadler* die politische Notwendigkeit im Auge behalten wurde, den Verfassern des geplanten EuInsÜ freie Hand zu lassen, so stellt sich nun – da die EuInsVO vorliegt – die Frage: Wird die bisherige Rechtsprechung aufrecht erhalten oder nicht? Besteht zwischen Brüssel-I und der EuInsVO eine Regelungslücke, so möge sie geschlossen werden.

Denn: Fällt die Insolvenzanfechtungsklage unter den Ausschlusstatbestand des Art. 1 Abs. 2 lit. b Brüssel I-VO und auch nicht unter die EuInsVO, dann ist nationales Recht maßgebend, wenn nicht müsste das Regime von Brüssel I anwendbar sein.

Das Vorabentscheidungsersuchen[16] wurde als Rechtssache „Deko Marty Belgium"[17], C-339/07, im ABl unter C 269/18 vom 10. 11. 2007 veröffentlicht[18]. *Klöhn/Berner* haben dazu in der ZIP referiert[19].

Die Schlussanträge des Generalanwalts *Damáso Ruiz-Jarabo Colomer* wurden am 16/10/2008 gestellt[20]. Das Urteil des EuGH erging am 12/02/2009[21]. Siehe dazu unten F.

---

15 Die Unterinstanzen im vorliegenden Verfahren waren das LG Marburg (2 O 209/04) und das OLG Frankfurt (15 U 200/05). Der Anfechtungsprozess des deutschen Verwalters im Insolvenzverfahren der Frick Teppichboden Supermärkte GmbH richtet sich gegen den belgischen Anfechtungsgegner Deko Marty Belgium N.V.

16 Eingereicht beim EuGH am 20. 7. 2007.

17 RA *Seagon* als Insolvenzverwalter über das Vermögen der Frick Teppichboden Supermärkte GmbH gegen *Deko Marty Belgium* N.V.

18 Und zwar mit promptem Druckfehler in der deutschen Ausgabe des Amtsblatts: siehe letzter Satz; der Autor kennt keine EuGWO, wohl aber die EuGVVO.

19 Siehe *Klöhn/Berner* ZIP 2007, 1415.

20 Originalsprache der Schlussanträge ist Spanisch. Fundstelle ist http://curia. europa. eu/en/content/juris/c2. htm, dort C-339/07.

21 Siehe das Urteil des Gerichtshofs vom 12/02/2009 zu C-339/07 am oben angegebenen Internetlink.

D. Der Meinungsstand in Österreich

1. Lehre

Die internationale Zuständigkeit in Anfechtungssachen wird etwa von Anwaltsseite als eines der größten Probleme im grenzüberschreitenden Insolvenzrecht bezeichnet.

Die Erwägungsgründe (6) und (8) der EuInsVO lassen zwar eine internationale Zuständigkeitsregel in Annexverfahren erwarten[22], der Text der Verordnung ist aber, anders als die Entwürfe zum EuInsÜ der vis attractiva concursus nicht hold[23]. Die EuInsVO ist daher beredte Momentaufnahme im Kräfteringen zwischen verschiedenen Rechtskreisen.

In Österreich ist der Blickwinkel zur internationalen Zuständigkeit in Anfechtungssachen insbesondere vom Attraktionsgerichtsstand des § 43 Abs. 5 KO[24] beeinflusst:

Ich zitiere auszugsweise: „Soweit das Anfechtungsrecht vom Masseverwalter oder von Konkursgläubigern nach § 189[25] ausgeübt wird, ist das Konkursgericht zur Verhandlung und Entscheidung über Anfechtungsklagen ausschließlich zuständig; dies gilt nicht, wenn der Masseverwalter in einen anhängigen Rechtsstreit eintritt (§ 37 Abs. 3).“

In Österreich ist also innerstaatlich Gesetz, was uns die EuInsVO scheinbar so beharrlich verweigert, nämlich ein expliziter Attraktionsgerichtsstand für Anfechtungsklagen beim Konkursgericht.

---

22 (6):„Gemäß dem Verhältnismäßigkeitsgrundsatz sollte sich diese Verordnung auf Vorschriften beschränken, die die Zuständigkeit für die Eröffnung von Insolvenzverfahren und für Entscheidungen regeln, die unmittelbar aufgrund des Insolvenzverfahrens ergehen und in engem Zusammenhang damit stehen. Darüber hinaus sollte diese Verordnung Vorschriften hinsichtlich der Anerkennung solcher Entscheidungen und hinsichtlich des anwendbaren Rechts, die ebenfalls diesem Grundsatz genügen, enthalten.“
(8): Zur Verwirklichung des Ziels ... ist es notwendig und angemessen, die Bestimmungen über den Gerichtsstand, die Anerkennung und das anwendbare Recht ... in einem gemeinschaftlichen Rechtsakt zu bündeln, ...“

23 Siehe dazu *Smid,* Deutsches und Europäisches Internationales Insolvenzrecht, zu Art. 25 Rz. 9 bis 11, siehe insbesondere Rz. 10; vgl. *Smid,* Europäisches Internationales Insolvenzrecht, Rz. 2. 10.

24 *Oberhammer* ZinsO 2004, 767 ortet hier kein „insolvenzspezifisches Koordinationsinteresse“. Dem ist insoweit beizupflichten, als es nicht das Insolvenzverfahren selbst betrifft. Die Bündelung der Anfechtungsklagen beim Konkursgericht hat aber dennoch einen in der übersichtlichen Abwicklung der Insolvenz gelegenen Hintergrund: den Effizienzgedanken.

25 Letzteres gilt nur für den Konkurs der natürlichen Person nach den Sonderbestimmungen des Dritten Teils der KO (§§ 181 bis 216 KO), wo ein Masseverwalter nur bestellt wird, wenn das Gericht dies in Ausnahmefällen verfügt. Das Anfechtungsrecht kommt dann entweder einem Gläubiger zu, den die Gläubigerversammlung mit der Geltendmachung solcher Ansprüche betraut hat, in Ermangelung eines solchen Beschlusses einem jeden Gläubiger, aber nach den Bestimmungen der KO und nicht nach denen der AnfO. Siehe dazu unten F. 2.

Es ist daher wenig verwunderlich, wenn die österreichische Lehre die Vorteile der eigenen Regelung gegen die Unwägbarkeit einer zukünftigen europäischen nicht eintauschen will.

Die österreichische Regelung, die auf dieser vis attractiva concursus aufbaut, steht in krassem Gegensatz zu den Bestimmungen über die Zuständigkeit in Deutschland, die diese als bürgerlich-rechtliche Streitigkeit gemäß § 13 GVG primär auf den allgemeinen Gerichtsstand des Anfechtungsgegners verweisen (§§ 13 bis 19, 20, 23 dZPO)[26].

Schon seit der Prozessrechtslehrertagung 1998 in Leipzig vertrat *König*[27] daher gegen *Leipold* und *Schlosser* vehement die Anwendung des jeweiligen innerstaatlichen Rechts. *Koziol und Bollenberger*[28] sowie *Rebernig*[29] teilten diese Meinung, womit alle drei österreichischen Kommentare zu dieser Frage des Konkursanfechtungsrechts völlig gleichlaufende Meinungen vertreten.

Neben *König* vertraten *Kodek*[30], *Reisch*[31], *Fuchs*[32], *Burgstaller*[33] sowie *Konecny*[34] die Anwendbarkeit des innerstaatlichen (internationalen) Zivilverfahrensrechts.

Begründet wurde diese Position wie folgt:

Zwar sei die Absicht, eine Zuständigkeitsregelung für Anfechtungsklagen (wie generell für Annexverfahren) zu schaffen, aus den Erwägungen (Grund 6) ableitbar, aber eben nicht in der VO enthalten,

- es hätten sich zwar die Rahmenbedingungen seit *Gourdain/Nadler* gewandelt, eine Änderung der Rechtsprechung des EuGH sei indes nicht zu erwarten[35],
- die Formulierung des Art. 25 Abs. 1 Unterabsatz 2 EuInsVO habe vielmehr die in *Gourdain/Nadler* getroffenen Abgrenzungen für insolvenzrechtliche Annexmaterien gegenüber Verfahren mit bloßem Insolvenzbezug wörtlich übernommen[36];
- eine vis attractiva concursus auf gemeinschaftsrechtlicher Ebene sei nicht europafreundlicher als die Anwendung nationalen Rechts (lex concursus), weil in diesem Fall die Zuständigkeit anderer Gerichte als der des Eröffnungsstaats

26 Vgl. *Gottwald*, Insolvenzrechts-Handbuch, § 51 Rz. 30.
27 Vgl. noch *König*, Anfechtung, 3. Auflage, Rz. 17/86 und 19/16.
28 *Koziol/Bollenberger* in Bartsch/Pollak/Buchegger I, zu § 43 Rz. 31.
29 *Rebernig* in Konecny/Schubert, zu § 43 Rz. 41.
30 Ausführlich *Kodek* in Burgstaller/Neumayr, IZVR, zu Art. 25 Rz. 13 ff.; ebenso *Kodek*, Die Geltendmachung von Anfechtungsansprüchen nach der EuInsVO, in Konecny, Insolvenzforum 2004, 123, jeweils mit ausführlicher Darstellung des Meinungsstands.
31 *Kodek/Reisch*, Ausgewählte Probleme der Anfechtung nach der EuInsVO, ZIK 2006/239, 182.
32 Vgl. *Fuchs*, Rechtsprechung des OGH zur EuEheVO, zur EuFamVO und zur EuInsVO, ecolex 2006, 984 ff.
33 *Burgstaller/Neumayr* in Burgstaller/Neumayr, IZVR, zu Art. 1 Brüssel I-VO Rz. 15 f.; *Burgstaller* in Burgstaller/Neumayr, IZVR, zu Art. 13 Rz. 17; ebenso *Burgstaller* in FS Jelinek (2002) 37.
34 Siehe *Konecny* in Konecny/Schubert zu § 110 Rz. 7.
35 Vgl. in diesem Sinn etwa *Kodek*, Die Geltendmachung von Anfechtungsansprüchen nach der EuInsVO, in Konecny, Insolvenzforum 2004, 123.
36 Vgl. *Kodek* a. a. O.

bloß blockiert werde und die – nationalen – Gerichte des Eröffnungsstaats tätig würden[37];

- die Annahme einer europäischen Zuständigkeitsregel vor dem nationalen Recht sei – ein gewagtes Wort – geradezu systemwidrig, weil der Primat des EU-Rechts nur dort bestehen könne, wo ein solches existiere;
- schließlich wird auch ins Treffen geführt, eine vis attractiva concursus könne aus der EuInsVO gar nicht geschlossen werden, weil sonst Art. 18 Abs. 2 S 2 EuInsVO keinen Anwendungsbereich habe[38].

Konzediert wurde freilich, dass durch die Anwendung des jeweiligen innerstaatlichen Rechts

- national definierte Zuständigkeitstatbestände auf dem Anerkennungsweg dem Ausland ohne weitere Nachprüfungsmöglichkeit aufgezwungen werden,
- insolvenznahe Materien nach anderen Anerkennungskriterien anerkannt würden als insolvenzfernere (sic: bloße ordre public Einrede bei insolvenznahen Verfahren, der gesamte Katalog der Anerkennungsversagungsgründe der Art. 34 und 35 dagegen nach der Brüssel I-VO; dazu im einzelnen noch unten), was wiederum ein bezeichnendes Licht auf die Grenzziehungsfrage zwischen Annexverfahren und insolvenzbezogenen Verfahren wirft[39].

Oberhammer[40] schloss sich zwar der herrschenden österreichischen Meinung an, führt aber auch aus, es handle sich hier um eine rein rechtspolitische Frage, über die sich „trefflich streiten" ließe, konzediert aber schließlich, es sei wohl, wollte man eine einheitliche Regelung schaffen, der gemeinschaftsrechtlichen vis attractiva concursus der Vorzug zu geben.

Im Reigen der Lehrmeinungen gibt es aber auch dezidierte Gegenstimmen: Vehement wird die Position *Leipolds* von *Duursma-Kepplinger*[41] und von *Lorenz*[42] vertreten; sie standen bisher mit ihrem ausführlichen Plädoyer für den aus Art. 3 abgeleiteten ungeschriebenen gemeinschaftsrechtlichen Gerichtsstand für Annexverfahren in der österreichischen Lehre relativ isoliert da.

---

37 Vgl. *Kodek,* Die Geltendmachung von Anfechtungsansprüchen nach der EuInsVO, in Konecny, Insolvenzforum 2004, 122; ebenso *Burgstaller* in Burgstaller/Neumayr, IZVR zu Art. 13 Rz. 17 a.E.

38 So etwa *Kodek,* Die Geltendmachung von Anfechtungsansprüchen nach der EuInsVO, in Konecny, Insolvenzforum 2004, 123; *Kodek in Burgstaller/Neumayr,* IZVR zu Art. 25 Rz. 21; *Fuchs,* Konkursanfechtung und EuInsVO, ÖJZ 2005/36; vgl. auch *Gelter,* Konkurs und Gläubigeranfechtung bei europäischen Auslandsgesellschaften in Österreich, JBl 2007, 17, 26.

39 Außerdem kann die österreichische herrschende Position einige Fragen gar nicht beantworten, wie in der Folge noch exemplarisch zu behandeln sein wird. Insbesondere vermisst man oft die Behandlung der ausländischen Verwalterklage gegen einen österreichischen Anfechtungsgegner; so beschäftigt ist die Lehre mit dem Hochhalten des § 43 Abs. 5 KO, dass in manchen Belegstellen diese einfache Fragestellung unberücksichtigt bleibt.

40 Vgl. *Oberhammer,* ÖBA 698, 705 ff., insbesondere 707.

41 *Duursma-Kepplinger* in Komm-EuInsVO zu Art. 25 Rz. 36 bis 56, insbesondere Rz. 42. Zu Darstellung des übrigen Meinungsstands siehe *Duursma-Kepplinger* in Komm-EuInsVO zu Art. 25 Rz. 22 bis 35.

42 Siehe *Lorenz,* Annexverfahren bei Internationalen Insolvenzen (Tübingen 2005) 104 ff., mit Darlegung der Ablehnung der beiden anderen Positionen 56 ff.

Die unmittelbare oder analoge Anwendung der Regeln der Brüssel I-VO wird in Österreich kaum vertreten.

Die **Anerkennung und Vollstreckung** von Anfechtungsentscheidungen regelt nach nicht bloß österreichischer hM Art. 25 Abs. 1 Unterabsatz 2 EuInsVO.

2. Judikatur

Es sei nun eine kleine Tour de Raison durch österreichische Stimmen in der Judikatur unternommen:

OGH 8. 10. 1984, 1 Ob 641/84 (OLG Linz 5 R 109/84; KG Ried im Innkreis 3 Cg 59/84) = ZfRV 1985, 127 (Hoyer) = IPRax 1985, 295 (*Matscher*) = RdW 1985, 340 (*Schwimann* 332)

In diesem fundamentalen Fall begründete der OGH die heute in Österreich vertretene Ansicht: Ein Konkursverfahren behing in Österreich, der OGH bejahte die internationale Zuständigkeit des Konkursgerichts für die gegen einen schweizer Anfechtungsgegner gerichtete Anfechtungsklage des Verwalters. Der OGH führt aus:

„Die Anordnung des § 43 Abs. 5 KO, wonach das Konkursgericht für noch nicht anhängig gemachte Anfechtungsklagen ausschließlich zuständig ist, wurde geschaffen, um während eines inländischen Konkursverfahrens Anfechtungsprozesse zu beschleunigen und eine einheitliche Beurteilung des Zeitpunktes des Eintrittes der

Zahlungsunfähigkeit zu ermöglichen (RV 3 BlgNR 15. GP 47); sie begründet auch die österreichische inländische Gerichtsbarkeit (vgl. *Fasching* [Zivilprozessrecht, Lehr- und Handbuch] Rdz. 76).“[43]

OLG Innsbruck, 30. 5. 1988, 1 R 124/88 (LG Feldkirch 6 Cg 256/87)[44]:

Mangels Autorisierung des Masseverwalters zur weiteren Verfolgung des Anfechtungsprozesses erlischt mit Rechtskraft des Konkursaufhebungsbeschlusses auch das Amt des Masseverwalters zur Vertretung der Konkursmasse im Anfechtungsprozess; in diesem Fall ist aber das Anfechtungsverfahren formlos einzustellen. Von der Einstellung ist aber der Kostenerstattungsanspruch nicht erfasst; sowohl der Anfechtungsgegner als auch der ehemalige Gemeinschuldner können die Aufnahme des Verfahrens hinsichtlich der Kosten beantragen[45].

---

43 Nota bene: Der österreichisch-schweizerische Anerkennungs- und Vollstreckungsvertrag (BGBl. 1962/125) enthielt nach Ansicht des OGH keine Regeln über die internationale Zuständigkeit.

44 ÖJZ 1989/35.

45 Auf die Absurdität einer Einstellung des Verfahrens, gegen die ich auch schon an anderer Stelle gewettert habe, sei mit Nachdruck hingewiesen, widerspricht sie doch dem Grundsatz, dass jedes gerichtliche Rechtsschutzgesuch eine Antwort verdient. Das Gericht hätte die Unzulässigkeit weiterer Prozessführung in der Hauptsache aussprechen müssen anstatt einzustellen.

Hier gilt Folgendes: Das Gericht interpretierte diesen verfahrensrechtlichen Zustand als eine den Unterbrechungsgründen der §§ 155, 160 öZPO ähnlichen Unterbrechungsgrund, nahm dies zum Anlass für eine Einstellung des Verfahrens, erreichte so, dass der Gerichtsstand nicht verloren ging und wollte eine spätere Kostenentscheidung auf dem Ausgang eines hypothetischen Inzidentprozesses aufbauen. Gewagt ist für diese Lösung noch kein Ausdruck!

Für unsere Betrachtung wichtig ist, dass hier über das Ende des Konkurses hinaus der Gerichtsstand des § 43 Abs. 5 KO am Leben erhalten wurde.

OLG Wien, 17. 10. 2003, 3 R 151/03b (LG Wiener Neustadt), von *Oberhammer*[46] und *Kodek*[47] wie auch von *Fuchs*[48] ablehnend besprochen:

Ein deutscher Verwalter brachte gegen einen österreichischen Anfechtungsgegner in Österreich die Anfechtungsklage ein und stützte sich dabei auf Art. 4 EuInsVO und § 13 dZPO. Ausländisches Recht kann die Zuständigkeit der Gerichte eines anderen Mitgliedsstaats sicher nicht regeln[49].

Dazu Folgendes: § 43 Abs. 5 KO kommt nur dann in Frage, wenn in Österreich ein Konkurs eröffnet ist, denn sonst fehlt es an der tatbestandsmäßigen Notwendigkeit eines „Konkursgerichts" i.S.d. §§ 63 bis 65 KO. Selbst die Annahme eines hypothetischen Konkursgerichts ist müßige Gedankenspielerei, wenn sich der Schuldnersitz in Deutschland befindet. Wer aber ist nun in Österreich international für eine derartige Anfechtungsklage, wie im konkreten Fall, zuständig?

Ein kleiner Exkurs dazu:

Die österreichischen Prozessgesetze halten die Prozessvoraussetzungen der inländischen Gerichtsbarkeit und der internationalen Zuständigkeit nicht auseinander, was uns etwa von *Schack* Kopfschütteln eingebracht hat.

Mit BGBl. I 1997/140 wurde § 27a JN eingeführt, der die Abkehr von der Indikationentheorie brachte und die Universalitätstheorie – innerhalb der Schranken des Völkerrechts – dergestalt verankerte, dass Österreich bei Bestehen einer inländischen Zuständigkeit seine inländische Gerichtsbarkeit nach dem Doppelfunktionalitätsprinzip bejaht, leg.cit „ohne dass es einer weiteren Voraussetzung bedarf".

Völlig zu Recht wurde denn auch der ausdrücklich von „inländischer Gerichtsbarkeit" handelnde § 27a JN als internationale Zuständigkeitsnorm interpretiert[50].

---

46 Vgl. *Oberhammer*, Europäisches Insolvenzrecht in praxi – „Was bisher geschah", ZinsO 2004, 761, 765.

47 Vgl. *Kodek*, Die Geltendmachung von Anfechtungsansprüchen nach der EuInsVO, in Konecny, Insolvenzforum 2004, 124.

48 So *Fuchs*, Konkursanfechtung und EuInsVO, ÖJZ 2005/36.

49 Daraus aber eine Konzession an die bei der lex fori concursus nach der EuInsVO fehlende Attraktionszuständigkeit abzuleiten, halte ich für zu weit gehend; vgl. *Kodek*, Die Geltendmachung von Anfechtungsansprüchen nach der EuInsVO, in Konecny, Insolvenzforum 2004, 124.

50 Vgl. *Geimer/Schütze*, Europäisches Zivilverfahrensrecht, Anhang E. 13. Am Rande erwähnt sei nur Folgendes: Unsere in der JN enthaltene Zuständigkeitsordnung enthält auch Tatbestände, die für das Vorliegen der so genannten „inländischen Gerichtsbarkeit" etwa die österreichische Staats-

Kehren wir zurück zu unserem Fall: Der deutsche Verwalter findet in Österreich nicht über § 43 Abs. 5 KO seine internationale Zuständigkeitsregel.

Folgt man der h.M. in Österreich und wendet **innerstaatliches Recht** an, so gelangt man zu folgendem Ergebnis:

Da das Insolvenzverfahren in Deutschland behängt, ist über § 27a JN auf die generelle Regel über bürgerlichrechtliche Streitigkeiten (§ 1 JN) zurückzugreifen und dem deutschen Verwalter die Klagemöglichkeit nach §§ 65 ff. JN (allgemeiner Gerichtsstand in Streitsachen) zu eröffnen, sofern der angestrengte Prozess nicht unter einen der besonderen Gerichtsstände der §§ 76 bis 104 JN fiele, was indes nicht zutrifft.

Einziger Schönheitsfehler der oben angeführten Entscheidung des OLG Wien war demnach die direkte Berufung auf § 13 dZPO, der keine österreichische internationale Zuständigkeit bejahen kann. Die getroffene Bezugnahme auf Art. 4 EuInsVO geht ins Leere, weil diese Norm keine Zuständigkeitsnorm darstellt und auch nicht innerstaatliches Recht zum internationalen Zuständigkeitsrecht macht.

Unterstellt man den Anfechtungsprozess der Brüssel I-VO (gegen *Gourdain/Nadler*), so änderte dies am Ergebnis in diesem Fall nichts, weil so der allgemeine Gerichtsstand des Beklagten gemäß Art. 2 Brüssel I-VO zur Anwendung käme. Art. 5 Nr. 3 (unerlaubte Handlungen) und Art. 22 Nr. 1 Brüssel I-VO (Realgerichtsstand) scheiden ja, so der EuGH im Fall *Reichert,* aus[51].

Bejaht man dagegen das Vorliegen einer inhärenten vis attractiva des Art. 3 Abs. 1 EuInsVO, so wäre für den Rechtsstreit das deutsche Insolvenzgericht ausschließlich zuständig. Das bedeutet freilich auch, dass das in Deutschland erstrittene Urteil in Österreich zwangsvollstreckt werden müsste.

Stichwort Zwangsvollstreckung:

OLG Linz 4. 7. 2007, 1 R 124/07x (LG Wels 1 Cg 159/06m):

Konkursanfechtungsklagen fallen nicht in den Anwendungsbereich der EuGVVO und Urteile in diesen Verfahren können nicht als europäischer Vollstreckungstitel vollstreckt werden. *König*[52] hat in einer Entscheidungsbesprechung dazu klargestellt, dass die für Brüssel I gewonnenen Erkenntnisse aufgrund der parallelen Exemtionsnormen auch für die EuVTVO gelten (Art. 1 Abs. 2 lit. b Brüssel I-VO, Art. 2 Abs. 2 lit. b EuVTVO).

Sicher entspricht bei gleich lautenden Ausnahmebestimmungen eine identische Auslegung dem Sinn und Zweck der beiden Verordnungen und ist systemgerecht. Das OLG Linz hat brave Handwerksarbeit geleistet.

---

bürgerschaft einer Prozesspartei verlangen (vgl. so etwa in Ehesachen § 76 Abs. 2 Z 1 JN). Handelt es sich hier etwa um die internationale Zuständigkeit, weil hier ja in Abkehr von § 27a JN zusätzliche Voraussetzungen gefordert werden? Wenn man das so interpretierte, wäre das österreichische internationale Zuständigkeitsrecht mehr als bloß rudimentär.

51 Urteil des EuGH vom 1. 10. 1990, C 115/88, mehrfach veröffentlicht, u.a. in IPRax 1991, 45 (*Schlosser*) und KTS 1991, 123.

52 EuVTVO: Anwendungsbereich und Belehrungserfordernis, RZ 2008, 99.

Über eine Weiterung müssen wir uns indessen klar sein: Die in *Gourdain/Nadler* getroffenen Abgrenzungskriterien führen nun dazu, dass insolvenznahe Annexmaterien zwar nach der EuInsVO anerkannt, aber nicht nach der EuVTVO vollstreckt werden können. Die insolvenzbezogenen Verfahren dagegen, die unter Brüssel I fallen, haben ein komplexeres Anerkennungsregime, unterliegen aber der EuVTVO.

Festgehalten sei in diesem Zusammenhang weiters, dass Art. 2 Abs. 2 lit. b MahnverfVO eine ähnliche Insolvenzexklusion enthält, allerdings etwas komplexer: „Diese Verordnung ist nicht anzuwenden auf Konkurse, Verfahren im Zusammenhang mit dem Abwickeln zahlungsunfähiger Unternehmen oder anderer juristischer Personen, gerichtliche Vergleiche und ähnliche Verfahren.“

Die Vollstreckungsverweigerungsgründe in Art. 21 EuVTVO und Art. 22 MahnverfVO sind ähnlich, kennen aber beide keine ordre-public-Klausel. *Hau* hat zu Recht gefolgert, dass die Anerkennungsregeln der EuInsVO gläubigerfreundlicher seien als die Brüssel I-VO, aber schuldnerfreundlicher als die EuVTVO und die MahnVerfVO[53].

Es kann daher festgehalten werden, dass die österreichische Judikatur[54] ebenso wie die ältere deutsche[55] fest in der Vasallenschaft von *Gourdain/Nadler* steht.

E. Eigene Stellungnahme

Die Regelung des § 43 Abs. 5 KO erfasst Konkursanfechtungsklagen, nicht aber

- Anfechtungsklagen eines Gläubigers nach der AnfO, in die der Masseverwalter eintritt und
- Anfechtungsklagen außerhalb des Konkurses schlechthin (also neben einem Ausgleich oder einer Zwangsvollstreckung), selbst wenn, wie im Fall des Ausgleichs, ein naher Insolvenzbezug besteht.

Sicherlich lässt sich der Insolvenzbezug beim Ausgleichsverfahren dem des § 43 Abs. 5 KO gleichstellen, Tatsache bleibt aber, dass es hier keine ausschließliche Attraktionszuständigkeit des Konkursgerichts gibt. Die österreichische hM dehnt § 43 KO auch nicht auf Einzelanfechtungsklagen nach der AnfO im Zusammenhang mit einem Ausgleichsverfahren aus.

Die österreichische Regelung ist leicht einsichtig und – wir dürfen dies nicht vergessen – entstand lange vor dem ersten Artikel verfahrensrechtlicher Vorschriften

---

53 Vgl. dazu *Hau* in Gottwald (Hrsg.), Europäisches Insolvenzrecht, kollektiver Rechtsschutz (Tagungsband 18 der Veröffentlichungen der wissenschaftlichen Vereinigung für internationales Verfahrensrecht, Regensburger Tagung 2007) 90.

54 Als Beispiel für das wiederholt in Anwendung gebrachte Axiom des engen Zusammenhangs des Prozesses mit dem Insolvenzverfahren bzw der Undenkbarkeit der konkreten Klage außerhalb des Insolvenzverfahrens siehe etwa OLG Wien, 30. 10. 2006, 10 Ra 47/06i, ZIK 2007/274, 165, allerdings in einem Prüfungsprozess, der dort als nicht insolvenznah qualifiziert wird. Sie dazu unten G. 3.

55 Vgl. etwa BGH NJW 2003, 2916.

auf europäischer Ebene. Wir wollen § 43 Abs. 5 KO daher als das lesen, was es ist: eine zuständigkeitsrechtliche Effizienzanstrengung, keinesfalls aber eine Offenbarung im europäischen Gefüge. § 43 Abs. 5 KO schafft im Zusammenhalt mit § 27a JN die österreichische internationale Zuständigkeit für jegliche Verwalterklage bei offenem österreichischem Konkursverfahren.

Die Klage des österreichischen Verwalters gegen einen ausländischen Anfechtungsgegner auf § 43 Abs. 5 KO zu gründen ist indes nicht ebenso unzulässig wie die Berufung des deutschen Verwalters auf § 13d ZPO, weil die österreichische Regelung die Hoheitsgrenzen insoweit nicht überschreitet, als kein ausländisches Gericht für zuständig erachtet wird.

§ 43 Abs. 5 KO würde vi attractione concursu erst über Art. 3 EuInsVO zum europäischen Gerichtsstand für alle Anfechtungsgegner, auch für solche in anderen Mitgliedsstaaten, die die EuInsVO in Kraft gesetzt haben.

Es kommt Österreich die Regelung des § 43 Abs. 5 KO angesichts des Fehlens einer Zuständigkeitsvorschrift in der EuInsVO geradezu gelegen.

Die hM in Österreich akzeptiert aber mit dem Plädoyer für die Anwendung innerstaatlichen Zuständigkeitsrechts auch die Unwägbarkeiten der Zuständigkeitssysteme sämtlicher Mitgliedsstaaten. Es kann nicht Sinn und Zweck einer Insolvenzgesetz- oder Verordnungsgebung sein, einem Insolvenzverwalter täglich neue Charaden hinsichtlich des Beklagtengerichtsstands aufzuerlegen.

Im Übrigen erfahren forum concursus und die lex fori concursus Durchbrechungen (Art. 18 Abs. 2, Art. 13 EuInsVO), wie wir noch zu analysieren haben werden und es kann zu dem paradoxen Ergebnis kommen, dass zwei verschiedene Anfechtungsgegner, in verschiedenen Staaten verklagt, verschiedene Prozessausgänge bei selbst gleich gelagerten Situationen zu gewärtigen haben. Eine gemeinschaftsrechtliche vis attractiva fori concursus würde dem zumindest großteils abhelfen.

Doch kehren wir zurück zur europäischen Ebene. Seit *Gourdain/Nadler* klafft zwischen den beiden Verordnungen die viel beklagte „Regelungslücke"[56] im Zuständigkeitsrecht. Der EuGH wird nach dem Vorabentscheidungsersuchen des BGH in die Pflicht genommen, diese „Lücke" zu schließen.

Die Spannungen zwischen deutschem und romanischem Rechtskreis, die die Ursache für diese Lücke darstellen, werden auch die zu erwartende Entscheidung des EuGH prägen.

Der Gerichtshof hat, neben den Graustufen des Sybillinismus, die er so trefflich zu handhaben versteht – was wir nicht hoffen wollen – eigentlich drei Möglichkeiten:

a) Er kehrt dem Urteil *Gourdain/Nadler* den Rücken zu, dreht sich um 180 Grad, legt Brüssel I dem Wortlaut nach aus, so wie *Schlosser*[57] dies vorgeschlagen hat und ent-

---

56 Es wird Aufgabe dieser Analyse sein, festzustellen, ob es sich hier tatsächlich um eine Lücke handelt.
57 *Schlosser*, EU-Zivilprozessrecht, zu Art. 1 Brüssel I-VO, Rz. 21a ff.

zieht alle Zivilprozesse, nahe oder ferne – jedenfalls aber auch solche im unmittelbaren Gefolge der Insolvenz – dem Anerkennungsstatut der EuInsVO.

Die Abgrenzungsfragen zwischen Annexverfahren und insolvenzbezogenen Verfahren entfielen so, was uns eine Menge an Fragen ersparte, der Anwendungsbereich des Art. 25 Abs. 1 Unterabsatz 2 EuInsVO würde aber so auf Null reduziert.

Was *Schlosser* indes als ohne praktische Bedeutung ansieht, weil es keinen Unterschied mache, ob direkt nach der Brüssel I-VO oder auf dem Verweisungsumweg über Art. 25 Abs. 1 Unterabsatz 2 EuInsVO anerkannt und vollstreckt werde.

Ich kann mich dem nicht anschließen: Man schafft eine lex specialis nicht, um sie weg zu interpretieren. Dass Art. 25 EuInsVO zu keinem anderen Ergebnis kommt als die Brüssel I-VO direkt, ist – wie mehrfach schon andeutungsweise erwähnt – nicht ganz richtig[58]: Das *Anerkennungsregime* der EuInsVO ist durchlässiger: Art. 25 Abs. 1 Unterabsatz 1 ordnet ja an, dass Art. 34 Abs. 2 EuGVÜ bei der Anerkennung unanwendbar sei; dieser hatte auf die Anerkennungsverweigerungsgründe der Art. 27 und 28 EuGVÜ verwiesen, deren Normgehalt sich über die Nachfolgeregelung des Art. 68 Brüssel I-VO nun in Art. 34 und 35 Brüssel I-VO wieder findet[59]. Das bedeutet: Die einzigen beiden Anerkennungsverweigerungsgrund im Rahmen der EuInsVO sind die etwaige Einschränkung der persönlichen Freiheit oder des Postgeheimnisses gemäß Art. 25 Abs. 3 EuInsVO sowie die Ordre-Public-Regel des Art. 26 EuInsVO.

Selbst dann, wenn dem nicht so wäre, wenn die Anerkennungsregime gleich wären, bliebe noch die Frage: Warum fühlte sich der Verordnungsgeber bemüßigt, Brüssel I noch eines „draufzusetzen“ indem er regelte, was dort schon geregelt war? Ohne *Gourdain/Nadler* ist die Notwendigkeit des Art. 25 Abs. 1 Unterabs 2 EuInsVO schwer einsichtig.

Die *Vollstreckung* richtet sich gemäß Art. 25 Abs. 1 S 2 i. V. m. Unterabsatz 2 EuInsVO nach Art. 31 bis 51 EuGVÜ, mit Ausnahme des Art. 34 Abs. 2, was im Regelungsgebäude der Brüssel I-VO über Art. 68 Brüssel I-VO heißt: Art. 38 bis 58 Brüssel I-VO mit Ausnahme des Art. 45 Abs. 1 Satz 1 Brüssel I-VO[60].

b) Der EuGH trägt dem Vorschlag *Leipolds*[61] und *Smids*[62] Rechnung und bejaht eine ungeschriebene, antizipierte Zuständigkeit der EuInsVO nach der lex fori concursus (Art. 3 EuInsVO). Damit eröffnet er freilich den Fragenreigen der Insolvenznähe mit allen damit verbundenen Abgrenzungsfragen, bleibt aber der lex specialis

---

58 AA *Schlosser* a. a. O. Rz. 21 c.

59 Siehe dazu etwa *Mäsch* in Rauscher, Europäisches Zivilprozessrecht, Band 2, zu Art. 25 EuInsVO Rz. 5, 6, 10, 11.

60 Vgl. dazu *Smid,* Deutsches und Europäisches Internationales Insolvenzrecht, zu Art. 25 EuInsVO Rz. 6 sowie *Reinhart* in MünchKomm zur InsO, Band III, zu Art. 25 EuInsVO Rz. 13 bis 20, insbes. Rz. 18.

61 Vgl. grundlegend *Leipold,* Zuständigkeitslücken, in FS Ishikawa, 234 ff.

62 Vgl. *Smid,* Deutsches und Europäisches Internationales Insolvenzrecht, zu Art. 25 EurInsVO Rz. 10.

des Art. 25 Abs. 1 Unterabs 2 EuInsVO treu und gibt sich nicht die Blöße einer völligen Abkehr von seiner Vorentscheidung in *Gourdain/Nadler*.

Keinesfalls einerlei ist, ob eine Zuständigkeitsregel für Annexmaterien attractione concursu per interpretationem oder per analogiam bejaht wird:

Im einen Fall müsste man in den Erwägungsgründen (6)(8) und (22) sowie in Art. 3 und 25 EuInsVO den Rahmen für eine beabsichtigte Annexzuständigkeitsregel erblicken, dessen ausdrückliche Regelung unterblieb; die so entstandene planwidrige Lücke würde einem Analogieschluss auf Art. 3 EuInsVO geschlossen.

Im anderen Fall wäre die Zuständigkeitsregel als vorgegeben wenngleich ungeschrieben zu erachten und Art. 3 EuInsVO im Zusammenhalt mit Erwägungsgrund (6)(8) einerseits und dem von Anerkennung und Vollstreckung handelnden Erwägungsgrund (22) sowie Art. 25 EuInsVO anderseits extensiv zu interpretieren.

Folgt man dem Telos der Verordnung, so ist die interpretative, nicht die analoge Begründung der vis attractiva zu bejahen: Absicht der EuInsVO war es, keine Zuständigkeitslücke zur Brüssel I-VO (damals noch dem EuGVÜ) offen zu lassen. Art. 1 Abs. 2 lit. b (damals Art. 1 Abs. 2 Unterabsatz 2 EuGVÜ) sollte durch die Regelung der EuInsVO nahtlos ergänzt werden.

Das Gegenargument, Art. 18 Abs. 2 S 2 EuInsVO verlöre seinen Sinn, wollte man eine vis attractiva im Rahmen der EuInsVO bejahen, ist bloß vordergründig:

Art. 18 Abs. 2 S 2 EuInsVO betrifft die Befugnisse des Verwalters in einem Partikulär- oder Sekundärverfahren. Der Verwalter des Partikularverfahrens kann nach Art. 18 Abs. 2 S 2 EuInsVO eine den Interessen der Gläubiger dienende Anfechtungsklage erheben.

Betrachtet man die Regelung vor dem Hintergrund des Art. 4 EuInsVO, so erscheint sie zunächst überflüssig, weil das Anfechtungsrecht eine Anfechtungsbefugnis voraussetzt[63].

Wo angefochten werden kann, sagt die Norm nicht, und selbst wenn man im Zusammenhalt mit Art. 18 Abs. 1 S 1, der die Mobilienverfolgung in einem anderen Staat regelt, eine Anfechtungsklage in einem anderen Mitgliedsstaat vorsähe, so enthielte Art. 18 EuInsVO neben Art. 3 Abs. 1 EuInsVO allenfalls eine den Territorialitätsgrundsatz eines solchen Verfahrens durchbrechende Wahlzuständigkeit (arg: „... kann ... Anfechtungsklage erheben ...") neben dem Attraktionsgerichtsstand des Insolvenzgerichts[64].

Für Verwalter von Hauptinsolvenzverfahren ist eine solche aus begreiflichen Gründen nicht vorgesehen: Mangels territorialer Beschränkungen ist eine parallele Vorschrift entbehrlich.

---

63 Vgl. *Lorenz,* Annexverfahren 80.

64 So auch *Mäsch* in Rauscher, EZPR 2 zu Art. 18 Rz. 6 und 7 im Zusammenhalt mit Art. 1 Rz. 7 bis 9 und Art. 25 Rz. 11; *Smid,* Deutsches und Europäisches Internationales Insolvenzrecht, Art. 18 Rz. 13 und 14; *Duursma-Kepplinger,* Komm-EuInsVO Art. 18 Rz. 25.

Tatsächlich ergibt sich für Art. 18 Abs. 2 S 2 EuInsVO folgendes Ergebnis: Die Anfechtungsbefugnis des territorial eingeschränkten Partikulär-Sekundärverwalters ist auf Vermögen beschränkt, das sich entweder im Verfahrensstaat befindet oder ohne anfechtbare Handlung sich dort befände[65].

Art. 4 (insbes Abs. 2 lit. m) EuInsVO kommt gleichermaßen bei Haupt- wie auch bei Sekundär- und Partikularverfahren iwS zur Anwendung[66], ebenso Art. 13 EuInsVO[67], dessen Regelungsgehalt auch im Zusammenhang mit Sekundärverfahren (Art. 28 EuInsVO) besonders deutlich wird.

Die Abgrenzungsfrage zwischen Annexmaterien und Verfahren mit bloßem Insolvenzbezug neu zu regeln wäre wünschenswert, da die Abgrenzungskriterien in *Gourdain/Nadler* manch harscher Kritik ausgesetzt waren und zudem einem Fall entsprangen, den man als nicht repräsentativ für das Problem der Annexverfahren im allgemeinen und der Anfechtungsklagen im besonderen bezeichnen kann.

Die Grenzziehung sollte sich auch an der mangelnden Anwendbarkeit der EuVTVO orientieren und diese im Zusammenhang mit der erleichterten Anerkennung nach der EuInsVO setzen.

Einsichtig weil sachgerecht ist, dass insolvenzspezifische Annexmaterien, da sie ja unter die erleichterte Anerkennung der Art. 25, 26 EuInsVO fallen, nicht nach der EuVTVO zu vollstrecken sind und auch nicht unter die MahnverfVO fallen:

- EuVTVO und EuMahnVerfVO kennen deshalb keine ordre-public-Klausel, weil sonst ein „europäischer Vollstreckungstitel" oder „europäischer Zahlungsbefehl" zum Scheitern verurteilt wäre.
- Reguläre Zivilprozesse, mithin das breite Feld, unterliegen dem gesamten Katalog der Anerkennungsversagungsgründe der Brüssel I-VO.
- Insolvenznahe Annexverfahrensentscheidungen werden – es herrscht die Insolvenzsituation – nur auf ordre-public-Widrigkeit geprüft, sonst nicht, weil sie in einem zu engen Zusammenhang mit dem eigentlichen Insolvenzverfahren stehen, das der Anerkennungsautomatik des Art. 16 EuInsVO i.V.m. Art. 26 EuInsVO unterliegt.

Das von *Lüke* entwickelte Axiom

– Verfahren, die mit dem gleichen Klageziel nicht ohne die Eröffnung eines Insolvenzverfahrens mit Aussicht auf Erfolg betrieben werden könnten –

Zur Abgrenzung erachte ich in diesem Zusammenhang als guten Lösungsvorschlag. Allerdings kann es beispielsweise nicht angehen, innerhalb von Klagen, die nur in einem Insolvenzverfahren entstehen können (Liquidierungs-/Prüfungs-

65 Vgl. *König,* Anfechtung, 4. Aufl., Rz. 17/3 und 17/3 a; *Lorenz,* Annexverfahren 79 ff., 80, 82.
66 Vgl. *Duursma-Kepplinger,* Komm-EuInsVO, Art. 3 Rz. 116 bis 118.
67 Siehe dazu unten Zweiter Teil; vgl. *Smid,* Europäisches internationales Insolvenzrecht, Kapitel 2, Rz. 73 (Wien 2002).

klagen) eine Linie quer durch zu ziehen; solche Verfahren sind immer Annexverfahren[68].

Im Übrigen ist der Kreis der Annexmaterien eng auszulegen, worauf in der Lehre schon mehrfach hingewiesen wurde[69]. Dies umso mehr als Art. 25 Abs. 1 Unterabsatz 2 EuInsVO auch eng formuliert („in engem Zusammenhang [mit dem Insolvenzverfahren]") ist.

Erstrebenswert ist aber eine griffige Formel, nicht ein Treibsand von Zweifelsfragen bei jedem Verfahren, der nur zu unnützem judiziellen Aufwand führen würde. Für das Anfechtungsverfahren wäre eine Anleihe an § 43 Abs. 5 KO durchaus überlegenswert.

Oberhammer[70] hat den durchaus überlegenswerten Vorschlag gemacht, in diesem Zusammenhang die Regelungen des ehemaligen deutsch-österreichischen Insolvenzvertrags heranzuziehen[71].

Sicher können diese Regelungen die Grenzziehung für Annexverfahren nur umreißen, sicher wird sich der EuGH nicht an der Diktion eines von vielen außer Kraft getretenen Insolvenzabkommen orientieren, die vis attractiva concursus verdammt uns aber gleichzeitig zur Beantwortung der Grenzziehungsfrage.

---

68 Vgl. die anschaulichen Hinweise auf die Grenzziehungsproblematik bei *Konecny* in Konecny/Schubert, zu § 110 Rz. 7.

69 Vgl. *Duursma-Kepplinger,* Komm-EuInsVO zu Art. 25 Rz. 51 m.w.N.; ebenso *Smid,* Deutsches und Europäisches Internationales Insolvenzrecht, zu Art. 25 Rz. 10.

70 *Oberhammer* ZinsO 2004, 761, 766.

71 Dort hieß es:
Artikel 20 (1) Die gerichtliche Zuständigkeit für einen Rechtsstreit, der die Feststellung einer streitig gebliebenen Konkursforderung zum Gegenstand hat, bestimmt sich nach dem Recht des Vertragsstaates, in dem das Konkursgericht seinen Sitz hat. (2) Ist ein Rechtsstreit über diese Forderung im Zeitpunkt der Konkurseröffnung bereits im anderen Vertragsstaat eingeleitet, so kann das Verfahren nur dort weitergeführt werden. Ist die Anerkennung der von dem Gericht des anderen Vertragsstaates gefällten Entscheidung in dem Vertragsstaat, in dem das Konkursgericht seinen Sitz hat, rechtskräftig abgelehnt worden, so kann der Rechtsstreit vor den Gerichten dieses Staates anhängig gemacht werden. (3) Für Ansprüche aus Arbeitsverhältnissen sind die Gerichte des Vertragsstaates zuständig, in dem die Arbeit gewöhnlich zu verrichten war. (4) Die Zuständigkeit für Steuern, Zölle, Gebühren, Beiträge zur Sozialversicherung und andere öffentlich-rechtliche Forderungen richtet sich nach dem Recht des Vertragsstaates, auf dessen Vorschriften die Ansprüche beruhen.
Artikel 21 (1) Die gerichtliche Zuständigkeit für Rechtsstreitigkeiten, welche die Eigenschaft eines Anspruchs als Masseforderung oder Konkursforderung oder deren Rang zum Gegenstand haben, bestimmt sich nach dem Recht des Vertragsstaates, in dem das Konkursgericht seinen Sitz hat. Soweit sich nach Artikel 19 diese Fragen nach dem Recht des anderen Vertragsstaates bestimmen, sind dessen Gerichte für derartige Streitigkeiten zuständig. Ist die Anerkennung der von dem Gericht des anderen Vertragsstaates gefällten Entscheidung in dem Vertragsstaat, in dem das Konkursgericht seinen Sitz hat, rechtskräftig abgelehnt worden, so kann der Rechtsstreit vor den Gerichten dieses Staates anhängig gemacht werden. (2) Soweit nach Absatz 1 den Gerichten eines Vertragsstaates eine Zuständigkeit zukommt, gilt dies auch für Verwaltungsbehörden, sofern sie nach dem Recht des Vertragsstaates, dem sie angehören, über die in Absatz 1 bezeichneten Streitigkeiten zu entscheiden haben.

c) Dass der EuGH, so wie von *König* und *Kodek* vertreten, die Rechtsanwender weiter auf das **innerstaatliche Recht** verweist, will ich doch nicht hoffen[72]: Schließlich handelte es sich bei einer echten Zuständigkeitslücke zwischen den beiden Verordnungen um eine europarechtliche Systemwidrigkeit.

Hau[73] hat allerdings auf die Gefahr hingewiesen, dass der Gerichtshof eine Lücke ortet, einstweilen das nationale Recht weiter bemüht um allzu kühne sekundärrechtliche Rechtsfortbildungen zu vermeiden, und den schwarzen Peter dem Verordnungsgeber zuspielt.

F. Die Schlussanträge des Generalanwalts und das Urteil des EuGH in *Deko Marty Belgium*

Die vorangegangenen Kapitel waren Gegenstand des Vortrags des Verfassers im Rahmen des Kieler Symposiums im Juni 2008. Die Brisanz des angeschnittenen Themas war vor dem Hintergrund des behängenden Vorabentscheidungsverfahrens offensichtlich.

Anlässlich der Drucklegung liegen sowohl die Schlussanträge, die Generalanwalt *Dámaso Ruiz-Jarabo Colomer* am 16/10/2008 im Fall *Deko Marty Belgium* gestellt hat[74], wie auch das Urteil des EuGH vom 12/02/2009[75] vor.

In der Folge wird daher auf diese lang ersehnte Entscheidung und ihre Herleitung eingegangen, die den oben dargestellten, lange währenden Theorienstreit ein für alle Mal beendet hat.

1. Die Schlussanträge des Generalanwalts

Der Generalanwalt zieht eine Trennlinie zwischen allgemeinen Anfechtungsklagen und Insolvenzanfechtungsklagen und leitet diese von ihren römischrechtlichen Wurzeln her[76], während er die Subsidiarität jener betont[77].

---

72 Zur Entscheidung des EuGH siehe unten G. Siehe dazu referierend *König*, Anfechtung, 4. Auflage, Rz. 17/86.

73 *Hau*, Massenanreicherung und Gläubigerschutz im Europäischen Insolvenzrecht: Anfechtung, Eigenkapitalersatz und Durchgriffshaftung, in Gottwald (Hrsg), Europäisches Insolvenzrecht, kollektiver Rechtsschutz (Tagungsband 2007) 79ff., der sich für die analoge Anwendung der Art. 2ff. Brüssel I-VO ausspricht, (86ff., 123ff.), die Anwendung innerstaatlichen Rechts jedoch ablehnt (101ff.).

74 Die mündliche Verhandlung fand am 11/09/2008 statt, der Klagevertreter, die Bevollmächtigten der griechischen Regierung und der Kommission machten mündliche Ausführungen (Schlussanträge Verweis Nr. 21).

75 siehe bei http://curia. europa. eu zur Aktenzahl C-339/07.

76 Siehe die Ausführungen in den Schlussanträgen Nr. 23 bis 28.

77 Vgl. Schlussanträge Nr. 29.

Extensiv behandelt die Analyse des Generalanwalts das Zusammenspiel der Art. 3 Abs. 1, Art. 4 Abs. 2 lit. m, Art. 18 Abs. 2 und Art. 25 Abs. 1 Unterabsatz 2 EuInsVO[78]:

Zwar bewahre die EuInsVO[79] über die Zuständigkeit für Insolvenzanfechtungsklagen scheinbar Stillschweigen, Art. 3 Abs. 1 schaffe aber ein allgemeines Zuständigkeitskriterium in Form des COMI.

Aus der ausdrücklichen Nennung der Anfechtungsmöglichkeit in Art. 18 Abs. 2 EuInsVO aber e contrario zu schließen, dass diese nicht unter Art. 3 Abs. 1 fallen könne, lehnt der Generalanwalt unter Hinweis auf den sechsten Erwägungsgrund, der ausdrücklich „Entscheidungen ... die unmittelbar aufgrund des Insolvenzverfahrens ergehen" erwähnt, ab[80].

Des Weiteren wird auf das Zusammenspiel der Art. 4 Abs. 2 lit. m (anwendbares Recht) und Art. 25 Abs. 1 Unterabsatz 2 (Anerkennungsgebot) EuInsVO hingewiesen. Die Formulierung des Art. 25 EuInsVO wird als eine Anspielung auf *Gourdain/Nadler* bezeichnet[81].

Der Generalanwalt betont, dass die EuInsVO keinen Unterschied zwischen Zuständigkeits- und Anerkennungsnormen mache, vielmehr bestehe ein Gegenseitigkeitsverhältnis: „Entscheidungen, die nach Art. 25 EuInsVO anerkannt werden, spiegeln auch die Gebiete wider, die unter die Zuständigkeit des Gerichts fallen, das für die Insolvenz zuständig ist."[82] Er stellt eine offensichtliche Lücke im Gemeinschaftsrecht in Abrede, vielmehr leitet er aus den dargelegten Argumenten den Willen des Rates ab, die Zuständigkeit für Insolvenzanfechtungsklagen im Gemeinschaftsrecht zu regeln[83].

Der Generalanwalt widmet in der Folge ein gesondertes Kapitel der gemeinsamen Auslegung von Brüssel I-VO und EuInsVO[84].

Er vermag daher der Argumentation der beklagten Partei nicht zu folgen, die sich gegen die weite Auslegung des Art. 1 Abs. 2 EuGVÜ gewendet hatte und vor dem Hintergrund der nun erlassenen EuInsVO einer Kehrtwendung der Rechtsprechung des EuGH sowie der Anwendung des innerstaatlichen Rechts das Wort redete[85].

Ein tatsächlicher Verzicht des Verordnungsgebers der EuInsVO die Zuständigkeit für Anfechtungsklagen zu regeln liege nicht vor. *Gourdain/Nadler* stelle „wertvolle

78 Siehe Schlussanträge Nr. 44 bis 50.
79 In den Schlussanträgen Nr. 44, deutscher Text, ist fälschlich von einer Richtlinie die Rede.
80 Siehe Schlussanträge Nr. 46.
81 Was man übrigens ebenso vom sechsten Erwägungsgrund sagen kann; vgl. Schlussanträge Nr. 48.
82 Siehe so Schlussanträge Nr. 49.
83 Vgl. Schlussanträge Nr. 50.
84 Siehe Schlussanträge Nr. 51 bis 58.
85 Siehe Schlussanträge Nr. 52

Leitlinien" für die Lösung der anstehenden Rechtsfrage auf; die beiden Verordnungen seien vor dem Grundsatz der Kohärenz der Rechtsordnungen auszulegen. Die deutsche Insolvenzanfechtungsklage wird daher dem Annexmaterientest nach *Gourdain/Nadler* unterworfen und es werden ihr zutreffend folgende Merkmale attestiert[86]:

- ausschließliche Regelung im Insolvenzrecht,
- Möglichkeit zur Erhebung nur im Rahmen eines Insolvenzverfahrens,
- alleinige Klagelegitimation des Insolvenzverwalters zur Verteidigung der Interessen der Gesamtheit der Gläubiger und der Masse,
- die Verfristungsregeln.

Mit dieser Argumentationslinie wird die Nähe zum Insolvenzverfahren und damit der Ausschluss von der Anwendbarkeit der Brüssel I-VO betont.

Der Umstand, dass es sich hier um ein kontradiktorisches Verfahren handle, reiche nicht aus, um dieses von der Insolvenz abzukoppeln, weil es eben in einem engen Zusammenhang mit der Insolvenz stehe und dem Verwalter die Prozesslegitimation zukomme.

Der Generalanwalt kommt zu dem Ergebnis, dass die Klage daher nicht in die allgemeinen gemeinschaftsrechtlichen Zuständigkeitsregeln falle sondern unter Art. 3 Abs. 1 EuInsVO.

Untermauert wird das Ergebnis durch gesetzgebungspolitische Aspekte der EuInsVO: Genannt werden insbesondere der Gedanke des Systems des europäischen Insolvenzrechts, die Verhinderung des forum shopping, die globalen Interessen der Insolvenz[87].

Der Generalanwalt weist allerdings auch darauf hin, dass auch die Universalität ihre Nachteile mit sich bringe, insbesondere bei Verfahren mit Drittstaatenbezug, wo das erstrittene Urteil einem Anerkennungsrisiko ausgesetzt sei. Überdies sei die zentralisierte Zuständigkeit nicht immer von Vorteil, dann nämlich, wenn eine Prozessführung im Mitgliedsstaat, in dem sich das betroffene Vermögen befindet, kostengünstiger und einfacher sei, weil das Anerkennungs- und Vollstreckungsverfahren entfalle. Deshalb sei es von Nöten, den Universalismus der EuInsVO zu nuancieren[88].

Die Ausführungen des Generalanwalts beschäftigen sich in der Folge mit dem ausschließlichen Charakter der Insolvenzzuständigkeit. Hingewiesen wird auf Art. 18 Abs. 2 EuInsVO, der eine gerichtliche und außergerichtliche Anfechtung des Insolvenzverwalters in jedem anderen Mitgliedsstaat vorsieht, und auf Art. 25 Abs. 1 Unterabsatz 2 EuInsVO, der die Anerkennung von Entscheidungen, die unmittelbar aufgrund des Insolvenzverfahrens ergehen und damit in engem Zusammenhang stehen auch dann gebietet, wenn sie von einem anderen Gericht stammen.

86 Siehe Schlussanträge Nr. 56.
87 Siehe Schlussanträge Nr. 59 bis 61.
88 Vgl. Schlussanträge Nr. 62 und 63.

Daraus zieht der Generalanwalt den Schluss, dass die insolvenzanfechtungsrechtliche Zuständigkeit durch Art. 3 Abs. 1 EuInsVO begründet werde, aber keine rein ausschließliche, sondern eine *relative ausschließliche* sei[89].

Eine weitere Begründung für diese Lösung sieht der Generalanwalt in der Rechtsposition des Insolvenzverwalters (Art. 2 lit. b EuInsVO), dem in den Rechtsordnungen der Mitgliedsstaaten üblicherweise ein Handlungsmonopol zukomme und der daher strategische Entscheidungen inklusive der Wahl zwischen Gerichtsständen zu treffen habe[90].

Im Weiteren kommt der Generalanwalt zur zweiten Vorlagefrage[91] und betont nochmals seine Ablehnung der Anwendung des innerstaatlichen Rechts als Konterkarierung der beiden Verordnungen[92]. Mit ebenso klaren und bestimmten Worten lehnt er die Anwendung der Brüssel I-VO für Konkursanfechtungsklagen ab, weil dadurch *Gourdain/Nadler* überflüssig werde[93]; er spricht für diesen Fall von „verheerenden Folgen"[94].

Im Ergebnis bejaht der Generalanwalt die Zuständigkeit des Gerichts, bei dem das Insolvenzverfahren anhängig ist auch für Insolvenzanfechtungsklagen gegen einen Anfechtungsgegner, der seinen Sitz in einem anderen Mitgliedsstaat hat[95].

Allerdings bringt sein Antwortvorschlag nicht zum Ausdruck, was seine Analyse ergeben hat, nämlich die relative ausschließliche Zuständigkeit. Dessen bedarf es aber auch vor dem Hintergrund der Art. 18 Abs. 2 EuInsVO und Art. 25 Abs. 1 Unterabs 2 EuInsVO nicht.

2. Stellungnahme

Es ist zu begrüßen, dass der Generalanwalt die Zuständigkeitsfrage nicht dem innerstaatlichen internationalen Verfahrensrecht überlassen sondern eine europäische Zuständigkeitsregelung in Art. 3 Abs. 1 EuInsVO geortet hat.

Dass sich der Generalanwalt für die vis attractiva concursus ausgesprochen hat, verwundert wenig, gibt es doch einige Mitgliedsstaaten, in denen die Insolvenzanfechtung Sache der Insolvenzgerichte ist. Österreich ist hierfür ein Beispiel.

Des Weiteren ist die Fortschreibung der *Gourdain/Nadler* Judikatur ein verständliches Anliegen. Man mag zu dieser Entscheidung stehen wie man will: Der Gedanke, bei nunmehr zwei nebeneinander bestehenden Verordnungen in Abkehr

89 Siehe Schlussanträge Nr. 64 bis 69, insbes 65 bis 67 sowie die Schlussfolgerung in Nr. 69.
90 Vgl. Schlussanträge Nr. 68.
91 Siehe Schlussanträge Nr. 70 bis 74.
92 Siehe Schlussanträge Nr. 53 und 73.
93 Vgl. Schlussanträge Nr. 71 und 72.
94 Vgl. Schlussanträge Nr. 74.
95 Antwortvorschlag des Generalanwalts, siehe Schlussanträge Nr. 75.

von dem genannten Erkenntnis eine echte, planwidrige Regelungslücke zu bejahen, erscheint aus dem in den obigen Kapiteln Gesagten schon rechtspolitisch wenig nachvollziehbar: Dogmatisch spricht das mittlerweile wiederholt erwähnte Regelwerk der EuInsVO und seiner Erwägungsgründe eine beredte Sprache.

Es ist auch verständlich, dass aus Art. 18 Abs. 2 EuInsVO und Art. 25 Abs. 1 Unterabsatz 2 EuInsVO eine relative ausschließliche Zuständigkeit des Insolvenzgerichts nach Art. 3 Abs. 1 EuInsVO herausgelesen wird: Auf diese Weise wird der gemeinschaftsrechtliche Attraktionsgerichtsstand bejaht und ein wählbarer anderer Gerichtsstand gemeinschaftsrechtlich nicht ausgeschlossen.

Sicherlich ließe sich argumentieren, dass auch ohne *Gourdain/Nadler* keine Regelungslücke vorliege, weil die Insolvenzanfechtungssachen als streitige Zivilprozesse selbstredend unter die Brüssel I-VO fielen. Formal mag das zutreffen, effizient ist dies nicht. Der enge Zusammenhang mit dem Insolvenzverfahren geht hier einfach deshalb vor, weil die EuInsVO den Attraktionsgerichtsstand nicht verwehrt, sondern genug Anhaltspunkte für seine Bejahung bietet.

G. Das Urteil des Gerichtshofs vom 19/02/2009

1. EuInsVO regelt die internationale Zuständigkeit

„Art. 3 Abs. 1 der Verordnung (EG) Nr. 1346/2000 des Rates vom 29. Mai 2000 über Insolvenzverfahren ist dahin auszulegen, dass die Gerichte des Mitgliedstaats, in dessen Gebiet das Insolvenzverfahren eröffnet worden ist, für eine Insolvenzanfechtungsklage gegen einen Anfechtungsgegner, der seinen satzungsmäßigen Sitz in einem anderen Mitgliedstaat hat, zuständig sind.“[96].

Dieser Urteilstenor[97] *folgt nicht dem Vorschlag des Generalanwalts*, bejaht aber gleichwohl eine *vis attractiva concursus*.

---

96 An dieser Stelle sei ein kleiner Exkurs gestattet: Dänemark hat weder die Brüssel I-VO noch die EuZustellVO in Kraft gesetzt. Allerdings hat dieser Staat mit der Europäischen Gemeinschaft zwei Sonderabkommen unterzeichnet, die jeweils folgenden Aufbau haben: Ein spezielles Vertragswerk bestimmt Sonderregeln für die Brüssel I-VO wie für die EuZustellVO, beide VO sind aber jeweils Bestandteile des einzelnen Abkommens.
Sowohl das Abkommen über die Zustellung gerichtlicher und außergerichtlicher Schriftstücke in Zivil- und Handelssachen (ABl L 300/55 vom 17. 11. 2007) wie auch das Abkommen über die gerichtliche Zuständigkeit und die Anerkennung und Vollstreckung von Entscheidungen in Zivil- und Handelssachen (ABl L 299/62 vom 16. 11. 2005) wurde am 19. Oktober 2005 unterzeichnet. Beide Sonderabkommen sind am 1. Juli 2007 in Kraft getreten (Unterrichtung des Rats mit ABl L 94/70 vom 4. 4. 2007).
Ein ähnliches Sonderabkommen hinsichtlich der EuInsVO, die bislang in Dänemark ebenso wenig gilt, fehlt einstweilen. Bleibt zu hoffen, dass ein ähnlicher Schritt zur Rechtsangleichung in der Zukunft getan wird. Der EuGH hat in der Anfechtungsfrage mE das Seine dazu getan, Dänemark diesen Schritt auch erstrebenswert zu machen, indem er zumindest Klarheit geschaffen hat.

97 Nummer 30 des Urteils.

Der Gerichtshof deutet die Formulierung des sechsten Erwägungsgrunds als Fortschreiben des *Gourdain/Nadler*-Kriteriums[98].

Er legt – im Gegensatz zum Generalanwalt – Art. 3 EuInsVO dahingehend aus, dass dieser dem Mitgliedsstaat, in dessen Gebiet das Insolvenzverfahren eröffnet wird, für Klagen, die unmittelbar aus diesem Verfahren hervorgehen und mit diesem in engem Zusammenhang stehen, eine internationale Zuständigkeit zuweist[99]. Der vierte Erwägungsgrund[100], Effizienzkriterien[101] sowie die Art. 16 und 25 EuInsVO[102] werden zur Begründung herangezogen.

Insbesondere stützt sich der Gerichtshof auf die Wendung in Art. 25 Abs. 1 Unterabsatz 2 EuInsVO „auch wenn diese Entscheidungen von einem anderen Gericht getroffen werden". Anders als der Generalanwalt[103] erblickt der EuGH darin nicht einen Hinweis auf die bloß relative Ausschließlichkeit der Zuständigkeit des Insolvenzgerichts, sondern eine Regelungsgrenze der EuInsVO, die die Zuständigkeitsbestimmung dem Recht des Eröffnungsstaat überlässt (arg Art. 3 EuInsVO), allerdings *unter Ausschluss der internationalen Zuständigkeitsregeln*.

Die Beantwortung der ersten Vorlagefrage erübrigte die Beantwortung der zweiten[104].

2. Stellungnahme

Das Urteil des EuGH ist zu begrüßen; es wurde indes gleichsam der kleinere anstelle des größeren Schrittes getan. Zwar hat der Gerichtshof die mangelnde Anwendbarkeit der Brüssel I-VO ausgesprochen, die Klärung der Zuständigkeitsfrage aber dem Zuständigkeitsrecht des Eröffnungsstaats überlassen anstatt eine Regelung der Zuständigkeitsfrage rein auf europäischer Ebene näher zu ventilieren. Man vermisst im Urteil auch ein Eingehen auf die bisher vertretenen Meinungen.

Eine Weiterverweisung auf andere Gerichte als die des Eröffnungsstaats scheidet allerdings aus. Das bedeutet, dass nur das innerstaatliche, nicht auch das internationale Zuständigkeitsrecht des Eröffnungsstaats zur Anwendung kommt.

Meines Erachtens hat der EuGH mit diesem Erkenntnis einen wichtigen Schritt in der Gestaltung des europäischen Insolvenzverfahrensrechts gesetzt: Er hat klar ausgesprochen, dass *die Gerichte des Eröffnungsstaats* für Annexmaterien zuständig sind. Die internationale Zuständigkeit ergibt sich – vis attractiva concursus – unmittelbar aus der EuInsVO.

---

98 Nummern 19 und 20 des Urteils. Das bekannte Kriterium der „Entscheidungen (…), die unmittelbar aufgrund des Insolvenzverfahrens ergehen und in engem Zusammenhang damit stehen" wird wiederum statuiert (Nummern 20 und 21 des Urteils).
99 Nummern 21, 28, 30 des Urteils.
100 Verhinderung des forum shopping; Nummer 23 des Urteils.
101 Nummer 22 des Urteils.
102 Nummern 25 bis 27 des Urteils.
103 Nummer 67 der Schlussanträge; siehe oben.
104 Siehe Nummer 29 des Urteils.

3. Der Annexmaterientest

So sehr die Position des Generalanwalts in *Deko Marty Belgium* zu bejahen und das Urteil zu beklagen ist, so sehr ist auch hervorzuheben, dass beide Lösungen einen Nachteil aufweisen: Künftig werden sich alle Klagen eines Insolvenzverwalters im gemeinschaftsrechtlichen Kontext der *Gourdain/Nadler*-Grenzziehung unterwerfen müssen, einem regelrechten *Annexmaterientest*.

Zwei kleine österreichische Beispiele dafür: Ähnlich wie §§ 133, 134 InsO ihre Gegenstücke in §§ 3, 4 AnfG haben, trifft dies auch auf die Pauliana des österreichischen Rechts (§ 28 KO und § 2 AnfO) sowie auf die Anfechtung unentgeltlicher und diesen gleichgestellten Verfügungen (§ 29 KO und § 3 AnfO) zu:

Während aber das AnfG *außerhalb eines Insolvenzverfahrens* anzuwenden ist, hat das österreichische Recht mit dem Problem zu ringen, dass die AnfO *außerhalb des Konkurses* zur Anwendung kommt (§ 1 AnfO): Wie also ist die Anfechtung nach der AnfO neben einem österreichischen Ausgleichsverfahren nach der AO anzusehen? Nach den dargestellten Abgrenzungskriterien handelte es sich hier um keine Annexmaterie, weil die Einzelanfechtung auch neben der Zwangsvollstreckung denkbar ist. Neben dem Ausgleichsverfahren wie neben der Zwangsvollstreckung betriebene Einzelanfechtungen fielen demnach unter Brüssel-I, wiewohl in einem Fall ein Insolvenzverfahren behängt! Die beabsichtigte österreichische Reform des Unternehmensinsolvenzrechts, die ein einheitliches Insolvenzverfahren vorsieht, wird diese Problematik entschärfen.

Etwas anders verhält es sich beim Konkurs natürlicher Personen nach österreichischem Recht, wo der Grundsatz der Eigenverwaltung gilt, ein Verwalter nur in Ausnahmefällen bestellt wird und nur dort sein Anfechtungsmonopol ausüben kann. Das Anfechtungsrecht nach §§ 27 bis 43 öKO wird in Abwesenheit eines Masseverwalters von einem in der Gläubigerversammlung dazu beauftragten Gläubiger ausgeübt, mangels eines solchen Auftrags von jedem einzelnen Gläubiger selbst (§ 189 öKO). Allesamt Fälle des Art. 6 Abs. 1 EuInsVO? Ich meine ja, und dies auch in den Fällen, wo kein Verwalter bestellt ist, weil das Erkenntnisverfahren aus dem Insolvenzverfahren herrührt und mit diesem in engem Zusammenhang steht.

Außerhalb des Anfechtungsrechts wird die Grenzziehung nach dem in *Gourdain/Nadler* aufgestellten Axiom jeweils die Zuordnung zwischen EuInsVO und Brüssel I-VO vornehmen und auf diese Weise zwischen insolvenzrechtlichen Annexmaterien (EuInsVO) und bloß insolvenznahen Materien (Brüssel I-VO) unterscheiden müssen.

Ein Beispiel dazu ist der österreichische Prüfungsprozess gemäß §§ 110 ff. öKO. Die Feststellungsklage etwa des untitulierten Konkursgläubigers, dessen Forderung vom Masseverwalter in der Prüfungstagsatzung bestritten wurde (§ 110 Abs. 1 öKO), kann man mit dem Hinweis, eine Feststellung könne auch außerhalb des Insolvenzverfahrens erhoben werden, als reguläre Klage qualifizieren und ihr den engen Insolvenzbezug absprechen[105]. Dem muss indes widersprochen werden: Die Feststellungsklage soll dem Kläger ermöglichen, die *konkursmäßige Feststellung* seiner Forderung doch noch zu erreichen, was ihm Verfahrensrechte im Konkurs und die Berücksichtigung bei der Verteilung sichert.

Bestreitet der Masseverwalter in der Prüfungstagsatzung eine titulierte Forderung, so hat er den Gläubiger zu klagen (§ 110 Abs. 2 öKO). Eine solche negative Feststellungsklage mit dem Hinweis auf die allgemeine Möglichkeit von Feststellungsverfahren als nicht insolvenznah einzustufen, erscheint angesichts der Klägerrolle und des Verfahrensziels gerade zu widersinnig.

Die Problematik des Annexmaterientests wird offensichtlich.

Zweiter Teil
Kollisionsrecht

A. Grundsätze

Grundsätzlich bestehen im europäischen Kontext drei Möglichkeiten, die Frage nach dem anzuwendenden Recht bei der Insolvenzanfechtung zu beantworten: Man zieht das Recht des Verfahrensstaats heran (lex fori concursus), man bemüht das für das Rechtsgeschäft oder die Rechtshandlung maßgebliche Recht (lex causae) oder man mischt die beiden Statute, wobei das Zusammenwirken geregelt werden muss (Kumulation)[106].

B. lex fori concursus (Art. 4 EuInsVO)

Art. 4 Abs. 2 Satz 2 i.V.m. lit. m EuInsVO bestimmt: „Das Recht des Staates der Verfahrenseröffnung [...] regelt [...,] welche Rechtshandlungen nichtig, anfechtbar oder relativ unwirksam sind, weil sie die Gesamtheit der Gläubiger benachteiligen."[107]

Was aber verstehen wir unter dem Begriff des anwendbaren Rechts? Das materielle allein oder auch das Verfahrensrecht? Die Summe aller Sachnormen, verfahrensrechtliche wie materiell rechtliche, oder auch das Kollisionsrecht?

Art. 4 Abs. 1 EuInsVO legt dem europäischen Insolvenzrecht den Grundgedanken der lex fori concursus[108] zugrunde: Er verweist für das Insolvenzverfahren und des-

105 Vgl. OLG Wien, 30. 10. 2006, 10 Ra 47/06i, ZIK 2007/274, 165.
106 Vgl. dazu die grundsätzlichen Ausführungen von *Zeeck*, ZInsO 2005, 281 (allerdings nicht zur EuInsVO sondern zum Gesetz über die Neuregeleung des internationalen Insolvenzrechts dBGBl. 2003 I S. 345.
107 Vgl. dazu *U. Huber* in FS Heldrich (2005) 695 ff.
108 Vgl. dazu *E. Habscheid*, ZZP 114 (2001) 167 ff.

sen Wirkungen auf das *Insolvenzrecht des Staats der Verfahrenseröffnung.* Art. 4 Abs. 2 EuInsVO verweist – allgemeiner – auf das *Recht des Staates der Verfahrenseröffnung* für die in den lit. a bis m genannten Materien.

Eine Durchsicht des Art. 4 Abs. 2 EuInsVO zeigt, dass hier sowohl materiell rechtliche wie auch verfahrensrechtliche Rechtsvorschriften des Eröffnungsstaats vom Begriff „Recht des Staates der Verfahrenseröffnung" umfasst sind.

Gleichzeitig wäre es ein Unding, wollte man kollisionsrechtliche innerstaatliche Regeln[109] in den Begriff der lex fori concursus einbauen, denn dann wäre der Begriff auf dem Weg innerstaatlicher Weiterverweisung quasi ad absurdum geführt.

Es herrscht daher Einigkeit:

1. Die EuInsVO liefert das erforderliche Kollisionsrecht, nicht der innerstaatliche Gesetzgeber.

   Im ersten Satz des Erwägungsgrunds Nr. (23) heißt es. „Diese Verordnung sollte für den Insolvenzbereich einheitliche Kollisionsnormen formulieren, die die Vorschriften des internationalen Privatrechts der einzelnen Staaten ersetzen."

2. Die lex fori concursus geht über einen bloßen Verweis auf das innerstaatliche materielle Recht hinaus, sie umfasst auch Verfahrensrechtliches[110], wie denn die ganze EuInsVO von *Oberhammer* zutreffend als „Querbeet durch das internationale Privat- und Verfahrensrecht" bezeichnet wird[111].

   Liest man den zweiten Satz des Erwägungsgrunds Nr. (23) der Präambel[112], lautet: „Soweit nichts anderes bestimmt ist, sollte das Recht des Staates der Verfahrenseröffnung (lex concursus) Anwendung finden. Diese Kollisionsnorm sollte für Hauptinsolvenzverfahren und Partikularverfahren gleichermaßen gelten. Die lex concursus regelt alle verfahrensrechtlichen wie materiellen Wirkungen des Insolvenzverfahrens auf die davon betroffenen Personen und Rechtsverhältnisse; nach ihr bestimmen sich alle Voraussetzungen für die Eröffnung, Abwicklung und Beendigung des Insolvenzverfahrens."

3. Art. 4, ja selbst der breiter formulierte Art. 28 für Sekundärinsolvenzverfahren[113], der auf die *Rechtsvorschriften* des Mitgliedsstaats verweist, ist mithin eine

---

109 In folgendem Fall hatte der OGH über eine Einzelanfechtung zu handeln, weshalb ich diese Entscheidung auch nur als Garnierung bringe; eine Aussage ist jedoch bemerkenswert: OGH 27. 4. 2006, 2 Ob 196/04v (OLG Innsbruck 1 R 70/04k, LG Innsbruck 11 Cg 9/03a), JBl 2007, 60. Für die kollisionsrechtliche Behandlung der Einzelanfechtung gibt es keine in Österreich anwendbaren Rechtsquellen des Völker- oder Gemeinschaftsrechts. Auch das aus diesem Grund maßgebliche IPRG enthält keine ausdrückliche Regelung. Nach § 1 IPRG ist daher jene Rechtsordnung zu ermitteln, zu der die stärkste Beziehung besteht. Dem ist vollinhaltlich zuzustimmen.

110 Vgl. mit weiteren Nachweisen *Duursma-Kepplinger,* Komm-EuInsVO zu Art. 4 Rz. 9 m.w.N.

111 Vgl. *Oberhammer,* Das Europäische Insolvenzrecht und Österreich: Grundstrukturen und ausgewählte Probleme, ÖBA 2002, 698 ff., 699.

112 Vgl. ebenso *Burgstaller* in Burgstaller IZVR zu Art. 4 Rz. 1 ff.

113 Sekundär- und Partikulärverwalter sind nach Art. 18 Abs. 2 S. 2 EuInsVO befugt „eine den Interessen der Gläubiger dienende Anfechtungsklage (zu) erheben."

Sachnormverweisung unter Ausschluss des jeweiligen internationalen Privatrechts[114].

C. Lex fori concursus versus lex causae (Art. 13 EuInsVO)

1. Die Verdrängungsregel des Art. 13 EuInsVO

Bei anfechtungsrechtlichen Materien ist des Weiteren auf Art. 13 EuInsVO[115], überschrieben mit „Benachteiligende Handlungen", Bedacht zu nehmen[116]. Er schließt die Anwendung des Art. 4 Abs. 2 lit. m (lex fori concursus) dann aus, wenn der Anfechtungsgegner[117] mit Einrede nachweist, dass für diese Handlung das Recht eines *anderen* Mitgliedsstaats als des Staats des Verfahrenseröffnung maßgeblich ist (lex causae) *und* dass in diesem Fall diese Handlung in keiner Weise nach diesem Recht angreifbar ist. Wir haben es also mit einer Beweislastregel zu tun, die zu einer Einschränkung der lex fori concursus durch die lex causae führt[118].

Die Formulierung des Art. 13 EuInsVO gibt Aufschluss über mehrere Aspekte:

- Art. 13 EuInsVO ist nicht von Amts wegen zu prüfen, er ist Gegenstand einer Einrede des Anfechtungsgegners[119].
- Dementsprechend trägt der Anfechtungsgegner dafür die Beweislast[120]. Widersprechende Bestimmungen des anzuwendenden nationalen Prozessrechts haben zu weichen[121].
- Der Anfechtungsgegner hat nachzuweisen, dass für die Rechtshandlung nicht die lex fori concursus sondern die lex causae zur Anwendung kommt.
- Die Rechtshandlung ist nicht als rechtsgeschäftlicher Typus abstrakt zu verstehen, es ist auf die konkrete Rechtshandlung abzustellen (arg: „in diesem Fall")[122].

---

114 Herrschende Meinung; siehe etwa *Duursma-Kepplinger* in Komm-EuInsVO zu Art. 4 Rz. 2ff.; ebenso *Mohr,* Insolvenzrecht 2002, 127; *Smid,* Deutsches und Europäisches Internationales Insolvenzrecht, zu Art. 4 Rz. 1.
115 Art. 13 EuInsVO hat eine weitgehende innerstaatliche Entsprechung in § 339 InsO. Vgl. dazu etwa *Reinhart* in MünchKomm zur InsO, Band III, zu § 339 Rz. 1 ff.
116 Vgl. dazu *U. Huber* in FS Heldrich (2005) 695 ff.
117 „... die Person, die durch eine die Gesamtheit der Gläubiger benachteiligende Handlung begünstigt wurde..."
118 Siehe dazu *Kodek,* Insolvenzforum 2004, 127f.
119 Vgl. *Smid,* Deutsches und Europäisches Internationales Insolvenzrecht, zu Art. 13 Rz. 7; *Duursma-Kepplinger* in Komm-EuInsVO zu Art. 13 Rz. 13ff.
120 Der Anfechtungsgegner macht Art. 13 EuInsVO schließlich mit Einrede geltend: Eine bloße Berufung auf diese Bestimmung halte ich für nicht hinreichend. Allerdings darf Art. 13 EuInsVO auch nicht zur Verpflichtung eines umfassenden Negativenbeweises führen: Der Anfechtungsgegner hat nur Angriffspunkte, die gegen seine Rechtshandlung sprechen und die im Verfahren hervorkommen zu entkräften; vgl. in diesem Sinn *Paulus,* Komm-EuInsVO, zu Art. 13 Rz. 4; *Burgstaller* in Burgstaller/Neumayr, IZVR, zu Art. 13 Rz. 15; *Kodek/Reisch,* ZIK 2006/239, 183.
121 Vgl. in diesem Sinn *Reinhart* in MünchKomm zur InsO, Band III, zu Art. 13 EuInsVO Rz. 12f.
122 Vgl. *Smid,* Deutsches und Europäisches Internationales Insolvenzrecht, zu Art. 13 Rz. 11; vgl. *Duursma-Kepplinger* in Komm-EuInsVO, zu Art. 13 Rz. 19.

- Die Rechtshandlung darf nach der lex causae „in keiner Weise“ angreifbar sein. Das heißt, dass nicht nur konkursanfechtungsrechtliche Dimensionen der lex causae sondern alle anderen möglichen Anfechtungs-. und Bekämpfungskriterien außer Betracht bleiben müssen (z.B. Bereicherung, Sittenwidrigkeit, Willensmängel und dergleichen)[123].
- Im Erfolgsfall führt Art. 13 EuInsVO innerhalb seiner Reichweite zu einer Aushebelung des Art. 4 Abs. 2 lit. m EuInsVO; in der Literatur wird von Sperrwirkung[124], in Anlehnung an *Virgos/Schmit*[125] gern auch von einem Veto gesprochen.

Kodek/Reisch und *urgstaller* sprechen im Zusammenhang mit Art. 13 EuInsVO zutreffend von *unechter Kumulierung*[126], *Hanisch*[127] von *alternativer Anknüpfung,* weil die lex causae unter den genannten Voraussetzungen die lex fori concursus verdrängt.

2. Die Reichweite des Art. 13 EuInsVO

Die Eigentümlichkeit der Regelung des Art. 13 EuInsVO liegt vor allem im Erfordernis des Nachweises der Nichtgeltung der lex fori concursus. Die lex causae ist nach den Regeln des internationalen Privatrechts des Eröffnungsstaats zu ermitteln[128]. Gelangt das Kollisionsrecht des Eröffnungsstaats zu dem Ergebnis, dass als lex causae das Recht eines Drittstaats anzuwenden wäre oder haben die Parteien für das anzufechtende Rechtsgeschäft das Recht eines Drittstaats gewählt[129], so kommt Art. 13 EuInsVO nicht zur Anwendung weil er sich nur auf das Recht eines anderen Mitgliedsstaats bezieht. In einem solchen Fall bleibt es vielmehr bei der Anwendung der lex fori concursus des Art. 4 Abs. 2 lit. m EuInsVO[130].

Zeitlich gesehen erfasst Art. 13 EuInsVO solche Transaktionen, die vor der Verfahrenseröffnung vorgenommen worden sind[131]. Dies hat seinen Grund in der Zielset-

---

123 Vgl. *Duursma-Kepplinger* in Komm-EuInsVO, zu Art. 13 Rz. 18.

124 Von Sperrwirkung spricht *Smid,* Deutsches und Europäisches Internationales Insolvenzrecht, zu Art. 13 Rz. 8, ebenso *Reinhart* in MünchKomm zur InsO, Band III, zu Art. 13 Rz. 15 f., der allerdings missverständlich eine Sperrwirkung der lex fori concursus erwähnt.

125 Vgl. *Virgos/Schmit* Bericht, zu Art. 13 Nr. 136;siehe *Duursma-Kepplinger* in Komm-EuInsVO, zu Art. 13 Rz. 15.

126 Vgl. *Kodek/Reisch,* ZIK 2006/239, 183; *Burgstaller* in FS Jelinek 31 ff., 32.

127 Zu den einzelnen Formen der Kumulation vgl. *Hanisch* in FS Stoll 503 ff., 510 ff.

128 Vgl. *Smid,* Deutsches und Europäisches Internationales Insolvenzrecht, zu Art. 13 Rz. 13; *Duursma-Kepplinger* in Komm-EuInsVO zu Art. 13 Rz. 16.

129 Zu der damit verbundenen Diskriminierung von Drittstaatenrechtsordnungen kritisch *Reinhart* in MünchKomm zur InsO, Band III, zu Art. 13 Rz. 20, der dazu rechtspolitische Bedenken äußert, die zwar nachvollziehbar sind, denen aber angesichts des geschlossenen Systems der EuInsVO keine Rechnung getragen werden kann.

130 Vgl. *Paulus,* EuInsVO, zu Art. 13 Rz. 7; ebenso *Duursma-Kepplinger* in Komm-EuInsVO zu Art. 13 Rz. 3; *Bock/Muhri,* Insolvenzrecht, zu Art. 13 Seite 90.

131 Vgl. *Virgos/Schmit,* Bericht, zu Art. 13 Nr. 138. Siehe *Duursma-Kepplinger* in Komm-EuInsVO zu Art. 13 Rz. 9 f.

zung der Vorschrift: Sie dient dem Gläubigerschutz vor der Ingerenz einer fremden lex fori concursus. Dieses Schutzbedürfnis ist bei eröffnetem Insolvenzverfahren nicht mehr gegeben[132].

Virgos/Schmit weisen ausdrücklich darauf hin, dass der damals vorgesehene spiegelbildliche Art. 13 EuInsÜ sowohl auf Haupt- wie auch auf Sekundärinsolvenzverfahren gelten soll[133].

Smid[134], *Paulus*[135], *Duursma-Kepplinger*[136], *Gottwald*[137] und *Burgstaller*[138] teilen zusammen mit mir die Meinung, dass Art. 13 EuInsVO auch in Sekundärinsolvenzverfahren zur Anwendung kommt: Art. 28 EuInsVO bestimmt für solche Verfahren, dass das Recht des Mitgliedsstaats anzuwenden sei, sofern die Verordnung nicht anderes bestimmt. Damit gilt Art. 4 Abs. 2 lit. m EuInsVO im Sekundärverfahren ebenso, Art. 13 kann wiederum zur Aushebelung der lex fori concursus herangezogen werden.

Smid hat auf das Szenario hingewiesen, dass Haupt- und Sekundärverfahren eröffnet werden; der vom Verwalter des Hauptverfahrens in Anspruch genommene Anfechtungsgegner kann die Geltung eines anderen Statuts mit dem Eröffnungsbeschluss des Sekundärverfahrens belegen (sic: Art. 4 i.V.m. Art. 28 EuInsVO) und dann im Recht des Sekundärverfahrens die völlige Unangreifbarkeit seiner Rechtshandlung dartun[139].

Unanwendbar sind sowohl Art. 4 Abs. 2 lit. m EuInsVO als auch Art. 13 EuInsVO freilich dann, wenn der Gegenstand, dessen Rückführung in die Sollmasse betrieben werden soll, in einem Drittstaat gelegen oder befindlich ist[140].

---

132 Falsch wäre es, hier eine einfache Parallele zwischen dem völlig ähnlich gelagerten Zeitrahmen anfechtbarer Rechtshandlungen etwa im deutschen und österreichischen Recht zu sehen; andere nationale Rechtsordnungen können die Korrektur gläubigerbenachteiligender Vermögensverschiebungen mit ganz anderen Mitteln verfolgen und auch die Verfolgbarkeit an andere Zeitspannen knüpfen. Art. 13 geht hier vor.

133 *Virgos/Schmit*, Bericht, Nr. 139.

134 *Smid*, Europäisches internationales Insolvenzrecht, Kapitel 2, Rz. 73; ebenso *Smid*, Deutsches und Europäisches Internationales Insolvenzrecht, zu Art. 4 Rz. 23 sowie zu Art. 13 Rz. 14.

135 Vgl. *Paulus*, Europäische Insolvenzverordnung, zu Art. 13 Rz. 3.

136 Vgl. *Duursma-Kepplinger* in Komm-EuInsVO zu Art. 13 Rz. 4 bis 7.

137 Vgl. *Gottwald*, Grenzüberschreitende Insolvenzen 40: Im Rahmen seines Antragsrechts nach Art. 29 lit a EuInsVO habe der Verwalter des Hauptverfahrens genau zu prüfen, ob die Einleitung eines Sekundärverfahrens die Rückabwicklung gläubigerbenachteiligender Vermögensverschiebungen erleichterte oder erschwere. Zutreffend weist *Gottwald* darauf hin, dass sich der Hauptverwalter auf die generelle lex fori concursus zu stützen hat, während der Sekundärverwalter auf das Recht des Staates des Sekundärverfahrens verwiesen ist.

138 Vgl. *Burgstaller* in Burgstaller/Neumayr, IZVR, zu Art. 13 Rz. 33 und 34 unter Berufung auf *Virgos/Schmit* Nummer 224.

139 Vgl. *Smid*, Deutsches und Europäisches Internationales Insolvenzrecht, zu Art. 13 EuInsVO Rz. 9.

140 Vgl. *Reinhart* in MünchKomm zur InsO, Band III, zu Art. 13 EuInsVO Rz. 19.

D. Der Schutz dinglicher Rechte (Art. 5 EuInsVO) und die Wirkungen der Verfahrenseröffnung ex lege

Betrachten wir die *Rückschlagsperre* des § 12 Abs. 1 öKO. Dieser Regelung zufolge erlöschen exekutiv begründete Pfandrechte, die in den letzten 60 Tagen vor Konkurseröffnung erworben worden sind; sie leben indes wieder auf, wenn das Konkursverfahren gemäß § 166 öKO mangels Vermögens aufgehoben wird[141]. Der Erwerb älterer Pfändungspfandrechte verschafft dem Gläubiger ein Absonderungsrecht nach § 48 öKO, was indes eine Anfechtung nach §§ 27 bis 43 öKO und im grenzüberschreitenden Verfahren nach der EuInsVO nicht ausschließt.

Art. 5 EuInsVO[142] schützt die vor Verfahrenseröffnung erfolgte, dingliche Berechtigung (mithin auch insbesondere die Besicherung)[143] an Gegenständen, die sich bei Eröffnung des Insolvenzverfahrens im Gebiet eines anderen Mitgliedstaats befanden, indem er die lex fori concursus des Art. 4 EuInsVO zu Gunsten des Belegenheitsstatuts außer Kraft setzt[144].

Wurde das dingliche Recht vor Verfahrenseröffnung dagegen im Eröffnungsstaat selbst erworben, so ist Art. 5 EuInsVO nicht tatbestandsmäßig, es gilt die lex fori concursus des Art. 4 EuInsVO.

Stellen wir uns nun die Frage nach dem Zusammenwirken von Art. 4 Abs. 2 lit. m EuInsVO sowie Art. 13 EuInsVO einerseits und Art. 5 EuInsVO anderseits im einen und im anderen Fall:

Art. 13 EuInsVO ist als Ausnahme von Art. 4 Abs. 2 lit. m EuInsVO konzipiert. Art. 5 Abs. 4 EuInsVO bestimmt wiederum, dass Art. 5 Abs. 1 EuInsVO die Regelung des Art. 4 Abs. 2 lit. m EuInsVO nicht verdrängt[145].

Mithin ist die lex fori concursus in Anfechtungsdingen durch Art. 5 EuInsVO nicht aushebelbar: Art. 4 Abs. 2 lit. m EuInsVO gilt, gleich ob die vor Verfahrenseröffnung besicherte Sache sich zu diesem Zeitpunkt im Eröffnungsstaat befindet oder in einem anderen Mitgliedsstaat.

---

141 Die Parallelnorm ist § 12 öAO, der eine ähnliche Rückschlagsperre mit der Eröffnung des Ausgleichsverfahrens vorsieht; Wiederauflebensgrund ist hier die Einstellung des Ausgleichsverfahrens nach § 67 öAO bei Scheitern dieses Insolvenzverfahrens.

142 Vgl. dazu P. *Huber*, ZZP 114 (2001) 133, 153 ff. vgl. *Smid*, Deutsches und Europäisches Internationales Insolvenzrecht, zu Art. 5 Rz. 1 ff.; siehe *Duursma-Kepplinger* in Komm-EuInsVO, zu Art. 5 Rz. 1 ff.

143 Der Begriff des dinglichen Rechts wird in Art. 5 EuInsVO nicht näher definiert.

144 Vgl. dazu *Smid*, Deutsches und Europäisches Internationales Insolvenzrecht, zu Art. 5 Rz. 1 und 2; ebenso *Duursma-Kepplinger* in Komm-EuInsVO, zu Art. 5 Rz. 8 und 9.

145 Die Regelung dient dem Schutz der Verwalterbefugnisse gegen Verbringung von Sachen; die lex fori concursus soll weiter die Anfechtung regieren. Sie geht indes über die Anfechtung hinaus und umfasst auch andere Fälle der Nichtigkeit oder der relativen Unwirksamkeit, korrespondiert also inhaltlich mit Art. 4 Abs. 2 lit m EuInsVO. Vgl. dazu *Smid*, Deutsches und Europäisches Internationales Insolvenzrecht, zu Art. 5 Rz. 25 bis 27; *Duursma-Kepplinger* in Komm-EuInsVO, zu Art. 5 Rz. 56 bis 60. *Reinhart* in MünchKomm zur InsO, Band III, zu Art. 5 Rz. 16.

Man sollte daher meinen, dass die Ausnahmebestimmung des Art. 13 EuInsVO hier jedenfalls zur Anwendung käme. Dem ist indes nicht so: Das Erlöschen eines Sicherungsrechts ex lege mit der Verfahrenseröffnung ist kein nach Art. 4 Abs. 2 lit. m EuInsVO tatbestandsmäßiger Vorgang[146], sondern unmittelbare Wirkung des Insolvenzverfahrens, die sich gemäß Art. 4 Abs. 1 EuInsVO nach der lex fori concursus[147] richtet. Gegen Art. 4 Abs. 1 EuInsVO ist aber Art. 13 EuInsVO nicht als Ausnahme konzipiert. Der Beweisantritt nach Art. 13 EuInsVO geht bei der Rückschlagsperre des § 12 Abs. 1 öKO ins Leere.

Dritter Teil
Resümee

Es war an der Zeit, dass die Zuständigkeitsfrage dem EuGH vorgelegt wurde; zu lang schon schwelte die Diskussion in der Lehre und teilweise auch in der Judikatur. Sowohl der Generalanwalt wie auch der EuGH haben, wenngleich in unterschiedlicher Ausprägung, eine vis attractiva concursus bejaht[148]. Freilich tragen beide Ansätze den Keim für die bereits oben beschriebenen Abgrenzungsprobleme in sich: Die in *Gourdain/Nadler* erstmals und im vorliegenden Urteil wiederum umrissenen Grenzziehungen werden künftig alle im Zug eines Insolvenzverfahrens entstehenden Streitigkeiten durchlaufen müssen, um die Frage nach der Anwendbarkeit der EuInsVO oder der Brüssel I-VO zu beantworten.

Dieser Nachteil wiegt aber die gewonnenen Vorteile nicht auf: Es wurde klargestellt, dass sich die internationale Zuständigkeit für Insolvenzanfechtungsklagen unmittelbar aus der EuInsVO ergibt: Die Gerichte des Eröffnungsstaats sind zuständig, sein innerstaatliches, nicht aber sein internationales Zuständigkeitsrecht kommt zur Anwendung.

Im Kontext mit der Beleuchtung des Kollisionsrechts ist zu sagen, dass die Harmonisierung von forum (Art. 3 EuInsVO) und lex fori (Art. 4 Abs. 2 lit. m EuInsVO) die beste Möglichkeit darstellt, die Schlagkraft des europäischen Insolvenzrechts zu erhöhen.

---

146 Die Bestimmung unterwirft der lex fori concursus die Beantwortung der Frage, welche, die Gesamtheit der Gläubiger benachteiligende Rechtshandlungen, nichtig, anfechtbar oder relativ unwirksam sind. § 12 Abs. 1 öKO betrifft keine Frage der Anfechtbarkeit oder relativen Unwirksamkeit. Auch kann nicht von einer Nichtigkeit gesprochen werden, weil die Begründung des exekutiven Pfandrechts nicht von vornherein mit einem Makel behaftet ist, ja diese erlöschenden Absonderungsrechte bei Aufhebung des Konkurses nach § 166 öKO mangels Vermögens auch wieder aufleben. Zur Grenzziehung zwischen Nichtigkeit und relativer Unwirksamkeit siehe *Keppelmüller,* Internationales Konkursrecht Rz. 403.

147 Vgl. *Smid,* Deutsches und Europäisches Internationales Insolvenzrecht, zu Art. 13 Rz. 12. Siehe *Virgos/Schmit* Bericht Nummer 91.

148 In den Schlussanträgen des Generalanwalts findet sich meines Erachtens die dem Geist der Verordnung entsprechende Antwort. Die dort entwickelte Position habe ich schon anlässlich meines Vortrags im Juni 2008 vertreten. Aber auch die Lösung des EuGH ist durchaus zu begrüßen, wurde doch damit sowohl der Anwendbarkeit der Brüssel I-VO wie auch des innerstaatlichen internationalen Zuständigkeitsrechts eine Absage erteilt.

Stichwortverzeichnis

FSC
www.fsc.org
MIX
Papier | Fördert gute Waldnutzung
FSC® C083411

Kolibri 360 GmbH
Ferdinand-Jühlke-Straße 7
99095 Erfurt, Deutschland
produktsicherheit@kolibri360.de